# 돈효록
敦孝錄

전남대학교 인문학연구원 HK+가족커뮤니티사업단 번역총서 02

# 돈효록

## 敦孝錄

조선 선비의 효경 집대성

**朴聖源** 지음

**양순자·조우진·정영수** 옮김

**한국문화사**

## 옮긴이의 말

인간은 다른 사람들에 의해 이 세상에 태어나고, 그 사람들의 도움으로 성장한다. 그 사람들의 이름은 바로 '부모'이다. 부모는 자식을 키우고, 그 자식들은 그들의 자식을 낳고 키운다. 이렇게 인간 사회는 지속된다. 따라서 부모의 자식에 대한 사랑은 유기체의 자기 보존 본성이며, 인류의 존속을 위해 반드시 필요하다.

유가 철학은 자식에 대한 부모의 사랑만큼 부모를 향한 자식의 사랑을 강조한다. 부모가 살아계실 때는 물론 돌아가신 이후에도 삼년상을 지내고 부모의 제사를 돌보아야만 한다. 그러나 부모를 돌보는 것이 인류의 생존을 위해 반드시 필요한 것은 아니다. 다시 말하면, 자식이 부모를 사랑하는 것은 자기 보존의 본성과는 무관하다.

그러므로 효孝는 인간이 단순히 유기체적인 존재에서 벗어나 좀 더 나은 단계로 도약하는 출발점이다. 따라서 공자는 효가 사람다움[仁]의 근본이라 했다. 공자는 인간이 자신의 이기적인 욕구를 걷어내고, 생후 삼년 동안 자신을 품에서 돌봐준 부모에게 삼년상으로 은혜를 갚는 것이 인간됨의 출발이라 보았다.

이 책은 조선 영조 때 학자인 박성원(朴聖源, 1697~1767)의 『돈효록敦孝錄』을 번역한 것이다. 박성원은 효와 관련된 다양한 글들을 모아 편집하여 효를 권장했다. 앞부분에 『효경대의孝經大義』을 실었으며, 그 외에도 효의 의미, 효를 실천하는 방법 등과 관련하여 여러 문헌의 교훈과 고사를 뽑아 편집했다.

『돈효록』은 박성원이 원래 『효경연의孝經衍義』라는 제목을 붙이려 했을 정도로 동아시아 최고 효의 집대성이라 할 수 있다. 이 책은 총 57권 23책으로 되어 있어 분량 또한 굉장히 방대하다.

이번 번역에서는 모든 내용을 다루지 못했고, 첫 번째 권에 실려 있는 『효경대의』를 우선 번역했다. 번역하는 과정에서 주희의 『효경간오孝經刊誤』를 비롯하여 『고문효경공씨전古文孝經孔氏傳』, 『효경정의孝經正義』, 『효경지해孝經指解』, 『효경정본孝經定本』, 『효경주소孝經註疏』 등 『효경』과 관련된 모든 주석서를 최대한 반영하려 노력하였다. 박성원은 1권 마지막 부분에 『효경』의 중요한 몇 구절에 대한 다양한 주석을 '효경제가주설孝經諸家註說'이란 제목으로 모아놓았다. 비록 박성원이 자신의 견해를 직접적으로 제시하지는 않지만 주석들을 살펴봄으로써 박성원의 생각을 가늠해볼 수 있다.

또한 박성원이 두 번째 권에서 '효의 의미[孝義]'라는 제목으로 부모와 자식의 의미, 수신修身의 근본 등과 관련하여 모아 놓은 글들을 번역했다. 여기에는 박성원의 효에 관한 철학이 잘 드러나 있다. 박성원은 효가 가정의 근본일 뿐만 아니라 국가와 사회를 지탱하는 밑거름으로 보았다. 번역자는 많은 문헌을 일일이 찾아 정확한 출처를 표기하려 노력했다.

가정은 인류의 역사에서 끊임없는 자기 변형을 통해 유지되어온 공동체이다. 전통 사회에서 가정은 교육, 경제, 심지어 정치에도 깊이 관여했었다. 그러나 현대 사회에서 가정의 역할은 굉장히 축소되어 더 이상 그것만의 고유한 기능을 정의하기조차 힘들 정도이다. 그만큼 초개인주의 사회의 개인에게 가정은 의미가 퇴색된 공동체라고 할 수 있다.

그러나 인간은 혼자서 살아갈 수 없으며 타인의 도움과 사랑이 필요한 존재이다. 반드시 부모가 아니더라도 우리는 슬픔과 고통을 겪고 있을 때 따뜻하게 품어줄 존재가 필요하다. 그들은 어떤 사람들이며, 그들과 꾸려나갈 수 있는 공동체는 무엇일까? 이 번역서는 그런 공동체를 꿈꾸는 사람에게 조금이나마 도움이 되기 위해 기획된 것이다.

이 책이 나오기까지 많은 분의 도움을 받았다. 번역을 기획한 전남대학교 인문학연구원 HK+가족커뮤니티사업단에 감사를 드린다. 원고의 편집과 교열을 맡아준 김주리 선생님을 비롯한 한국문화사 관계자들께 감사드린다. 또한, 전남대학교 철학과 박사과정 조현일 선생에게도 원고의 교정을 맡아주어서 감사를 드린다. 옛날 경전의 글을 되도록 우리말로 자연스럽게 옮기려 노력하였으나 여전히 많은 아쉬움이 남는다. 모든 잘못은 공동 번역한 양순자, 조우진, 정영수의 책임으로 남을 것이며, 독자 여러분들의 너그러운 이해와 조언을 부탁드린다. 훗날 『돈효록』의 나머지 부분을 번역할 날을 기대한다.

2019년 5월

옮긴이들

# 목차



## 돈효록 권1 효경 孝經

## 돈효록 권2 효의 孝義

# 돈효록서 敦孝錄序

하늘이 낳은 만물 중에 오직 사람만이 귀하고, 인간의 모든 행동 중에 오직 효가 근본이다. 인간이 인간다울 수 있는 이유는 인 · 의 · 예 · 지의 본성을 가지고 있기 때문이다. 이 네 가지 덕을 포괄하는 것이 '인'이다. 인은 사랑을 주로 하며, 사랑 가운데 어버이에 대한 사랑보다 큰 것은 없다. 이 때문에 효는 하나의 근본을 세우는 근원이고, 모든 선이 나오는 것임을 알 수 있다. 이른바 지극한 덕과 중요한 도보다 어찌 앞서는 것이 있겠는가? 무릇 성인은 공자만한 사람이 없고, 성인인 공자의 도를 전하는 사람은 또한 증자만한 사람이 없다. 그들이 주고받은 말을 자세히 반복해 놓은 것이 『효경』이다.

天生萬物, 惟人爲貴, 人有百行, 惟孝爲本. 蓋人之所以爲人者, 以其有仁義禮智之性, 而包四德者仁是已. 仁主於愛, 而愛莫大於愛親. 是知孝者, 一本之所由立也, 萬善之所從出也. 所謂至德要道者, 豈有先於此者乎. 夫聖莫如孔子, 傳孔聖之道者, 又莫如曾子. 而其授受之語, 丁寧反覆者, 惟一部孝經.

『효경』은 실로 도덕의 연원이고, 오랜 세월 동안 자식이 준칙으로 삼을 만한 것이다. 다만 『효경』은 공자 문하의 문답을 기록한 것으로, 비록 그 말씀은 간략하지만 뜻은 광대하여 포괄하지 않는 것이 없다. 그리고 지극히 마땅한 말至言과 사리에 맞는 이론格論으로 효를 언급한 것들이 경전에 많이 보인다. 다만 여기저기 흩어져 있는 내용들이 서로 달라 관통하는 기준이 없다. 만일 이들을 하나로 합하여 보기에 편리하게 하고자 한다면 다시 수집하여 편찬하는 공을 들이지 않을 수 없다. 나는 『효경』이라는 책을 읽은 이래로 일찍이 이 일을 하려는 뜻이 있었다. 얼마 안 되는 글을 모아 초안을 잡은 다음 도암선생에게 바쳤다. 선생께서는 『돈효록』이라고 이름을 지어주셨다. 더욱더 마음과 힘을 다해 육경六經에서 여러 자사子史[1]에 이르기까지 구하는 대로 기록하였고, 분류하여 하나의 책으로 만들었다. 서두에 효경을 넣었는데, 『효경』을 『돈효록』의 종조宗祖로 삼은 것이다.

此實道德淵源之所在, 而萬世爲人子者之所可準則者也. 顧其爲書, 只記聖門一時問答, 雖其辭約義博, 無所不包, 而其他至言格論之及於孝, 而見於經傳者亦不爲不多. 弟以散在方冊殊無統紀, 如欲合而一之以便觀覽, 則又不可無蒐輯之工. 聖源自讀書以來竊嘗有意於此. 裒草若干編, 奉質我陶菴先生. 先生命名以敦孝. 遂益殫心力, 自六經以及諸子史, 隨得隨錄, 分類爲編. 而首以孝經, 以其爲是錄之祖宗也.

'효의 의미孝義' 부분에서는 효의 취지를 총괄하여 논의하였다. 그 다음은 '효의 가르침孝敎'으로, 효는 가르친 이후에 행동에 옮길 수 있다는 것

---

1 육경六經은 『시경』, 『서경』, 『예기』, 『악경』, 『역경』, 『춘추』를 말한다. 자사子史는 옛 서적을 경經, 사史, 자子, 집集의 사부四部로 나눌 때 자부子部와 사부史部를 아울러 이르는 말이며, 여러 철학자들의 책과 역사책 등이 이에 속한다.

을 말하였다. 그리고 부모가 살아 계실 때 효도를 실천하는 일生事, 부모가 돌아가셨을 때 효도를 실천하는 일喪事, 부모께서 돌아가신 후 제사를 받드는 일奉祭을 말했는데, 부모를 모시는 시작과 끝이 갖추어져 있다. 효도에 의한 감응孝感 부분에서는 정성을 다해 부모에게 효를 행하면 감응이 있으니 또한 효에 힘쓸 것을 말하였다. 다음은 아름다움을 드러냄顯美과 서술하여 계승함繼述인데, 부모님의 좋은 점을 드러내고, 스스로는 부모의 발자취를 이어받는 것이 모두 효의 아름다운 일이기 때문이다. 다음으로 효를 넓힘廣孝인데, 이것은 효를 실천하여 그 영향을 미침이 넓다는 것이다. 몸을 보전하는守身 부분에서는 자식이 스스로의 몸을 잃지 않고 보전한 이후에 부모를 섬기는 것이 곧 효의 근본임을 논의하였다. 마지막으로 변화에 잘 대응함處變인데, 여기에 이르면 효의 도를 다한 것이다.

曰孝義, 統論旨趣也. 曰孝敎, 敎而後可行也. 曰生事曰喪事曰奉祭, 事親之始終備矣. 曰孝感, 言至誠之有乎應, 亦所以勸孝也. 曰顯美, 曰繼述, 於親而揚其善, 於己而承其武俱爲孝之美事也. 曰廣孝, 是則孝之推而其及也博矣. 曰守身, 不失其身而後能事其親, 卽其本也. 曰處變, 至此而孝之爲道盡矣.

또한 장재張載[2]의 『서명西銘』으로 끝을 맺었는데, 앞에 있는 여러 편의

---

2 장재張載, 1020~1077: 중국 북송시대의 철학자이며, 자는 자후子厚이고, 호는 횡거橫渠이다. 장재는 젊었을 때는 군사에 강한 관심을 품었다. 그러나 범중엄范仲淹을 만나 『중용』을 읽도록 권유받고 나서부터 학문에 정진했으며 정치가로서도 상당한 치적을 쌓았다. 왕안석과 정치적 견해가 맞지 않아 말년에는 독서와 사색에 몰두했으며, 이때 저술한 것이 『정몽正蒙』이다. 장재는 『정몽』에서 자신의 철학을 전개하여 우주 공간에는 기가 충만하며, 기는 끊임없이 응집과 확산의 자기운동을 반복하고 있다고 주장한다. 기가 응집하면 물物이 생기고 확산하면 물物은 사라진다. 그러나 그 기는 무無가 되는 것이 아니라 원래의 태허太虛로 복귀할 뿐이다. 따라서 기의

의미가 모두 그 안에 종합되어 있다. 『효경』을 중심으로 하고, 인용한 다른 책들도 모두 여기에서 나온 것이니 실제로는 『효경』의 뜻을 부연한 것孝經衍義이다. '돈효敦孝'라 이름 지은 이유는 효를 몸소 행하라는 의미를 강조하고 싶었기 때문이다. 아! 자식이 부모에게 효도하는 마음은 천성에서 얻었으므로 생각하지 않아도 알 수 있고, 배우지 않아도 할 수 있다. 마치 책을 읽고 학문을 하지 않아도 효를 할 수 있는 것과 같다. 그러나 다만 기질에 구속되고 욕심에 가려서 혹은 천성의 고유한 부분을 알지 못해서 자신이 마땅히 해야 할 부분이 있는데도 효를 실천하지 못하는 경우가 있다.

又以張子西銘終之, 以上諸編之意, 皆統在其中也. 蓋以孝經爲主本, 而所引他書皆從這裏推出來, 實爲孝經衍義, 而名以敦孝者, 於體行之意, 爲切故耳. 噫! 人子孝親之心, 得於天性, 有不慮而知, 不學而能者. 似若無待於讀書學問, 而惟其氣拘欲蔽, 或不能知其性分之所固, 有職分之所當爲, 而失於孝者有之.

만약 옛 책에 실려 있는 아름다운 말과 좋은 행위를 어버이를 섬기는 모범으로 삼아 눈으로 보고 귀로 듣게 되면, 자신에게 있는 양지와 양능을 자극할 것이다. 그리하여 두려운 마음으로 조심하고, 자연스럽게 감정이 솟구쳐 일어나 행하면 스스로 그만둘 수 없는 것은 반드시 이것에서 얻은 것이기 때문이다. 하물며 효에는 정밀함과 거침, 크고 작음이 있어, 어떤 사람은 효에 대해 조야하게만 알고 그 정밀한 것을 알지 못하고, 혹은 작은 것에는 능하지만 큰 것에는 능하지 못하다. 만약 책을 읽어 이치

---

총량에는 증감 없이 항상 일정하다. 그의 이런 사상은 남송의 주희에 의해 계승되었다.

를 강구하여 마땅히 해야 할 것所當然과 그렇게 되는 이유所以然를 밝히지 못하면 또한 어떻게 효의 정밀함과 조악함을 관통하고 크고 작음을 하나로 하여 다할 수 있겠는가?

若以古書中嘉言善行之爲事親模範者, 接於目而入於耳, 則有以觸其在己之良知良能, 而惕然慚懼, 油然激發, 起而行之, 自不能已者, 必於此而得之. 又況孝有精粗大小, 或知其粗而不知其精, 或能於小而不能於大. 苟不讀書講理, 以明其所當然與其所以然, 則又何以貫精粗一大小而盡之哉.

돈효록은 이치로 말하면 옛 성현이 자잘한 것이든 큰 것이든 밝혀 드러낸 것을 여기에 상세히 기록한 것이다. 일로 말하자면 위로는 천자와 성인의 지극한 효로부터 아래로는 저잣거리의 부녀자와 아이들의 이름난 효행에 이르기까지 갖추어 기록하지 않은 것이 없다. 만약 잘 읽고 익숙하게 완미하면 처음에는 자신의 타고난 선한 본성을 느낄 수 있고, 궁극적으로는 인간의 지극한 도리를 실천할 수 있다. 그러니 『돈효록』의 이익은 아마도 적지 않을 것이다. 하지만 안타깝게도 나[성원]는 어려서 아버지를 여의었으나 다행히 어머니를 봉양할 수 있었다. 내가 이 책을 지은 까닭은 일찍이 작은 도움을 받을 수 있지 않을까 생각했기 때문이다. 그러나 불효하고 변변치 못해, 글은 글대로 나는 나대로여서, 그 거칠고 작은 것에 대해서도 오히려 스스로 본받지 못했다. 갑자기 풍수의 애통함을 만나게 되니[어머님을 여의게 되니] 이제는 모두 끝나버렸다.

是錄也, 以言其理, 則前古聖賢之無細無巨, 闡明發揮者, 於斯詳記. 以言其事, 則上自天子聖人之達孝, 下至閭巷婦孺之以孝著聞者, 無不備載. 苟能善讀而熟玩之, 則始之可以感秉彝之天, 極之可以爲人倫之至. 其爲資益也, 庶乎其不淺尠矣. 抑有所自悼者, 聖源幼而孤, 幸奉慈顏, 區區所以作爲此錄者, 意未嘗不在於受得一分之用. 而不孝無狀, 書自書, 我自我. 於其粗者小者, 尙不能自效, 而奄遭風樹之痛, 今焉已矣.

돌이켜보면 평소 허물과 후회가 산더미처럼 쌓였을 때 가끔 이 책을 읽으면 감정이 치밀어 오르는 곳에 이르러 스스로 복받쳐 흐르는 눈물을 멈출 수 없었다. 한우충동汗牛充棟하는 노력을 기울여 책을 편집했지만 완성하지 못하고 덮어둔 지가 또한 오래되었다. 그러다가 지금은 나이가 들고 죽음이 멀지 않게 되었다. 평소에 공과 노력을 들여 거의 완성된 것을 끝내 버려둘 수 없어서 다시 추가로 보완하고 편집하여 비로소 책을 완성했다. 그러나 스승께서 이미 돌아가셔서 다시 여쭐 방법이 없으니, 옛날을 생각하며 헛되이 세상을 개탄할 뿐이다. 현명하고 효성스러운 군자가 혹시 이 책을 읽는다면 마땅히 이 책의 의미가 어디 있는지 알게 될 것이다. 또한 끝내 이 책을 짊어지고 어버이를 봉양할 수 없는 고통을 안고 있는 자가 이것을 경계로 삼는다면, 부모가 살아 계시는 동안 때를 놓치지 않고 효를 실천하는 데에 혹시 한 가지라도 도움이 될 것이다.

回顧平素尤悔山積, 往往讀是書, 而至興感處自不禁其涕流, 而汗出編摩未了, 而掩置者亦久. 顧今老且死矣. 平日積費功力, 而垂成者, 未可終棄, 更加補輯, 始爲完書. 而皐比已遠無由更質, 撫念疇昔, 徒切慨歎世之. 賢孝君子, 或取而覽之, 當知是錄之意有所在, 而又以其終負此書, 徒抱不曁之痛者, 爲戒焉, 則其於愛日之誠[3]及時之孝, 或不爲無

3 『논어』「이인」 21장에 다음과 같은 구절이 있다. "공자께서 말씀하셨다. '부모의 나이를 알지 않으면 안 되는데, 한편으로는 그 때문에 기쁘고 한편으로는 그 때문에 두렵

一助云爾.

숭정 기원 후 세 번째 신사년(1761) 2월 신묘일에

응천 박성원이 서문을 쓰다

崇禎紀元後三辛巳二月辛卯凝川朴聖源序.

---

다.'子曰, '父母之年, 不可不知也. 一則以喜, 一則以懼.'" 이에 대해 주자는 『논어집주論語集註』에서 다음과 같이 주석을 달았다. "'지知'는 기억과 같다. 항상 부모님의 나이를 기억하고 있으면 오래 사셔서 기쁘지만 또한 쇠약해지시니 서글퍼서 날짜를 아끼는 정성을 스스로 그만둘 수 없다.'知'猶記憶也, 常知父母之年, 則旣喜其壽, 又懼其衰, 而於愛日之誠, 自有不能已者." 여기서 "애일지성愛日之誠"은 부모를 모실 수 있는 날이 차차 줄어드는 것을 안타까워하며, 살아계실 동안 하루라도 더 정성껏 봉양하는 효성을 뜻한다.

# 敦孝錄

## 卷 1

## 孝經

# 효경대의서 孝經大義序

공자 문하의 학문은 오직 증자曾子만이 그 근본을 얻었다. 증자의 책은 두 가지가 있으니, 『대학大學』과 『효경孝經』이며, 경전의 장구 또한 서로 유사하다. 학문은 『대학』을 근본으로 삼고, 실천은 『효경』을 우선시 한다. 이것은 천자부터 일반 백성에 이르기까지 모두 같다. 『서경書經』「요전堯典」은 『대학』과 『효경』의 원조이다. '큰 덕을 밝힘'으로부터 구족九族[1]이 화목하게 되는 데 이르고, 천자의 덕이 지극해져서 백성들이 밝아지고, 만방의 백성들이 교화되는 것은[2] 『대학』의 순서이다. 효의 도는 대개 구족을 화목하게 하는 가운데 이미 갖추어져 있다. 무엇 때문인가? 근본이 같기 때문이다.

孔門之學, 惟曾氏得其宗. 曾氏之書有二, 曰大學, 曰孝經, 經傳章句

---

1 구족九族: 나를 중심으로 고조, 증조, 조부, 부친, 자신, 아들, 손자, 증손, 현손까지의 직계 친족을 말한다.

2 『서경書經』「요전堯典」은…것은: 『서경』「요전」에 "뛰어난 덕을 크게 밝히시어 친족들이 친애하게 되었다. 친족들이 이미 화목하게 된 이후에 백성들을 공평하게 다스렸으며, 백성들이 밝고 똑똑해진 뒤에는 만방을 화평하게 하시었다. 그리하여 백성들이 곧 화평하게 된 것이다.克明峻德, 以親九族. 九族既睦, 平章百姓. 百姓昭明, 協和萬邦. 黎民於變時雍."라고 말한 구절에 따른 것이다.

頗亦相似. 學以大學爲本, 行以孝經爲先, 自天子至庶人, 一也. 堯典一篇, 大學孝經之祖也. 自"克明峻德", 以至親睦九族, 極而百姓之昭明, 萬邦之於變, 大學之序也. 孝之爲道, 蓋已具於親睦九族之中矣. 何也? 一本故也.

이로부터 순임금이 효도를 행하여 오전五典[3]을 아름답게 하였고, 우임금이 효도를 극진히 하여 인간의 도리를 펼쳤다. 이윤이 탕임금의 덕을 서술할 때 첫째 가까운 사람부터 사랑하라 하였고, 둘째 선조를 받들 때 효를 생각하라 하였다. 사람이 도리를 닦을 때 무엇이 이것보다 중요하겠는가? 문왕 · 무왕 · 주공이 이를 본받아 실천한 것이 『예기』에 자세하게 보인다. 위로는 종묘에 제사를 지내고 아래로는 자손을 보전하였으니, 그것보다 더한 효도는 없다.

自是舜以克孝而徽五典, 禹以致孝而叙彝倫. 伊尹述成湯之德, 一則曰"立愛惟親", 二則曰"奉先思孝". 人紀之修, 孰大乎是? 文 · 武 · 周公帥是而行, 備見於記禮所載. 上而宗廟之享, 下而子孫之保, 其爲孝蔑有加焉.

[효가 사람을] 교화시키는 공의 성대함은 세상 사람 모두가 자신의 부모를 친애하고 연장자를 공경하게 한다. 또한 효는 한 마리 물고기나 짐

---

3 오전五典: 『서경』「순전舜典」에 "삼가 오전을 아름답게 하라 하니, 오전이 잘 지켜졌고, 여러 정사의 직책을 맡기니, 그 직무를 때에 맞게 잘 처리하였다.愼徽五典, 五典克從, 納于百揆, 百揆時敍"라는 구절이 보인다. 『시경집전書經集傳』에서는 "오전五典은 오상五常이다. 부자유친, 군신유의, 부부유별, 장유유서, 붕우유신이 이것이다.五典, 五常也. 父子有親, 君臣有義, 夫婦有別, 長幼有序, 朋友有信, 是也."라고 했다.

승, 한 포기 새싹 같은 미물이라도 모두 머물 곳이 있게 한다. 아! 이제삼왕二帝三王[4]의 가르침은 위대하다고 말할 수 있다. 『효경』이라는 한 권의 책이 바로 그들이 남긴 법이다.

功化之盛至使四海之內, 人人親其親 · 長其長, 一鱗毛 · 一芽甲之微, 無不得所. 嗚呼! 二帝三王之敎, 可謂大矣, 孝經一書卽其遺法也.

세상이 춘추春秋[5] 시대로 접어들면서 황제가 세상을 다스리는 법칙이 느슨해지자 공자가 상심하여 옛날에 현명한 임금은 효로 세상을 다스렸다는 말을 세 번 반복하였다. 공자의 생각은 깊고 바람은 절실하다. 진실로 천자와 공경公卿들이 위에서 몸소 [효를] 실천하고, 예의 · 음악 · 형벌 · 정령이 한결같이 효를 근본으로 삼는다면 이 도道는 본래 인간 천성의 자연스러운 모습이고 사람 마음에 원래부터 있는 것이니, 시대가 변하면 왕도王道가 도리어 쉽게 행해지지 않겠는가? 그런데 애석하게도 공자의 말씀은 세상에 시행되지 못한 헛된 말空言[6]이 되어버리고, 제자들이 기록한 책에서나 겨우 볼 수 있게 되었다. 그러나 글로 보존되어 있으면 언젠가 도는 행할 수 있으니, 한때 실천할 수 없더라도 오히려 다가올 미래에는 가르칠 수 있다.

世入春秋, 皇綱紐解,[7] 孔子傷之, 三復昔者明王孝治之言, 思之深, 望之切矣. 誠使天子公卿躬行其上, 凡禮樂刑政之具, 壹是以孝爲本, 則斯道也, 固天性之自然, 人心之固有, 一轉移間, 王道顧不易易乎?

---

4 이제삼왕: 이제二帝는 요堯와 순舜, 삼왕三王은 우禹 · 탕湯 · 문文를 말한다.

5 춘추春秋: 일반적으로 기원전 770년에서 기원전 403년 사이 중국 역사 시대를 말한다.

6 공언空言: 관직을 가지고 있지 않아서 세상에 펼쳐 실행하지 못한 말을 일컫는다.

7 황강뉴해皇綱紐解: 『문연각 사고전서』에는 "황강해뉴皇綱解紐"로 되어 있다.

惜也徒託之空言, 而僅見於門人記錄之書也. 書存而道可擧, 雖不能行之一時, 猶可詔之來世.

지금 『효경』에 관해 살펴볼 수 있는 것은 불과 『한서漢書』「예문지藝文志」 뿐이다. 『효경』 편篇들의 순서와 관련하여 안사고顏師古[8]가 『고문효경古文孝經』 28장에 주注를 단 것은 공자 옛집의 벽 속에 보관되었던 판본이다. 그리고 『금문효경今文孝經』 18장은 하간왕河間王[9]이 안지顏芝로부터 얻은 판본인데 유향劉向이 서로 비교하여 교정한 것이다. 요약하자면, 『금문효경』과 『고문효경』은 여러 유학자의 잘못에서 비롯한 것이지 둘 다 증자의 문인이 기록한 옛글은 아니다.

今此經之可考者, 不過漢藝文志而已. 而其篇次, 則顏注古文二十二章, 孔壁所藏本也. 今文一十八章, 河間王所得顏芝本, 而劉向之所參校者也. 要之, 出於諸儒傅會, 皆非曾氏門人所記舊文矣.

당나라 현종玄宗이 개원開元 7년에 『효경』의 진위 여부를 논의하도

8 안사고顏師古, 581~645: 중국 당나라 초기의 학자이다. 자는 사고이고, 이름은 주籒이다. 『안씨가훈顏氏家訓』의 저자인 안지추顏之推가 조부이다. 학자 집안에 태어나 고전의 학습에 힘썼고 특히 문장에 뛰어났다. 당나라 고조高祖 · 태종太宗의 2대를 섬겨, 중서사인中書舍人 · 중서시랑中書侍郎 · 비서감秘書監을 역임하였고, 정치에도 능통하여 조령詔令의 기초를 맡았다. 『한서』에 주석을 가함으로써 전대前代의 여러 주석을 집대성했다. 『한서』의 주석은 그의 문자학 · 역사학의 온축으로, 오늘날도 『한서』 해석의 중요한 근거가 된다. 뿐만 아니라 유교의 경전인 『오경』의 교정에 종사하여 정본定本을 만들었으며, 『대당의례大唐儀禮』의 수찬에 참여하였다.

9 하간왕河間王: 중국 전한前漢의 제후국 하간河間 나라의 왕으로 이름은 유덕劉德이며, 한나라 경제京帝의 아들이다. 학문을 좋아하여 수많은 선진 시대의 고서를 모은 것으로 유명하다.

록 명령했는데, 그 의도가 좋지 않은 것은 아니다. 그러나 사마정司馬貞[10]이 얕은 학문과 고루한 지식으로 「규문장閨門章」을 모두 삭제했고, 마침내 당현종을 무례하고 무도한 재앙의 길로 인도하였다. 그리고 당현종이 『효경정의孝經正義』에 실은 서문에서는 예禮를 겉모습을 꾸미는 근거로 삼고 인의仁義를 후세대들이 점점 알 수 없는 것으로 만들어 놓았다. 이른바 마음속의 효를 따른다는 것은 과연 어디에서 연유하고 또한 어디에서 싹튼다는 말인가?[11] 학문을 익히지 않고 덕을 닦지 않으니 모두 이 지경에 이르게 되었다.

唐玄宗開元敕議, 意非不美, 而司馬貞淺學陋識, 幷以閨門一章去之, 卒啓玄宗無禮無度之禍. 而其所製序文, 至以禮爲外飾之所資, 仁義爲後來之漸有不知, 所謂因心之孝者, 果何所因而又何自而萌乎? 學之不講, 德之不脩, 一至於此.

---

10 사마정司馬貞, 679~732: 당나라의 유명한 역사학자이며, 당현종때 조산대부朝散大夫, 국자박사國子博士, 홍문관학사弘文館學士 등의 벼슬을 지냈다. 당현종 개원 7년에 공안국의 고문효경을 옹호하는 『고문효경공씨전古文孝經孔氏傳』과 금문효경을 옹호하는 정현의 『효경주孝經注』의 진위여부에 대한 토론에서 유지기劉知幾는 유현劉玄이 교정한 공안국의 『고문효경공씨전』을 옹호하고, 사마정은 『효경주』을 선택하였다. 이와 같이 두 입장이 대립하자 당현종은 스스로 『금문효경』을 위주로 하여 금문파와 고문파의 주석서를 절충하여 『어주효경御注孝經』을 만들었다. 현종은 그 뒤 743년 5월에 다시 『효경』 주석서를 반포하고, 2년 뒤인 745년 9월에 이것을 돌에 새겨 태학太學에 건립하였는데 이것을 『석대효경石臺孝經』이라고 한다. 이것은 국가 차원의 권위를 지닌 정본定本을 수립한 것으로, 이를 계기로 사실상 금문효경이 독주하게 되었다. 현종玄宗 어주御注, 형병邢昺 소疏, 『역주효경주소譯註孝經注疏』, 정태현鄭太鉉 외 역(서울: 전통문화연구회, 2018), 19쪽.

11 이른바…말인가: "짐이 듣기로는 상고시대의 풍속은 소박하여 비록 마음에서 우러나오는 효가 이미 싹텄으나 공경에 바탕한 예는 오히려 간소하였다. 그리고 인의가 이미 있고 나서야 친애와 명예가 더욱 드러났다.朕聞上古, 其風朴略, 雖因心之孝已萌, 而資敬之禮猶簡. 及乎仁義旣有親譽益著." 『문연각 사고전서』 vol.182, 『효경지해孝經指解』, 87쪽.

군세고 위엄 있는 주문공朱文公[12]이 남하南夏 지역에서 특히 뛰어났는데, 평생 정력과 공력을 『주역周易』과 『사서四書』에 많이 들였다. 그러나 『효경』에 대해서는 겨우 『효경간오孝經刊誤』 만을 완성했는데, 『효경』의 큰 뜻을 풀어내기에는 미흡했다. 아! 자식은 모름지기 효를 잠시라도 잊어서는 안 되니 『효경』은 천자부터 서인에 이르기까지 하루도 없어서는 안 되는 책이다. 『효경』의 장구章句는 이미 명확하지만 문장의 의미는 부족함이 있으니 크게 잘못된 일이 아니겠는가?

桓桓文公[13]特起南夏, 平生精力用工『易』『四書』爲多, 至此書則僅成『刊誤』一編, 註釋大義猶有所未及. 噫! 人子不可斯須忘孝, 則此經爲天子至庶人一日不可無之書. 章句已明而文義猶闕, 顧非一大欠事乎?

무릇 일찍이 여러 학자의 전傳과 주註를 모아 경전의 의미를 밝히려고 생각했으나 성과를 거두지 못했다. 어느 날 나의 벗인 호정방胡庭芳[14]이 그의 뛰어난 제자인 동진경董眞卿[15]을 데리고 운곡雲谷 산중으로 나를 찾아왔다. 그의 손에는 『효경대의孝經大義』 한 권이 있었는데, 그 책을 받아 천천히 살펴보니, 그의 아버지 심산선생深山先生인 동계형董季亨[16]이 편

12 주문공朱文公: 주희의 호號이다.

13 환환문공桓桓文公: 사고전서본(문연각)에는 '아휘국문공我徽國文公'으로 되어 있다.

14 호정방胡庭芳: 송宋나라 말과 원元나라 초에 활동했던 학자이다.

15 동진경董眞卿: 송말원초 때 요주饒州 덕흥德興 사람으로 자는 계진季眞이고, 동정董鼎의 아들이다. 호일계胡一桂에게 배웠으며, 학문에 전념하여 『주역』에 정통했다. 저서에 『주역회통周易會通』이 있는데, 호일계의 『역찬소易纂疏』를 근본으로 하고 여러 학자의 설을 널리 수집하는 한편, 상수학象數學과 의리학義理學을 모두 수용했다.

16 동계형董季亨: 동계형은 원나라 요주饒州 파양鄱陽 사람이며, 자는 계형季亨이고, 별호는 심산深山이다. 동몽정董夢程의 족제族弟고, 주희朱熹의 재전제자再傳弟子다. 황간黃幹, 동수董銖를 사숙했다. 저서에 『서전집록찬소書傳輯錄纂疏』와 『효경

집한 것이었다. 그 책은 처음 공부하는 사람들을 위해 만든 것이어서 문장이 모두 명확하고 상세했다. 깊이 완미해보니 의미가 정밀하고 깊어서 견문이 미천한 사람이 살펴볼 수 있는 것이 아니었다.

蓋嘗有志彙集諸家傳註, 以明一經而未果, 一日余友胡庭芳, 挈其高弟董眞卿, 訪余雲谷山中, 手携『孝經大義』一書, 取而閱之, 則其家君深山先生董君季亨之所輯也. 其書爲初學設, 故其詞皆明白而切實, 熟玩之則義趣精深, 又有非淺見謏聞所能窺者.

같은 집안의 형인 명중明仲이 이 책을 글방에서 간행하여 널리 전하였다. 이 책이 어찌 오직 학자가 자신의 인품을 닦고 집안을 다스리는 데에만 요긴하겠는가? 국가와 천하를 다스리는 사람 또한 이 책을 멀리하고서 다른 방법으로 백성을 교화하고 풍속을 완성할 수 있는 도를 얻을 수 있겠는가? 아! 등滕나라는 50리 땅을 가진 나라였을 뿐이지만, 군주가 이 도를 한 번 사용하자 온 천하가 바람에 풀이 눕듯이 감화되었고, 한 번 일하자 마치 하 · 은 · 주夏殷周 삼대의 기풍이 찬란히 드러난 듯하니,[17] 학문

---

대의孝經大義』가 있다. 『서전집록찬소』는 여러 학자의 설을 두루 모아 어느 한 사람의 설에만 얽매이지 않았다.

17 등滕나라는…듯하니: 등나라와 관련된 내용은 『맹자』 「등문공 상」 2장에 보인다. 등나라 정공定公이 죽자, 세자가 맹자의 조언에 따라 삼년상을 지내고자 하였으나 종친宗親과 백관百官이 반대하여, 다시 맹자에게 조언을 청하였다. 그러자 맹자가 "공자께서 말씀하시기를 '임금이 죽으면 사람들은 모든 업무를 총재에게 듣게 된다. 세자는 죽을 마시고 얼굴은 짙은 낯빛으로 슬퍼하며 상주 자리에서 곡을 하면 백관과 유사有司는 감히 슬퍼하지 않을 수가 없으니, 윗사람이 솔선率先하기 때문이다.'라고 하였다. 윗사람이 좋아하는 것이 있으면 아랫사람 중에는 반드시 심하게 좋아하는 사람이 생기게 됩니다. [또한, 공자께서 말씀하시기를] '군자의 덕은 바람과 같고 소인의 덕은 풀과 같다. 풀에 바람이 불면 풀은 반드시 눕게 된다'라고 하였습니다. 장례의 예법은 세자에게 달려있을 뿐입니다.孔子曰, '君薨, 聽於冢宰. 歠粥, 面深墨.

의 쓸모가 진실로 이와 같다.

族兄明仲敬爲刊之書塾, 以廣其傳. 此豈惟學者修身齊家之要, 而有國有天下者, 亦豈能外是而他有化民成俗之道哉? 噫! 滕五十里國耳, 其君一用之, 至於四方草偃風動, 一時行事, 猶班班有三代之風, 學問之功用固如此.

진무제晉武帝나 위문제魏文帝 역시 천부적 자질이 뛰어났으나 애석하게도 여러 신하가 그 자질을 알아보지 못해 그들을 계도하여 천부적 자질을 확충하지 못하였다. 유구한 천지에 이 경전이 사라진지가 대략 천 오백여 년이 되었지만, 사람 마음의 도리는 하늘이 다하도록 떨어짐이 없으니, 어찌 익혀 행하는 사람이 없겠는가? 진실로 이제삼왕二帝三王의 마음을 자신의 마음으로 삼는 자가 있다면 반드시 그들의 가르침을 자신의 가르침으로 삼을 것이다. 인仁은 사람의 마음이니, 학문은 인을 구하는 방법이고, 효는 인을 행하는 근본이다. 『논어』「자로」에서 "만약 [덕으로 다스리는] 왕이 있더라도 반드시 한 세대가 지난 후에야 인정仁政이 행해진다"라고 했다. 내가 어찌 직접 볼 수 있기를 바라겠는가?

晉武魏文亦天資之美者, 惜諸臣無識, 不能有以啓導而充大之. 悠悠蓋壤, 此經之廢蓋千五百餘年, 人心秉彝, 極天罔墜, 豈無有能講而行之者? 誠有以二帝三王之心爲心, 則必以二帝三王之敎爲敎矣. 仁, 人心也. 學所以求仁, 而孝則行仁之本也. 語曰: "如有王者, 必世而後

---

即位而哭, 百官有司, 莫敢不哀, 先之也.' 上有好者, 下必有甚焉者矣. '君子之德, 風也. 小人之德, 草也. 草尙之風必偃.' 是在世子."라고 말하였다. 그 말을 듣고 세자가 5개월 동안 여막廬幕에 거처하고 정령政令을 내리지 않았다. 그러자 백관과 종친들이 세자가 예禮를 안다고 칭송하였으며, 사방에서 조문 온 자들이 매우 흡족해하였다.

仁." 愚何幸, 身親見之!

을사년 음력 11월에 전前 진사進士 무이武夷 웅화熊禾[18]가 서문을 쓰다. 때는 대덕 9년이다.

歲在乙巳陽復之月, 前進士武夷熊禾序峕大德之九年也.

18 웅화熊禾, 1253~1312: 송말원초 사람으로 건녕建寧 건양建陽 출신이며, 자는 거비去非 또는 위신位辛이며, 호는 물헌勿軒이다. 도종度宗 함순 咸淳 10년 1274년에 진사가 되었다. 주희의 제자인 보광輔廣에게서 수학하였다. 송조가 멸망한 후에는 고향으로 돌아가 무이산武夷山에 오봉서당鰲峰書堂을 세우고 평생을 제자들에게 강학하였다.

# 효경대의발 孝經大義跋

이상 『효경』이라는 책은 바로 공자와 증자가 주고받은 요지이다. 그러나 진秦나라가 여러 경전을 불태운 뒤 뒤섞인 것이 매우 많았다. 송나라에 이르러 대유 주문공朱文公[1]선생이 비로소 고문을 가져다가 고찰하여 바로잡아 그 잘못된 것을 삭제하고 책의 순서를 바로잡아 놓은 뒤에 경經과 전傳에 각각 통일된 질서가 있게 되었다.[2] 동계형씨董季亨氏[3]가 또 『효경간오』에 의거해 주석을 하니 그 뜻이 더욱 밝아져서 독자들이 진실로 그 말을 (자신의) 마음에서 찾고, 누구나 가지고 있는 똑같은 마음으로 가家·국國·천하天下에 미루어간다면 천하의 도가 모두 여기에 있을 것이

---

1 주문공朱文公: 주희朱熹를 가리킨다. 그는 효경과 관련하여 『효경간오孝經刊誤』를 지었다.

2 고문을…되었다: 『효경고문』의 잘못된 부분을 바로잡아 『효경간오』를 지었다는 말이다.

3 동계형씨董季亨氏: 원나라 요주饒州 파양鄱陽 사람이다. 자는 계형季亨이고, 별호는 심산深山이다. 동몽정董夢程의 족제族弟고, 주희朱熹의 재전제자再傳弟子다. 황간黃幹과 동수董銖를 사숙했다. 저서에 『서전집록찬소書傳輯錄纂疏』와 『효경대의孝經大義』가 있다. 『서전집록찬소』는 여러 학자의 설을 두루 모아 어느 한 사람의 설에만 얽매이지 않았다.

다. 애석하도다! 간행된 이 책이 적어서 궁벽한 시골이나 작은 고을의 선비들이 다 볼 수가 없구나! 내가 근래에 천주泉州를 살펴보았는데 우연히 진사進士 채개보蔡介甫의 집에서 이 책의 옛날 판본[4]을 얻어 마침내 공인에게 명하여 출판하고 사방으로 집집마다 전하고 사람마다 외게 하였다. 각각 그 어버이를 사랑하는 마음을 일으켜 사랑과 효도의 도를 돈독히 한다면 풍속의 교화에 만분의 일의 작은 도움은 있을 것이다.

右『孝經』一書, 迺孔子曾子授受之要旨也. 經秦火後, 頗多錯簡, 至宋大儒朱文公先生, 始取古文爲之考訂, 刊其繆誤, 次其簡編, 而後經傳各有統紀. 董季亨氏又從而註釋之, 而其旨益明, 讀者誠能因其言而求諸心, 因心之同然而推之家·國·天下, 則天下之道盡在是矣. 惜乎是書板行者少, 而窮鄉下邑之士不得盡覩也. 予近按泉, 偶於進士蔡介甫家得是書舊本, 遂命工鋟梓以傳, 將使四方得以家傳人誦, 各興 其親愛之心, 而篤夫仁孝之道. 庶或少補於風敎之萬一云爾.

성화成化[5] 22년(1486) 병오년 가을 9월 갑자일. 사진사 통봉대부 복건등처승선포정사사 우포정사 순안 서관은 삼가 기록한다.

成化二十二年, 歲次丙午秋九月甲子. 賜進士通奉大夫福建等處承宣布政使司右布政使淳安徐貫謹識.

---

4 옛날 판본: 『효경대의』를 말한다.

5 성화成化: 명나라 헌종憲宗의 연호이다.

# 효경대의 孝經大義

주문공의 『효경간오』 · 파양 동정의 주註

부모를 잘 받들어 모시는 것이 효이며, 사람의 행위 중 효보다 더 중요한 것은 없다. 위대한 성인인 요임금과 순임금의 도는 부모에게 효도하고 어른에게 공경하는 것일 뿐이었다. 우 · 탕 · 문 · 무 · 주공이 공자에게 전한 것도 오직 이 도이다. 이 글은 증자가 공자에게 들은 내용이고, 증자의 제자들이 또한 증자에게 들었던 내용을 합해서 기록하여 하나의 경전으로 만든 것이다. 위로는 천자부터 아래로는 일반 백성에 이르기까지 모두 마땅히 받아들여야 한다. 가까이는 집안閨門[1] · 처자 · 형제 · 어른과 아이, 멀리는 천지 · 귀신 · 사해 · 백성에 이르기까지 모두 이로부터 미루어 행한다. '경經'은 '항상常'의 의미이다. 『효경』이라고 이름 붙인 이유는 이 책이 세상에서 언제나 지켜져야 하는 법이기 때문이다.

善事父母爲孝, 人之行莫大於孝. 堯舜大聖人也, 其道不過孝悌而已. 禹湯文武周公傳之孔子, 壹以此道. 此書乃曾子聞於孔子, 而曾子門人又以所聞於曾子者合而記之, 以爲一經. 上自天子, 下至庶人, 皆

1 규문閨門: 침실 입구를 말하며, 가정 안을 뜻한다.

當受用. 近之閨門妻子兄弟長幼, 遠之天地鬼神四海百姓, 皆自此推之. 經, 常也. 名之曰孝經者, 以其可爲天下萬世常法也.

## 경1장 經一章

중니께서 한가로이 쉬고 계실 때 증자가 옆에서 모시고 있었다. 공자께서 "삼參아, 선왕들은 지극한 덕과 긴요한 도를 가지고 천하 사람들의 뜻을 따랐으니 백성들이 서로 화목하여 상하 간에 원망하는 마음이 없었다. 너는 이것을 알고 있었느냐?"라고 말씀하셨다.[2] ["閒"은 음이 '한'이다. 한閒 · 좌坐 · 삼參 세 글자는 『금문효경』에는 없다]

**仲尼閒居, 曾子侍坐. 子曰: "參, 先王有至德要道, 以順天下, 民用和睦, 上下無怨, 汝知之乎?" ["閒", 音閑. 閒字坐字參字今文無.]**

---

2 공자께서…말씀하셨다: "현종이 말했다. '효는 지극한 덕이자 긴요한 도이다. 이전 세대 성스러운 덕이 있는 임금이 천하 사람들의 마음을 따라 이 지극한 덕과 중요한 도로 교화를 실천할 수 있었기에 상하의 신하와 백성이 화목하여 원망이 없었다는 것을 말한다.' 사마광이 말했다. '성인의 덕에는 효에 더 이상 더할 것이 없으므로 지극한 덕이라 하였고, 천하를 다스리기 위해서는 신명神明에 통해야 하므로 중요한 도라 하였다. 천지의 상도를 백성이 옳다고 받아들였으니, 선왕이 강제로 백성을 교화시킨 것이 아니다. 그러므로 천하를 따른다고 한 것이다. 효도가 이미 행해지면 아버지가 아버지답고 아들이 아들답고 형이 형답고 동생이 동생다워지므로 백성들이 화목해진다. 아랫사람들이 충성으로 윗사람을 따르고 섬기며, 윗사람이 아랫사람을 업신여기거나 오만하게 대하지 않으니, 상하가 서로 원망이 없다.' 玄宗曰: '孝者, 德之至, 道之要也. 言先代聖德之王, 能順天下人心, 行此至要之化, 則上下臣人, 和睦無怨.' 司馬光曰: '聖人之德, 無以加於孝, 故曰至德. 可以治天下, 通神明故曰要道. 天地之經而民是, 則非先王強以教民. 故曰以順天下. 孝道既行則父父子子兄兄弟弟, 故民和睦. 下以忠順事其上, 上不侮慢其下, 故上下無怨.'" 『문연각 사고전서』 vol.182, 『효경지해孝經指解』, 90쪽.

중니는 공자의 자字이고 이름은 구丘이다. 증자는 공자의 제자로, 이름은 삼參이고 자字는 자여子輿이다. 증자에 '자子'를 붙여 부른 것은 존중한다는 의미이다. 이 글은 증자 문인들이 기록한 것이다. 공자를 자字인 [중니]로 부르고, 증자를 이름인 [삼으로] 부른 것은 스승과 제자라는 의미를 드러내고자 했기 때문이다. "한가로이 쉬고 계신다閑居"라고 한 것은 편안하게 있을 때라는 말이다. 중니가 증자의 이름을 불러 "아주 오래전 성왕聖王들은 천하를 다스릴 때 스스로 지극한 덕과 중요한 도를 갖추고 사람들의 마음을 따랐다. 그러므로 천하의 백성은 이 때문에 화합하고 친목하게 되었고, 상하 간에 원망하는 일을 행하지 않았다. 너는 이것을 알고 있었느냐?"라고 했다.

仲尼, 孔子字, 名丘. 曾子, 孔子弟子, 名參, 字子輿. 稱子者, 尊之也. 此書曾子門人所記也, 孔子稱字, 曾子稱名, 師弟子之義也. 閒居, 燕居之時也. 仲尼呼曾子之名, 而語之以古先聖王之所以治天下, 自有極至之德, 切要之道, 以順其心, 故天下之民以此和協而親睦, 上下擧無所怨, 汝其知之否乎?

대개 세상 사람이 서로 원망하는 이유는 언제나 화합하지 못하기 때문이다. 화합이 이루어지지 않으면 항상 백성이 군주를 따르지 않는 근심이 생긴다. 오늘날 사람들을 서로 화합하며 원망하지 않게 만드는 도리가 있다면 진실로 학자들은 마땅히 알아야만 한다. 화살 시위를 당기되 화살을 쏘지 않는 것[3]은 그 일을 중요하게 여기지만 갑작스럽게 말하는 것을 원

---

3 화살…않는 것: 인이불발引而不發은 시위를 당길 뿐이지 쏘지 않는다는 뜻으로 스스로 이치를 깨닫도록 잘 가르치지만 기다려준다는 것을 비유하며, 『맹자』「진심 상」 41장에서 유래한다. "공손추가 말했다. '도는 높고도 훌륭하지만 마치 하늘에 오르는

하지 않았기 때문이다. 덕은 사람의 마음이 하늘에서 얻은 이치이며, 바로 인仁·의義·예禮·지智·신信이다. 이 다섯 가지를 모두 덕이라 하며, 여기서는 단지 지극한 덕만을 들어 말했다. 도는 사물의 당연한 이치인데 모두 이것에서 벗어나지 않고, 그 중에서 중요한 항목은 부자·군신·부부·형제·친구 관계이다. 이 다섯 가지는 바로 인·의·예·지의 본성을 따라 행하는 것이니 어디서나 실천해야 하는 도이다. 모두 도라고 말할 수 있지만, 여기서는 특별히 중요한 것만을 들어 말했다. 도와 덕은 하나의 이치인데, 모든 행위에서 드러난 것을 도라 하고, 스스로 깨달은 것에 근본한 것을 덕이라 한다. 덕의 지극한 것이 바로 도의 요체이다. 따른다는 것은 사람의 마음과 자연의 이치에 본래부터 있었던 것을 따르는 것에 불과하며 강제로 행하게 하는 것이 아니다.

蓋天下之怨每生於不和, 不和之患常起於不順. 今有一箇道理, 能使之和順而無怨, 誠學者所當知也. 引而不發, 重其事而未欲遽言之也. 德者人心所得於天之理, 仁義禮智信是也. 此五者皆謂之德, 而此獨擧其德之至. 道者事物當然之理, 皆是而其大目, 則父子也, 君臣也, 夫婦也, 昆弟也, 朋友之交也. 此五者卽仁義禮智之性率而行之, 以爲天下之達道者也. 皆謂之道, 而此獨擧其道之要. 道也, 德也, 一理也, 見於通行者謂之道, 本於自得者謂之德. 德之至, 卽所以爲道之要. 順者 不

---

것 같아서 그곳에 도달할 수 없을 것 같습니다. 어째서 도를 도달할 수 있을 것처럼 만들어서, 사람들이 매일 부지런하게 노력하게 하지 않습니까?' 맹자가 대답했다. '훌륭한 목수는 서투른 목수를 위해 먹줄을 고치거나 바꾸지 않고, 명궁인 예羿도 서툰 궁수를 위해 활의 시위를 당기는 정도와 방법을 바꾸지 않는다. 군자는 시위를 당길 뿐이지 화살을 실제로 쏘지 않고, 마치 쏘는 듯이 할 뿐이다. 군자가 도에 맞게 서 있으면, 능력 있는 사람이 그를 따를 것이다.'公孫丑曰, '道則高矣. 美矣, 宜若登天然, 似不可及也. 何不使彼為可幾及而日孳孳也.' 孟子曰, '大匠不為拙工改廢繩墨, 羿不為拙射變其彀率. 君子引而不發, 躍如也. 中道而立, 能者從之.'"

過因人心天理所固有, 而非有所强拂爲之也.

**증자가 앉았던 자리에서 물러나며 말하였다. "저는 명민하지 못한데 어찌 그것을 알 수 있겠습니까?"[4] ["辟"은 음이 '피'이다.]**

**曾子辟席曰: "參不敏, 何足以知之." ["辟", 音避.]**

예에 따르면 스승께서 물으시면 제자는 앉았던 자리에서 물러나 일어서며 대답해야 한다. 증자는 공자께서 그 덕을 들어 지극한 덕이라 말하고, 그 도를 들어 긴요한 도라고 하시는 것을 보고 그 일이 중대하다고 여겨 자리에서 일어나 물러나며 대답하였다.

禮, 師有問, 辟席起對. 曾子見孔子擧其德而曰至德, 擧其道而曰要道, 其事重大, 故辟席而起, 辭讓而對.

**공자께서 말씀하셨다. "효는 덕의 근본이고, 가르침이 나오는 곳이다."[5] ["夫"는 음이 '부'이다. 『금문효경』에서는 "생生" 다음에 "야也"자가 있다.]**

---

4 증자가…있겠습니까: "현종이 말했다. '삼參은 증자의 이름이다. 예는 스승이 질문을 하시면 자리를 피해 일어서서 답하는 것이다. 민敏은 사리에 통달했다는 뜻이다. '삼은 사리에 통달하지 못하였는데 어찌 이 지극하고 긴요한 도의 뜻을 알 수 있겠습니까?' 라고 말한 것이다. 玄宗曰: '參, 曾子名也. 禮師有問避席起答. 敏, 達也. 言參不達, 何足以知此至要之義.'" 『문연각 사고전서』 vol.182, 『효경지해孝經指解』, 90쪽.
"증자가 스승을 모시고 앉아 있었는데, 스승이 질문하시자 몸을 일으켜 물러서며 자리를 바르게 한 후에 일어났다.曾子侍師而坐, 師有問故起避正席而立." 『문연각 사고전서』 vol.182, 『효경정본孝經定本』, 128쪽.

5 공자께서…곳이다: "효는 지극한 덕이므로 나의 덕은 이것을 근본으로 삼는다. 효는 중요한 도이므로 사람을 가르치는 도는 여기에서 생긴다.孝為至德, 故已之德此為本. 孝為要道, 故教人之道由此而生." 『문연각 사고전서』 vol.182, 『효경정본孝經定本』, 129쪽.

**子曰: "夫孝, 德之本也, 教之所由生." ["夫", 音扶. "生"下今文有"也"字.]**

여기에 이르러서야 비로소 공자께서 '효'라는 글자를 언급하셨으니 이것이 이른바 지극한 덕과 긴요한 도이다. 비록 인 · 의 · 예 · 지를 모두 덕이라고 말할 수 있지만, '인'이야말로 본래 마음에 갖추어진 온전한 덕이다. 인은 사랑이 중심이 되는데, 사랑에는 부모를 사랑하는 것보다 더 중요한 것이 없으니, 그러므로 효가 지극한 덕이 된다. 부자 · 군신 · 부부 · 형제 · 친구 다섯 관계에서도 모두 도를 행하는 것이라 할 수 있지만, 부모에 대한 친밀한 감정은 부모 슬하에서 생겨나 가장 먼저 행동에 옮기는 것이다. 그러므로 자식이 부모에게 효를 실천하는 것이 특별히 도의 요체이다. 근본은 뿌리와 같다. 인을 실천하고자 하면 반드시 효에서 시작해야 하며, 군자는 가까운 사람을 사랑하고 나서야 백성에게 인仁을 베풀 수 있다. 백성에게 인을 베풀고 나서야 만물을 사랑할 수 있다. 한 가지 생각이 끊이지 않고 계속 일어나는 것은 마치 나무에 뿌리가 있는 것과 같다.

至此方言出一孝字, 卽所謂至德要道也. 仁義禮智雖皆謂之德, 而仁爲本心之全德. 仁主於愛, 愛莫大於愛親, 故孝爲德之至. 父子 · 君臣 · 夫婦 · 兄弟 · 朋友之交, 五者雖皆謂之道, 而親生膝下, 行之最先. 故子孝於父獨爲道之要. 本, 猶根也. 行仁必自孝始, 君子親親而仁民. 仁民而愛物, 一念之發. 生生不窮, 猶木之有根也.

성인이 오상五常의 도로 가르침을 세웠으니 근본이 서면 도가 생겨난다. 이 도를 임금을 섬기는 데에 행하면 충忠이 되고, 어른을 섬기는 밑바

탕으로 삼으면 순종順이 되며, 집안에서 베풀면 부부가 화목해지며, 마을에서 행하면 친구 간에 신뢰가 생긴다. 또한, 이 도를 넓혀 나아가 드넓은 세상에서 실천하면 어떤 것이라도 내가 실천하는 인 가운데에 있지 않은 것이 없으며, 어떤 일이라도 내가 실행하는 효 가운데에서 나오지 않은 것이 없다. 그러므로 "가르침은 효에서 생긴다"라고 한 것이다.

聖人以五常之道立教, 本立則道生. 移之以事君則忠矣, 資之以事長則順矣, 施之於閨門則夫婦和矣, 行之於鄉黨則朋友信矣. 充拓得去, 擧天下之大, 無一物而不在吾仁之中, 無一事而不自吾孝中出. 故曰 "教之所由生".

**다시 앉거라. 내가 너에게 말해줄 것이 있다.[6] 우리의 몸은 부모로부터 물려받은 것이니 감히 함부로 해치거나 손상하지 않는 것이 효의 시작이다.[7] 자신의 지위를 확고히 세워 세상에서 도를 행하고 후세에 이름을 떨**

6 다시…있다: "사마광이 말했다. '사람이 덕을 닦는 것은 반드시 효에서 시작해야 하며 이후에 인의가 생긴다. 선왕의 가르침 또한 효에서 시작한 이후에 예악이 일어난다.' 司馬光曰: '人之修德, 必始於孝, 而後仁義生. 先王之教, 亦始於孝, 而後禮樂興.'" 『문연각 사고전서』 vol.182, 『효경지해孝經指解』, 90쪽.

7 우리의…시작이다: "『정의』에서 말했다. '신身은 몸을 말하고, 체體는 사지四肢를 말하며, 발髮은 모발을 말하고, 부膚는 피부를 말한다. 『예기』 「예운」에서 '사지가 반듯하고 피부가 탄력이 있다'라고 하였고, 『시경』에서는 '머리숱이 구름과 같이 많고 윤기가 난다'라고 하였는데, 이것은 '신체발부'를 말한다. 이 구절은 자식들은 항상 경계하고 삼가야 하고, 조심하고 두려워하며, 자신의 몸을 훼손할까 조심해야 하는 것이 효의 시작이며, 또한 '효행은 단지 몸을 훼손하지 않는 것뿐만 아니라 사회적 지위를 얻어서 자신의 훌륭한 명성을 후대에 떨쳐 부모를 영광스럽게 하는 것이 효의 끝이라는 것을 말했다. 만약 효도를 실천하는데 자신의 이름을 떨쳐 부모를 영예롭게 하는 데 이르지 못하면 입신했다고 할 수 없다.' 正義曰: '身謂躬也, 體謂四支也, 髮謂毛髮, 膚謂皮膚. 禮運曰, '四體既正, 膚革充盈.' 詩曰, '鬒髮如雲', 此則'身體髮膚'之謂也. 言爲人子者, 常須戒愼, 戰戰兢兢, 恐致毁傷, 此孝行之始也. 又言孝行非唯不毁而已, 須成立其身, 使善

쳐 부모를 돋보이게 하는 것이 효의 끝이다. 무릇 효는 부모를 섬기는 데에서 시작하고 그 다음은 임금을 섬기고 마지막으로 지위를 확고히 하는 것에서 끝난다.[8] ["어語"는 거성이고 "夫"는 음이 '부'이다.]

**復坐, 吾語汝. 身體髮膚, 受之父母, 不敢毁傷, 孝之始也. 立身行道, 揚名於後世, 以顯父母, 孝之終也. 夫孝, 始於事親, 中於事君, 終於立身. ["語", 去聲. "夫", 音扶.]**

효의 의미는 매우 중대하고 그 설명은 매우 길어서 짧은 시간에 다 말할 수 없다. 그러므로 자리로 돌아와 앉게 하고 상세히 말씀하신 것이다. 효는 자신의 몸을 보전하는 것이 가장 중요하다. 자식의 몸은 부모의 일부분이며, 크게는 몸뚱이와 팔다리, 작게는 모발과 살과 피부 모두 부모에게 받은 것이다. 부모가 온전히 낳아주셨으니 나는 마땅히 온전히 보전하여 돌려드려야 한다. 자식이 된 자는 몸을 아끼고 소중히 여겨야 하며

---

名揚於後代, 以光榮其父母, 此孝行之終也. 若行孝道, 不至揚名榮親, 則未得爲立身也."" 『문연각 사고전서』 vol.182, 『효경주소孝經注疏』, 40쪽.

8 무릇…끝난다: "현종이 말했다. '효를 행할 때 부모를 섬기는 것을 시작으로 삼으며, 임금을 섬기는 것을 중간으로 삼으며, 충과 효의 도가 드러나면 이름을 떨쳐 어버이를 영예롭게 할 수 있으므로 입신에서 효가 끝난다고 말한 것이다.'玄宗曰: '言行孝以事親爲始, 事君爲中, 忠孝道著, 乃能揚名榮親, 故曰終於立身也.'" 『문연각 사고전서』 vol.182, 『효경지해孝經指解』, 90쪽.

『효경지해孝經指解』에는 이 구절 다음에 "『시경』「대아大雅 · 문왕지십文王之什」에서 '그대들의 조상 일을 잊지 말아야 한다. 그 덕을 계승하여 닦아야 한다'大雅云, '無念爾祖, 聿修厥德'"라는 구절이 있다. 이에 대해 사마광이 다음과 같이 말했다. "무념毋念은 생각하라는 것이다. 또한, 너의 조상을 생각하지 않으면 덕을 닦지 않게 된다는 것을 말한 것이다. 이 시를 인용하여 사람들에게 덕을 닦아야 한다는 것을 알리고자 하였는데, 모두 선조를 욕보일까 걱정해서이다.毋念,念也. 言毋亦念爾之祖乎而不修德也. 引此以證人之修德, 皆恐辱先也." 『문연각 사고전서』 vol.182, 『효경지해孝經指解』, 90쪽.

감히 조금이라도 해치거나 다치게 하지 않는 것이 곧 효의 시작이다. 자신의 지위를 확고히 하고 그 도를 실천하여 자신의 이름을 날릴 뿐만 아니라 부모를 드높이는 데에 이르는 것이 효의 마지막이다. 그러므로 이른바 효는 부모를 섬겨 효자가 되는 것에서 시작하고 다음으로 임금을 섬겨 충신이 되는 것이고, 충과 효 두 가지에 최선을 다하고 입신하여 온전한 사람이 되는 것에서 끝난다.

孝之義甚大, 而其爲說甚長, 非立談可盡. 故使復位而坐, 而詳以告之. 孝以守身爲大. 身者, 親之枝也, 擧其大而言之, 則一身四體, 擧其細而言之, 則毛髮肌膚, 此皆受之於父母者. 父母全而生之, 我當全而歸之. 爲人子者愛重其身, 而不敢少有毁傷, 此乃孝之始事也. 至於能立其身, 能行其道, 不惟自揚其名, 而又以顯其父母, 此則孝之終事也. 故夫所謂孝者, 始於事親爲孝子, 中於事君爲忠臣, 忠·孝兩盡則終於立身爲全人矣.

대개 효라는 것은 오상의 근본이며, 모든 행동의 근원이다. 효를 행하면서 인하지 않은 사람은 없고, 효를 행하면서 의롭지 않은 사람은 없고, 효를 행하면서 예와 지혜, 신뢰가 없는 사람은 없다. 효로 임금을 섬기면 충이 되고, 효로 형을 섬기면 공손이 되고, 효로 백성을 다스리면 사랑이 되고, 효로 어린 아이를 어루만지면 자애가 되니 일단 효를 실천하면 모든 선함이 뒤따른다. 처음에는 몸을 보전하는 도를 말하고 끝에는 입신의 도를 말했다. 감히 손상하지 말아야 하는 것은 몸뿐만이 아니라 반드시 행동까지 포함한다. 그런 이후에야 비로소 입신했다고 말할 수 있으니 이것으로써 끝맺은 것이다.

蓋孝者, 五常之本, 百行之源也. 未有孝而不仁者也, 未有孝而不義者也, 未有孝而無禮 · 無智 · 無信者也. 以之事君則忠, 以之事兄則悌, 以之治民則愛, 以之撫幼則慈, 一孝立而萬善從之. 始言保身之道, 終言立身之道. 蓋不敢毀傷者, 但是不虧其體而已, 必不虧其行. 而後方可言立身, 故以是終之.

부모를 사랑하는 자는 감히 다른 사람을 미워하지 않고, 부모를 공경하는 사람은 다른 사람을 업신여기지 않는다.[9] 사랑과 공경을 다하여 부모를 섬기면 덕의 가르침이 백성에게 미쳐서 온 세상에 본보기가 될 것이다. 천자의 효이다.[10] ["오惡"는 거성이다]

**愛親者不敢惡於人, 敬親者不敢慢於人. 愛敬盡於事親, 而德敎加於百姓, 刑于四海. 蓋天子之孝. ["惡", 去聲]**[11]

---

9 부모를…않는다: "사마광이 말했다. '말의 첫머리가 새로 시작되니 '자왈子曰'로 시작한 것이다. 감히 미워하고 오만하게 대하지 말라고 한 것은 이쪽에서 나온 것은 저쪽으로 돌아간다는 것을 밝힌 것이다. 다른 사람을 미워하고 오만하게 굴면 그 사람 역시 미워하고 오만하게 대하는 것이 이와 같으니, 모욕이 장차 부모에게 미치게 된다.' 司馬光曰: '語更端故以子曰起之. 不敢惡慢, 明出乎此者返乎彼者也. 惡慢於人則人亦惡慢之如此, 辱將及親.'" 『문연각 사고전서』 vol.182, 『효경지해孝經指解』, 91쪽.

10 사랑과…효이다: "사마광이 말했다. '다른 사람을 사랑하고 공경하는 것은 어버이를 욕되게 할까 두려워해서이다. 그러니 다른 사람을 사랑하면, 그 사람들 또한 나를 사랑하게 되고, 다른 사람들 공경하면 그 사람들 또한 나를 공경하게 된다. 사람들이 사랑하게 되면 친하게 되고, 사람들이 공경하게 되면 복종하게 된다. 천자가 이 도를 실천하면 덕의 가르침이 백성에게 더해지고, 온 세상의 모범이 된다. '형刑'은 본받는다는 것이다. 모두 법으로 삼는다는 것을 말한다.' 司馬光曰: '愛恭人者懼辱親也. 然愛人, 人亦之, 恭人, 人亦恭之. 人愛之則莫不親, 人恭之則莫不服, 以天子而行此道, 則德教可以加於百姓, 刑于四海矣. 刑, 法也, 言皆以為法.'" 『문연각 사고전서』 vol.182, 『효경지해孝經指解』, 91쪽.

11 『효경대의孝經大義』에는 "『서경』 「보형」에서 '한 사람이 선행을 실천하면 모든 백성이 혜택을 입는다'라고 하였다甫刑云, 一人有慶, 兆民賴之"라는 구절이 없다. 이 구절에 대해 "현종은 말했다. '「보형」은 『서경』 「여형」이다. 한 사람一人은 천자이

'친親'은 부모를 말한다. '애愛'는 인의 실마리이며, '경敬'은 예의 실마리이고, 싫어함惡은 사랑의 반대이고, 업신여김慢은 공경의 반대이다. 덕의 가르침은 지극한 덕의 가르침을 말한다. '형刑'은 모습을 본받는다는 것이다. 공자께서 이미 효는 덕의 근본이고 가르침이 나오는 곳이라 말했고, 여기에서는 천자의 효를 가장 먼저 말했다. 천자는 또한 덕의 가르침이 나오는 곳이다. 천자가 되어 자신의 부모를 사랑하는 사람은 반드시 모든 사람을 사랑하며 감히 사람을 미워하지 않는다. 천자가 되어 부모를 공경하는 사람은 반드시 모든 사람을 공경하며 감히 사람을 업신여기지 않는다. 내가 다른 사람을 지극히 사랑하면 상대방 역시 인仁을 실천하고 싶은 마음이 일어나 사랑할 줄 알게 된다. 내가 다른 사람을 지극히 공경하면 상대방 역시 예禮를 실천하고 싶은 마음이 일어나 공경할 줄 알게 된다. 만약 이와 같이 된다면 세상의 모든 사람이 보고 본받을 줄 알게 되어 한결같이 효로 돌아가게 될 것이다. 이것은 천자의 효가 마땅히 이와 같다는 것이다.

親, 謂父母也. 愛者, 仁之端, 敬者, 禮之端, 惡者, 愛之反, 慢者, 敬之反. 德敎, 謂至德之敎. 刑, 儀刑也. 孔子旣言孝者, 德之本, 敎之所由生, 於是首言天子之孝. 天子者, 又德敎之所自出也. 爲天子而愛其親者, 必於人無不愛, 而不敢有所惡於人. 敬其親者, 必於人無不敬, 而不敢有所慢於人. 我之愛旣盡, 則人亦興於仁, 而知所愛矣. 我之敬旣盡, 則人亦興於禮, 而知所敬矣. 夫如是, 則四海之大, 百姓之衆, 皆知

---

며, 경慶은 선善이다. 십억十億을 兆라고 한 것이다. 천자가 효를 실천하면 많은 사람이 모두 그 선한 행동의 혜택을 입는다는 뜻을 취한 것이다.'玄宗曰: '甫刑, 即尚書呂刑也, 一人, 天子也. 慶, 善也. 十億, 曰兆. 義取天子行孝, 兆人皆賴其善.'" 『문연각사고전서』 vol.182, 『효경지해孝經指解』, 91쪽.

有所視傚, 而同歸於孝矣. 此蓋天子之孝當如是也.

천자는 천하의 의표儀表이다. 위에서 행하면 아래에서 본받는다. 임금이 무언가를 좋아하면 백성도 따라 좋아한다. 천자가 부모를 사랑하고 공경하는 모습이 이토록 지극하다면 아래 사람들이 자신의 부모를 사랑하고 공경하는 모습 또한 감히 지극하지 않음이 없을 것이다. 하물며 어려서 부모를 사랑하지 않는 아이는 없으며 장성하여 형을 공경할 줄 모르는 동생은 없다. 부모를 사랑하고 형을 공경하는 것은 본래 인간의 마음과 자연의 이치에 고유한 것이다. 천자 또한 그 고유한 바를 따르고 잘 이끌 따름이다. 어찌 감동하고도 반응이 없으며, 먼저 노래했는데도 화답하지 않을 수 있겠는가? 이른바 선왕에게 지극한 덕과 긴요한 도가 있어 백성들이 서로 화목하여 상하 간에 원망하는 마음이 없었다는 것은 이와 같은 것이다.

天子者, 天下之表也. 上行之, 則下效之; 君好之, 則民從之. 天子所以愛敬其親者如此其至, 則下之人所以愛敬其親者, 亦莫敢不至. 況孩提之童無不知愛其親, 及其長也無不知敬其兄. 愛親敬兄, 本人心天理之固有, 天子亦順其所固有而利導之耳. 安有感之而不應, 倡之而不和者哉? 所謂先王有至德要道, 民用和睦, 上下無怨者如此.

**위에 있으면서 교만하지 않으면 높이 있으면서 위태롭지 않다. 절제하고 법도를 삼가면 가득 차도 넘치지 않는다.[12] 높이 있으면서 위태롭지 않**

---

12 절제하고…않는다: "현종이 말했다. '비용을 아껴 쓰는 것을 절제라고 하고, 예법을 신중히 행하는 것을 근도謹度라고 하였다. 무례하면 교만해지고 사치하면 넘치게 된다.'玄宗曰: '費用約儉謂之節制, 愼行禮法謂之謹度. 無禮爲驕奢泰爲溢.'" 『문연각

음은 높은 지위를 오랫동안 지키는 방법이고, 가득 차도 넘치지 않음은 오랫동안 부富를 지키는 방법이다. 부귀富貴가 몸에서 떠나지 않은 이후에야 사직社稷을 보전하여 백성들을[13] 화합하게 할 수 있다. 제후의 효이다.[14] ["리離"는 거성이다. 『금문효경』에는 "수귀守貴"·"수부守富"·"지효之孝" 다음에 각각 "야也"자가 있다.]

**在上不驕, 高而不危. 制節謹度, 滿而不溢. 高而不危, 所以長守貴, 滿而不溢, 所以長守富. 富貴不離其身, 然後能保其社稷, 而和其民人. 蓋諸侯之孝. ["離", 去聲. "守貴"·"守富"·"之孝"下, 今文各有也字.]**

---

사고전서』 vol.182, 『효경지해孝經指解』, 91쪽.

13 백성: 원문은 민인民人으로 되어 있다. "'민民'은 농업·상업·공업에 종사하는 사람을 일컫고, '인人'은 사士와 관아의 서기, 서리나 아전을 말한다. 모두 제후가 천자에게서 받은 것으로, 나라를 구성하는 사람들이다.'民'謂農及公商, '人'爲士及府史胥徒, 社稷民人. 皆諸侯所受於天子, 以爲國者也." 『문연각 사고전서』 vol.182, 『효경정본孝經定本』, 129쪽.

14 『고문효경』에는 이 부분 다음에 다음과 같은 구절이 있다. "『시경』에서 말했다. '두려워하고 조심하여 깊은 못가에 있는 듯이 하고 살얼음을 밟듯이 한다.'詩云, '戰戰兢兢, 如臨深淵, 如履薄冰.'" 이에 대해 "사마광이 말했다. '감히 교만하거나 사치하지 않는 것이다.'司馬光曰: '不敢為驕奢.' 범조우가 말했다. '[…] 『시경』에서 두려워하고 조심하여 깊은 못가에 있는 듯이 하고 살얼음을 밟듯이 한다고 말한 것은 부유하고 귀한 자리에 있는 사람은 몸가짐이 마땅히 이처럼 경계하고 조심함이 지극해야 함을 말한 것이다. 무릇 지위가 더욱 높아지면 지키는 것이 더욱 약소해야 하고, 백성이 더욱 많아지면 다스림이 더욱 간략해야 한다.'范祖禹曰: '[…] 詩云, 戰戰兢兢, 如臨深淵, 如履薄冰, 言處富貴者, 持身, 當如此戒慎之至也. 夫位愈大者守愈約, 民愈衆者治愈簡.' 『중용』에서 말하기를 '군자는 공경을 돈독히 함으로써 천하를 화평케 한다'라고 하였다. 그러므로 천자는 부모를 섬기는 것을 효로 삼고, 제후는 자리를 지키는 것을 효로 삼는다. 부모를 섬기면서 효를 행하지 않는 사람은 세상에 없고, 자리를 지킨 이후에 사직을 보전할 수 있고, 백성이 화평해진다. 천자는 천지와 더불어 짝이 되고, 그의 덕이 천지에 어울리니, 부귀로 말하기에는 부족하다.中庸曰, '君子篤恭而天下平'. 故天子以事親為孝, 諸侯以守位為孝. 事親而天下莫不孝, 守位而後社稷可保, 民人乃和. 天子者與天地參, 德配天地, 富貴不足以言之也.'" 『문연각 사고전서』 vol.182, 『효경지해孝經指解』, 91쪽.

위에 있다在上는 것은 한 나라의 백성 위에 있다는 말이다. 교만하다驕는 것은 남에게 자랑하고 방자하게 구는 것이다. 높다高는 것은 존경받는 위치에 있다는 말이다. 위태롭다危는 것은 불안하다는 것이다. 절제制節는 재물의 씀을 절제하는 것이다. 법도를 삼간다謹度는 것은 법도를 삼가 지킨다는 것이다. 가득 찼다滿는 것은 재산이 풍족한 상태에 있다는 것이다. 넘친다溢는 것은 물이 솟구쳐 넘친다는 것이다. 지위가 높은 것을 '귀貴'라고 하고 재산이 풍족한 것을 '부富'라 한다. 사직은 나라의 주인으로, 제후로 처음 봉해지면 천자가 제후에게 흙을 하사하고 제후국으로 돌아가 사직社稷을 세우게 한다. 땅의 주인인 '사社'와 곡식의 주인인 '직稷'은 백성이 의지하여 삶을 편안하게 꾸려나가는 터전이다.

在上, 在一國臣民之上. 驕, 矜肆也. 高, 居尊位也. 危, 不安也. 制節, 制財用之節. 謹度, 謹守法度也. 滿, 處富足也. 溢, 涌泛也. 位尊曰貴, 財足曰富. 社稷, 國之主也. 諸侯初受封, 則天子賜之土, 使歸其國而立社稷. 以社主土, 稷主穀, 民生所賴以安養者也.

제후가 한 나라의 백성 위에 있으면서도 감히 스스로 교만하지 않으면 몸은 비록 높은 자리에 있어도 위태롭거나 불안하게 되지 않는다. 재물을 아껴 사용하고 법도를 성실히 지키면 재물이 비록 가득 차더라도 흘러넘치지는 않는다. 높은 지위에 있으면서도 위태롭지 않으면 존엄한 지위를 잃지 않으니, 이것이 존귀함을 오랫동안 지키는 방법이다. 가득 차더라도 넘치지 않는 곳에 처하면 풍족한 재산을 잃지 않으니, 이것이 오래도록 재산을 지킨다는 말이다. 부와 지위가 이와 같이 그 몸을 떠나지 않고 나서야 사직을 보전하고 백성을 화목하게 한다. 이것은 제후의 효가 마땅히 이와 같아야 한다는 것을 말한 것이다.

諸侯在一國臣民之上, 而不敢自驕, 則身雖居高, 而不至於危殆不安矣. 制節財用, 謹守法度, 則財雖盛滿, 而不至於涌泛蕩溢矣. 居高位而不危, 則不失其位之貴, 是所以長守此貴也. 處盛滿而不溢, 則不失其財之富, 是所謂長守此富也. 富與貴常不離其身, 如此然後方能保有其社稷, 而和調其民人. 此蓋諸侯之孝當如是也.

대개 처음 봉토를 하사받아 천자의 명령을 받은 때부터 소유한 백성과 사직을 자손에게 물려줄 때까지 소위 제후국의 군주가 선행과 공적을 쌓아 작위爵位를 이룩하였는데, 어찌 쉽게 얻은 것이겠는가? 그렇다면 제후의 선조는 몸은 비록 죽었지만 마음만은 여전히 현명한 자손이 사직을 대대손손 지키어 잃지 않기를 원할 것이다. 자손들이 진실로 도리를 따르고 법을 받들어 부귀를 오랫동안 지킬 수 있다면 선조의 사직을 보존하고 백성들을 화합하게 할 것이다. 제후가 효를 실천하는 방법은 이것보다 중요한 것이 없다. 만약 선조가 애써서 쌓아놓은 수고로움艱勤을 생각하지 않고 함부로 교만하고 사치하여 위태롭거나 넘치는 데 이르러 부귀를 잃고 사직과 백성을 보전하지 못한다면 불효가 이보다 심한 것이 없으니 이것은 제후가 마땅히 경계해야 하는 것이다.

蓋自其始封之君, 受命於天子而有民人, 有社稷以傳之子孫, 所謂國君積行累功以致爵位, 豈易而得之哉? 則爲諸侯之先公者, 其身雖沒, 其心猶願有賢子孫, 世世守之而不失也. 爲其子孫者, 果若循理奉法, 足以長守其富貴, 則能保先公之社稷, 和先公之民人矣. 諸侯之所以爲孝者, 莫大於此. 如其不念先公積累之艱勤, 恣爲驕奢, 至於危溢以失其富貴, 而不能保其社稷民人, 則不孝莫甚焉, 此諸侯所當戒也.

선왕의 예법에 맞는 옷이 아니면 감히 입지 않으며,[15] 선왕의 예법에 맞는 말이 아니면 감히 말하지 않고, 선왕의 덕행이 아니면 감히 실천하지 않는다.[16] 그러므로 예법이 아니면 말하지 않고 도가 아니면 실천하지 않아서, 입은 말을 가려서 할 필요가 없고 몸은 행동을 가려서 할 필요가 없다.[17] 아무리 많은 말을 해도 입은 실수하지 않고, 아무리 많은 행동을 해

---

15 선왕의…않으며: "현종이 말했다. '의복이라는 것은 자신을 표현하는 것이다. 선왕께서 오복五服을 제정하여 각각 차등을 두었다. 경대부는 예법을 준수하여 감히 윗사람에게는 참람한 행동을 하지 않고 아랫사람과는 너무 가깝게 지내지 않아야 하는 것을 말했다.'玄宗曰: '服者身之表也. 先王制五服, 各有等差. 言卿大夫遵守禮法, 不敢僭上逼下.'" 『문연각 사고전서』 vol.182, 『효경지해孝經指解』, 91쪽.
오복五服은 다섯 가지로 구분되는 유교의 상복제도喪服制度를 말하며, 참최斬衰·자최齊衰·대공大功·소공小功·시마緦麻의 다섯 가지로 구분된다.

16 선왕의…않는다: "사마광이 말했다. '군주는 당연히 의義를 다스리고, 신하는 당연히 법法을 받들어야 하니, 그러므로 경대부는 법을 받들 뿐이다.'司馬光曰: '君當制義, 臣當奉法, 故卿大夫奉法而已.'" 『문연각 사고전서』 vol.182, 『효경지해孝經指解』, 92쪽.

17 입은…없다: "사마광이 말했다. '사람과 접촉하는 것을 말한다. 선택한다는 것은 옳거나 그른 것을 선택할 수 있다는 말이다.'司馬光曰: '謂接於人者也. 擇謂, 或是或非, 可擇者也.'" 『문연각 사고전서』 vol.182, 『효경지해孝經指解』, 92쪽.
"'비법불언非法不言'에서 법法은 위에서 말한 법언法言이고, '비도불행非道不行'에서 도道는 위에서 말한 덕행德行이다. 구과口過라는 것은 말이 법에 맞지 않아 입에서 나온 말이 잘못됐다는 것이고, 원오怨惡는 행동이 도에 부합하지 않아 원망을 부르고 미움을 산다는 말이다. 하는 말마다 모두 법에 맞는 말이면 입에서 나온 말 중에 가려낼 말이 없어 비록 말을 세상에 가득 찰 정도로 많이 해도 나에게는 입으로 인한 허물이 없다. 하는 행동마다 모두 덕에 맞는 행동이면 몸으로 하는 행동 중에 가려낼 행동이 없어 비록 행동이 천하에 가득 차도 다른 사람에게 원망과 미움을 사지 않는다.'非法不言', 法即上文所謂法言, '非道不行', 道即上文所謂德行. 口過謂言不合法, 出口有差, 怨惡謂行不合道, 召怨取惡. 所言皆法言, 則口無可揀擇之言, 雖言滿天下, 在已亦無口過. 所行皆德行, 則身無可揀擇之行, 雖行滿天下, 在人亦無怨惡." 『문연각 사고전서』 vol.182, 『효경정본孝經定本』, 130쪽.
그런데 『서경』 「여형呂刑」에 "경기敬忌, 망유택언재신罔有擇言在身" 구절에 대해 손성연孫星衍과 왕인지王引之는 택擇을 '두殬'의 가차자假借字로 읽는다. 여기서 택擇을 두殬의 의미로 읽는다면 "입에는 망가진 말이 없으며, 몸에는 망가진 행동이

도 원망과 미움을 살 일이 없다. 세 가지가 갖추어진 이후에야 종묘를 보전할 수 있다. 이것은 일반적인 경대부의 효이다.[18] ["덕행德行"·"택행擇行"·"행만行滿"의 "행行"는 모두 거성이며, "악惡"은 거성이다.]

非先王之法服不敢服, 非先王之法言不敢道, 非先王之德行不敢行. 是故非法不言, 非道不行, 口無擇言, 身無擇行. 言滿天下無口過, 行滿天下無怨惡. 三者備矣, 然後能守其宗廟. 蓋卿大夫之孝也. ["德行"·"擇行"·"行滿"之行並去聲. "惡", 去聲][19]

---

없어서'라고 해석이 된다. 손성연孫星衍 찬撰, 『상서고금주소尙書今古文注疏』(대만: 중화서국, 1981) 第27上, 6.

18 선왕의…효이다: "맹자가 말한 '요임금의 옷을 입고, 요임금의 말을 외우고, 요임금의 행동을 하는 것'과 이 부분의 의미가 비슷하다. 먼저 의복을 이야기하고 다음에 말과 행동을 언급한 이유는 대개 가벼운 것을 먼저 이야기하고 중요한 것을 나중에 이야기하기 때문이다. 그러므로 다음 부분에서 거듭 말과 행동을 이야기했지만 의복에 대해서는 언급하지 않은 이유는 중요한 것을 상세하게 설명하고 중요하지 않은 것은 생략하기 때문이다.孟子言, '服堯之服, 誦堯之言, 行堯之行', 意與此同. 首服次言次行者, 蓋先輕而後重. 是故以下申言言行, 而不及服者, 蓋詳重而畧輕下文." 『문연각 사고전서』 vol.182, 『효경정본孝經定本』, 130쪽.

참고로 『맹자』 「고자 하」 2장은 다음과 같이 기록한다. "요순堯舜의 도는 효제孝弟일 뿐이니, 당신이 요임금의 옷을 입고, 요임금의 말을 외우고, 요임금의 행동을 한다면, 당신이 곧 요가 될 것이오, 당신이 걸桀의 옷을 입고, 걸의 말을 외우고, 걸의 행동을 한다면, 당신이 곧 걸이 될 것이다.堯舜之道, 孝弟而已矣. 子服堯之服, 誦堯之言, 行堯之行, 是堯而已矣. 子服桀之服, 誦桀之言, 行桀之行, 是桀而已矣."

19 『고문효경』에는 다음 구절이 첨가되어 있다. "『시경』에서 말하기를 '새벽부터 늦은 밤까지 게으름 부리지 않고 한 사람을 섬긴다'라고 했다.詩云, '夙夜匪懈以事一人.'" "현종이 말했다. '숙夙은 새벽이고, 해懈는 게으르다는 것이다. 이 구절이 뜻하는 것은 경대부는 새벽부터 늦은 밤까지 게으르지 말고 임금을 공경하고 섬겨야 한다는 것이다.'玄宗曰: '夙,早也, 懈, 惰也. 義取為卿大夫, 能早夜不惰, 敬事其君也.' 사마광이 말했다. '법도를 삼가 지켜 임금을 섬겨야 한다는 말이다.'司馬光曰: '言謹守法度, 以事君.'" 『문연각 사고전서』 vol.182, 『효경지해孝經指解』, 91쪽.

예법에 맞는 옷이란 법도에 맞는 옷이다. 선왕께서 예를 제정하셨을 때 옷의 무늬를 다르게 하여 품계의 질서를 구분하였다. 경卿은 경의 복장이 있고, 대부에게는 대부의 복장이 있다. 예법에 맞는 말이라는 것은 법도에 맞는 말이다. 덕행은 마음에 실제로 깨달은 것이 있어서 몸소 행동한 것에 드러난다. 가리지 않는다는 것은 말과 행동이 모두 법도에 들어맞아 가려낼 만한 것이 없다는 것이다.

法服, 法度之服. 先王制禮, 異章服以別品秩. 卿有卿之服, 大夫有大夫之服. 法言, 法度之言. 德行, 心有實得, 而見之躬行者也. 無擇, 謂言行皆遵合法度, 而無可選擇也.

경대부는 마땅히 예법을 따라야 하며 덕행을 삼가 닦아야 한다. 선왕의 예법에 맞는 의복이 아니면 감히 입지 않는 것은 의복이 적절하지 않아 몸에 재앙을 가져올까 두려워서이다. 선왕의 예법에 맞는 말이 아니면 감히 말하지 않는 것은 말이 가벼워 재앙을 불러들일까 두려워서이다. 선왕의 덕행이 아니면 감히 행동하지 않은 것은 행동이 경솔하여 모욕을 초래할까 두려워서이다. 이와 같은 이유 때문에 법도에 맞지 않으면 말하지 않고, 말을 하면 반드시 법도에 맞게 한다. 도가 아니면 행동하지 않으며, 행동하면 반드시 도에 맞는다. 입에서 나온 말은 이미 가려낼 말이 없고, 몸으로 실천한 행동 또한 역시 가려낼 것이 없다. 이 때문에 말이 많아 천하에 가득한데도 입으로 인한 실수가 없고, 행동이 많아 천하에 가득 찼는데도 원망과 미움이 없다. 예법에 맞게 옷을 입고 예법에 맞게 말을 하고 덕에 맞는 행위를 하는 것, 세 가지가 온전히 갖추어지고 나서야 위로 임금에게 죄가 없고 아래로 백성에게 죄가 없어 종묘를 오랫동안 보전하여 선조의 제사를 받든다. 이것이 경대부의 효도이다.

爲卿大夫者當遵守禮法，謹修德行. 非先王之法服不敢服，惟恐服之不中身之灾也. 非先王之法言不敢道，惟恐言輕而招辜也. 非先王之德行不敢行，惟恐行輕而招辱也. 以此之故，非法則不言，言則必合法；非道則不行，行則必中道. 出於口者旣無可擇之言，行於身者亦無可擇之行，是以言之多至於徧滿天下而無口過，行之多至於徧滿天下而無怨惡. 服法服，道法言，行德行，三者旣全備矣，然後上無得罪於君，下無得罪於民，斯能長守其宗廟，以奉其先祖之祭祀矣. 此蓋卿大夫之孝道也.

옛날 종묘의 제도는 천자는 칠묘七廟, 제후는 오묘五廟, 대부는 삼묘三廟, 경과 대부는 동일하였다.[20] 만약 예법에 맞지 않는 의복을 입으면 참람이고, 예법에 맞지 않는 말을 하면 망령이다. 덕에 맞지 않는 행동을 하면 이것은 거짓이다. 세 가지 중에 하나라도 있으면 죄를 면하지 못하여 종묘를 지킬 수 없게 된다. 그러므로 이같이 말한 것이다. 경대부는 왕조와 제후국의 경대부를 통틀어 말한 것이다. 경의 위에는 공公이 있는데 바로 제후이다.

---

20 종묘의 제도: 『예기』「왕제王制」에는 중국 주나라의 제사제도에 대한 언급이 있다. “천자는 칠묘를 세우는데 삼소三昭, 삼목三穆과 태조의 묘를 합쳐서 칠묘가 되고, 제후는 오묘를 세우는데 이소二昭, 이목二穆과 태조의 묘를 합쳐서 오묘가 되고, 대부는 삼묘를 세우는데 일소一昭, 일목一穆과 태조의 묘를 합쳐서 삼묘가 되고, 사는 일묘一廟만을 세우고, 서인은 침寢에서 제사를 지낸다.天子七廟, 三昭三穆, 與太祖之廟而七. 諸侯五廟, 二昭二穆, 與太祖之廟而五. 大夫三廟, 一昭一穆, 與太祖之廟而三. 士一廟. 庶人祭於寢.” 소목昭穆은 종묘나 사당에 조상의 신주를 모시는 차례를 말하는데, 보통 왼편을 소, 오른편을 목이라 한다. 1세를 중앙에 모시고, 천자는 소에 2 · 4 · 6세, 목에 3 · 5 · 7세를 각각 봉안하여 삼소삼목의 칠묘가 되고, 제후는 소에 2 · 4세, 목에 3 · 5세를 각각 봉안하여 이소이목의 오묘가 되며, 대부는 일소일목의 삼묘가 된다.

古者宗廟之制, 天子七廟, 諸侯五廟, 大夫三廟, 卿與大夫同. 若服非法之服, 是僭也. 道非法之言, 是妄也. 行非德之行, 是僞也. 三者有其一, 則不免於罪, 而宗廟有所不能守矣, 故以是言之. 卿大夫通王朝侯國之卿大夫而言. 卿之上有公, 卽諸侯也.

**아버지를 섬길 때의 사랑하는 마음으로 어머니를 섬기고,[21] 아버지를 섬길 때의 존경하는 마음으로 임금을 섬긴다.[22] 그러므로 어머니를 섬길 때는 사랑하는 마음을 품고 임금을 섬길 때는 존경하는 마음을 품어야 하는데, 두 가지 마음 모두 가지고 섬겨야 하는 사람은 아버지이다. 그러므로 효로써 임금을 섬기면 충성이 되고, 존경으로써 어른을 섬기면 공손함이 된다. 충성과 공손함을 잃지 않고 윗사람을 섬기게 되면 작위와 봉록을 보존하여 제사를 지킨다. 이것은 사士의 효이다.[23] ["장長"은 상성이다.]**

---

21 아버지를…어머니를 섬기고: "사마광이 말했다. '자資는 취하는 것이다. 아버지 섬길 때의 도를 취하여 어머니를 섬기니 그 사랑은 같다. 그러나 [아버지를 섬길 때보다 어머니를 섬길 때] 공경하는 마음은 줄어드는데 아버지는 의義를 주로 하고 어머니는 은혜恩를 주로 하기 때문이다.'司馬光曰: '資, 取也. 取於事父之道以事母, 其愛則等矣. 而恭有殺焉, 以父主義母主恩故也.'" 『문연각 사고전서』 vol.182, 『효경지해孝經指解』, 92쪽.

22 아버지를…임금을 섬긴다: "사마광이 말했다. '아버지를 섬길 때의 도를 취하여 임금을 섬기니 공경은 같다. 그러나 [아버지를 섬길 때보다 임금을 섬길 때에] 사랑하는 마음은 약해지는데, 군신 사이에서는 의가 은혜보다 앞서기 때문이다.'司馬光曰: '取於事父之道以事君, 恭則等矣. 而愛有殺焉, 以君臣之際, 義勝恩故也.'" 『문연각 사고전서』 vol.182, 『효경지해孝經指解』, 92쪽.

23 아버지를…효이다: "자資는 취하는 것이다. 아버지를 섬기는 도를 취하여 어머니를 섬기면 [어머니를] 아버지처럼 사랑하게 된다. 아버지를 섬기는 도를 취하여 임금을 섬기면 [임금을] 아버지처럼 공경하게 된다. 대개 사랑하는 마음은 가까운 사람에게 생기고, 공경하는 마음은 존중하는 사람에게 생기는데, 어머니와 아버지를 가깝게 여기는 것은 같고, 임금과 아버지를 존중하는 것이 같다. 그러므로 한 사람[어머니]은 사랑하고, 다른 한 사람[임금]은 공경하는데, 오직 아버지에게만 친밀함과 존

資於事父以事母而愛同, 資於事父以事君而敬同. 故母取其愛, 而君取其敬, 兼之者父也. 故以孝事君則忠, 以敬事長則順. 忠 · 順不失, 以事其上, 然後能保其爵祿, 而守其祭祀. 蓋士之孝也. [“長”, 上聲.][24]

---

중의 마음이 모두 지극해져 사랑과 공경의 마음이 모두 융성하다. 사士의 지위는 낮아서 위로는 천자제후를 임금으로 모시고, 경대부를 어른으로 모시니, 모두 마땅히 섬겨야 하는 사람들이다. 효는 바로 사랑이다. 어머니는 지극히 가까운 사람이니, 아버지를 사랑하는 마음으로 어머니를 사랑해야 한다. 임금은 아버지와 어머니처럼 가깝지는 않지만, 또한 마땅히 아버지와 어머니를 사랑하는 마음으로 임금을 사랑해야 한다. 임금은 지극히 존귀한 사람이니, 아버지를 공경하는 마음으로 임금을 존경해야 한다. 어른은 아버지와 임금처럼 존귀하지는 않지만, 또한 마땅히 아버지와 임금을 공경하는 마음으로 어른을 공경해야 한다. 임금을 사랑하면 충이고, 어른을 존경하면 순종이다. 충은 마음을 다하여 숨김이 없는 것을 말하고, 순종은 이치를 따르고 어김이 없는 것을 말한다. 위上는 임금과 연장자를 말하며 나의 위에 있는 사람들이다. 록祿은 밥을 먹을 수 있는 녹봉이고, 지위는 맡은 관직이다. 사는 전록田祿이 있으면 조상에게 제사를 지낼 수 있다. 그러므로 서인은 천신薦新만 하지 제사를 지내지 못하는데, 사도 전록이 없으면 제사를 지낼 수 없다. 봉록과 지위는 제사와 상관이 있다. 사는 왕조제후국의 신하와 경대부의 가신을 말한다. 왕의 상사上士는 세 번 임명을 받고, 중사中士는 두 번 임명을 받고, 하사下士는 한 번 임명을 받고, 공후백公侯伯의 사는 한 번 임명을 받고, 자남子男의 사는 임명을 받지 않는다.資, 取也. 取事父之道以事母, 則愛同於父. 取事父之道以事君, 則敬同於父. 蓋愛心生於所親, 敬心生於所尊, 母之親與父同, 君之尊與父同. 故一取其愛一取其敬, 惟父親尊並至, 則愛敬兼隆也. 士之位卑, 在上有天子諸侯為之君, 有卿大夫為之長, 皆已所當事者. 孝即愛也. 母至親也, 故愛同於父. 君則非如父與母之親也, 然亦當以愛父愛母之孝而愛之. 君至尊也, 故敬同於父. 長則非如父與君之尊也, 然亦當以敬父敬君之敬而敬之. 愛君為忠, 敬長為順. 忠謂盡心無隱, 順謂循理無違. 上謂君與長, 在已之上也. 祿所食之俸, 位所居之官. 士有田祿, 則得祭祀其先. 故庶人薦而不祭, 士無田則亦不祭. 其祿位與祭祀相關. 士謂王朝侯國之小臣及卿大夫之家臣. 王之上士三命, 中士再命, 下士一命, 公侯伯之士一命, 子男之士不命.” 『문연각 사고전서』 vol.182, 『효경정본孝經定本』, 130쪽.

24 『고문효경』에는 다음 구절이 첨가되어 있다. “『시경』 「소아 · 소완小宛」에서 ‘새벽에 일어나고 밤늦게 잠들며, 낳아주신 어버이를 욕되게 하지 말라.’詩云, ‘夙興夜寐, 無忝爾所生.’”

“사마광이 말했다. ‘첨忝은 욕되게 하는 것이다. 새벽부터 밤늦게까지 좋은 일을 하

'자資'는 취하는 것이다. 아버지를 섬기는 도를 취하여 어머니를 섬겨야 하며 어머니를 사랑하는 것과 아버지를 사랑하는 것은 같다. 비록 어머니를 일찍이 공경하지 않는 것은 아니지만 어머니를 섬길 때 사랑을 주로 삼는 것은 아버지는 의義를 주로 삼고 어머니는 은혜恩를 주로 삼기 때문이다. 아버지를 섬기는 도를 취해서 임금을 섬겨야 하며 임금을 공경하는 것과 아버지를 공경하는 것은 동일하다. 비록 임금을 사랑하지 않는 것은 아니지만 공경을 주로 삼는 것은 군신 사이에는 의가 은혜에 앞서기 때문이다. 이와 같은 이유로 어머니를 섬길 때는 사랑을 취하고 임금을 섬길 때는 공경을 취하는데, 사랑과 공경을 합하여 섬기는 것은 오직 아버지만이 그러하다. 그러므로 아버지를 섬기는 효를 옮겨서 임금을 섬기면 충성이 된다. 아버지를 섬기는 공경을 옮겨서 어른을 섬기면 공손함이 된다. 충성과 공손함을 지극히 하여 그 도를 잃지 않고 윗사람을 섬기면 항상 녹봉과 지위를 즐기게 되고, 제사를 영원히 지키게 된다. 이것은 사의 효가 이와 같아야 한다.[25]

資, 取也. 取事父之道以事母, 其愛母則同於愛父. 雖未嘗不敬也, 而以愛爲主, 以父主義, 母主恩故也. 取事父之道以事君, 其敬君則同於敬父. 雖未嘗不愛也, 而以敬爲主, 以君臣之際, 義勝恩故也. 以此之故, 事母取其愛, 事君取其敬, 合愛與敬而兼之者, 惟父然也. 故由是移

---

여 부모를 욕되게 하지 말라는 말이다.' 司馬光曰: '忝, 辱也. 言當夙夜為善毋辱其父母.'" 『문연각 사고전서』 vol.182, 『효경지해孝經指解』, 92쪽.

25 이것은…한다: "사마광이 말했다. '임금의 효에서는 사직을 말하고, 경대부의 효에서는 종묘를 말하며, 사의 효에서는 제사를 말하였다. 모두 그 성대한 것을 든 것이다. 예에 따르면 서인은 천신만 하지 제사는 지내지 않는다.' 司馬光曰: '君言社稷, 卿大夫言宗廟, 士言祭祀, 皆擧其盛者也. 禮庶人薦而不祭.'" 『문연각 사고전서』 vol.182, 『효경지해孝經指解』, 92쪽. 『효경지해孝經指解』와 『효경대의孝經大義』는 유사한 점이 있는데, 다만 전자는 성대함盛이라 했고, 후자는 중요함重이라 했다.

事父之孝以事君，則爲忠矣；移事父之敬以事長，則爲順矣．盡其忠順而不失其道，以此事其上，然後能常安其祿位，永守其祭祀矣．此蓋士之孝當如是也．

임금의 효에서는 사직을 말하고, 경대부의 효에서는 종묘를 말하며, 사의 효에서는 제사를 말한 것은, 각각 섬기는 대상을 중요하게 여기기 때문이다. 서인은 천신薦新[26]만 하되 제사를 지내지 않으니 또한 사와 같지 않다. 이 장은 사람에게 반드시 근본이 있다는 것을 말한 것이니, 아버지는 생명의 근본이다. 아버지를 사랑하고 공경하는 것은 아버지를 지극히 높이고자 하는 것인데, 아버지는 하나의 근본이기 때문이다. 하나를 지극히 한 이후에야 진실해지고, 근본을 안 이후에야 효를 실천하게 된다. 그러므로 효를 옮겨 군주를 섬기면 충성이 되고, 존경을 옮겨 어른을 섬기면 공손하게 되어 녹봉과 지위를 보전하여 제사를 지킬 수 있으니, 어찌 마땅하지 않겠는가? 사士는 맡은 일이 있다는 말이다. 처음 벼슬자리에 임명 받은 사람 이상은 모두 맡은 임무가 있으니, 사라고 이름 지은 것이다. 사에는 상 · 중 · 하 세 등급이 있는데, 처음 임명된 사람이 하사下士이고, 등급이 올라가면 중사中士, 상사上士가 된다.

君言社稷，卿大夫言宗廟，士言祭祀，各以其所事爲重也．庶人薦而不祭，又非士之比矣．此章蓋言人必有本，父者，生之本也．愛與敬父兼之，所以致隆於父，一本故也．致一而後能誠，知本而後能孝．故移孝以事君則爲忠，移敬以事長則爲順，能保爵祿而守祭祀，豈不宜哉？士事也，自一命以上，皆有所事，故名曰士．士有上中下三，初命爲下士，等

---

26 천신薦新: 새로 나는 과일이나 농산물을 조상의 신위神位에 바치는 것이다.

而上之爲中士·上士.

하늘의 도를 이용하고[27] 땅의 이로움에 의지하여[28] 몸가짐을 조심하고 절제하여 부모를 봉양한다. 이것은 서인의 효이다.[29,30] ["양養"은 거성이다.]

---

27 하늘의…이용하고: "현종이 말했다. '봄에는 싹이 나고 여름에는 성장하며 가을에는 거두고 겨울에는 저장한다. 일을 때에 맞게 하는 것이 하늘의 도를 이용하는 것이다.'玄宗曰: '春生夏長秋收冬藏. 舉事順時此用天道也.' 사마광이 말했다. '봄에는 경작하고 가을에는 수확한다.'司馬光曰: '春耕秋穫.'" 『문연각 사고전서』 vol.182, 『효경지해孝經指解』, 92쪽.

28 땅의…의지하여: "현종이 말했다. '오토五土를 분별하여 땅의 높고 낮음을 살펴, 각각 그 적절함을 다하게 하는 것이 땅의 이로움을 분별하는 것이다.'玄宗曰: '分別五土, 視其高下, 各盡所宜, 此分地利也.' 사마광이 말했다. '높은 지대는 기장과 피黍稷가 적절하고, 낮은 지대는 벼와 보리稻麥가 적절하다.'司馬光曰: '高宜黍稷, 下宜稻麥.'" 『문연각 사고전서』 vol.182, 『효경지해孝經指解』, 92쪽.
'오토'는 다섯 가지 토지 종류로, 즉 산림山林, 천택川澤, 구릉丘陵, 분연墳衍[물가와 평지], 원습原濕[높고 평평한 지대와 낮고 습한 지대]을 가리킨다.

29 서인의…효이다: "사마광은 말했다. '사士 이상은 단지 부모를 봉양할 뿐만 아니라 마땅히 입신양명하여 국가를 보전해야 하는 것을 밝혔다.'司馬光曰: '明自士以上, 非直養而已, 要當立身揚名, 保其家國.'" 『문연각 사고전서』 vol.182, 『효경지해孝經指解』, 92쪽.

30 하늘의…효이다: "도道는 사시의 운행으로, 하늘이 낳고 기르고 거두고 저장함生長收藏에 맞춰 논밭을 갈고 김을 매고 수확하여 각각 그 때에 따라 천도를 이용하는 것이다. 리利는 다섯 가지 토질의 적당함으로, 땅의 비옥함이나 습함 등의 조건에 따라 벼와 수수, 기장 등을 각각 알맞게 심는 것을 말한다. 재물을 만드는 데는 도가 있고 또한 몸가짐을 조심하여, 그릇되거나 간사한 행동은 하지 않고, 죽음을 당할 만한 짓은 하지 않는다. 재물을 쓰는 데에 절도가 있으며, 벌어들인 만큼 쓰며, 부모의 의식衣食을 돌봐드리며, 빠뜨린 것이 없도록 한다. 서인庶人은 천자가 다스리는 왕기王畿, 제후의 영토國都, 대부의 채읍家邑 등에 사는 성인成人을 말한다.道謂四時之行, 因天之生長收藏而耕耘斂穫, 各順其時用天道也. 利謂五土之宜, 因地之沃衍隰臯而稻粱黍稷, 各隨所宜分地利也. 生財有道而又慎謹其身, 不為非僻不犯刑戮. 用財有節量入為出, 以給父母之衣食, 俾無闕供也. 庶人謂王畿國都家邑之長." 『문연각 사고전서』 vol.182, 『효경정본孝經定本』, 130쪽.

**用天之道, 因地之利, 謹身節用, 以養父母. 此庶人之孝也.**[31] **["養", 去聲.]**

하늘의 도는 천도가 유행하여 봄 · 여름 · 가을 · 겨울이 되는 사시의 운행을 말한다. 땅의 이로움은 토지가 생산하고 길러주는 농업과 양잠의 이로움을 말한다. 몸을 조심한다는 것은 몸가짐을 삼가 다스려 함부로 행동하지 않는 것이다. 비용을 절약한다는 것은 재물 쓰기를 줄이고 절제하여 함부로 낭비하지 않는 것이다. 서인은 관직에 임명을 받아 사士가 되지 못했으므로 임금을 섬길 수 없고, 섬기는 사람은 오직 부모뿐이다. 그러므로 부모를 봉양하는 것을 효로 삼는다. 그런데 부모를 봉양하는 것은 의복과 양식을 풍족하게 하는 데 있으며, 의복과 양식을 풍족하게 하는 것은 농업과 양잠에 힘쓰는 데 있고, 농업과 양잠에 힘쓰는 것은 또한 절기節氣를 따르고 토질에 적합한 작물을 구분하는 데 있다.

天之道, 謂天道流行, 爲春夏秋冬四時之運也. 地之利, 謂土地生植農桑之利也. 謹身者, 謹修其身, 不妄爲也. 節用者, 省節財用, 不妄費也. 庶人未受命爲士, 旣不得以事君, 所事者惟父母而已. 故以養父母爲孝. 然養父母在於足衣食, 足衣食在於務農桑, 務農桑又在於順時令, 別土宜.

봄에 생명을 낳고 여름에 기르며 가을에 거두고 겨울에 저장하는 것이 하늘의 도이다. 나는 봄에 경작하고 여름에 김매고 가을에 추수하고 겨울

31 『효경지해孝經指解』에는 "子曰, 因天之道, 因地之利, 謹身節用, 以養父母, 此庶人之孝也."(『문연각 사고전서』 vol.182, 『효경지해孝經指解』, 92쪽)라고 되어 있고, 『효경정본孝經定本』에는 "用天之道, 分地之利, 謹身節用, 以養父母, 此庶人之孝也."(『문연각 사고전서』 vol.182, 『효경정본孝經定本』, 130쪽)으로 되어 있다.

에 저장한다. 이같이 하늘의 도를 이용하면 시령時令을 따르는 것이다. 땅의 이로움이라는 것은 땅의 높고 낮음, 건조하고 습한 정도에 따라 각각 심기에 적당한 작물이 있다는 것이니, 나는 어떤 땅에는 벼나 기장을 심고, 어떤 땅에는 메벼와 벼를 심고, 어떤 땅에는 콩과 보리, 뽕나무와 마를 심는다. 이처럼 땅의 이로움을 따르면 토질의 적절함을 구분하게 된다.

天之道, 春生, 夏長, 秋斂, 冬閉, 我則以春耕, 以夏耘, 以秋收, 冬藏. 用天之道如此, 則順時令矣. 地之利, 高 · 下 · 燥 · 濕各有宜植, 我則或禾 · 黍, 或秔 · 稻, 或菽 · 麥 · 桑 · 麻. 因地之利如此, 則別土宜矣.

하늘의 도를 따르지만 땅의 이로움을 구분하지 못하면 농작물이 자라지 못하고, 반대로 땅의 이로움을 구분하지만 하늘의 도를 따르지 않으면 농작물이 살 수 없다. 반드시 하늘의 도와 땅의 이로움 두 가지 모두 갖춰진 이후에야 농작물의 생육과 번식이 마침내 이루어져서 의식衣食이 풍족해진다. 의식이 풍족하게 되면 반드시 몸가짐을 조심하고 감히 함부로 행동하지 않는다. 소비를 절제하고 감히 사치하지 않는 것은 함부로 행동하여 예禮를 어겨 스스로 죽음의 형벌을 자초하거나 소비가 지나쳐 재물을 잃어 굶주림과 추위에서 벗어나지 못할까 해서이다. 항상 이와 같은 마음을 품으면 부모를 모실 때 물질적으로 여유가 있을 뿐만 아니라 부모의 뜻을 받드는 데에도 부족함이 없다. 이것은 서인庶人이 마땅히 실천해야 하는 효이다. 서인은 보통 중인衆人을 가리키며, 학문을 하여 선비가 되었지만 아직 관직을 받지 못했거나 농업, 공업, 상업에 종사하는 사람들 모두를 말한다.

蓋順天道而不辨地利, 則物無以成; 辨地利而不順天道, 則物無以生. 必天道 · 地利二者皆得, 而後生植成遂有以足於衣食矣. 衣食旣足, 又必謹其身, 而不敢放縱. 節其用而不敢奢侈, 惟恐縱肆則犯禮而自陷於刑戮, 侈用則傷財而不免於飢寒. 常以此爲心, 則所以養其父母者, 不徒養口體有餘, 而養志亦無不足矣, 此則庶人之孝所當然也. 庶人, 泛指衆人, 學爲士而未受命, 與農 · 工 · 商 · 賈之屬皆是也.

**그러므로 천자부터 서인에 이르기까지 효의 시작과 끝을 실천하지 않았는데도 몸에 환란이 미치지 않은 사람이 없었다.[32] ["이하已下" 두 글자는 『금문효경』에는 없으며, "우于" 글자는 『금문효경』에는 "어於"로 되어 있다.]**

**故自天子已下至于庶人, 孝無終始, 而患不及者, 未之有也. ["已下"二字今文無. "于"今文作"於".]**

---

32 그러므로…없었다: "현종이 말했다. '천자에서 시작하여 서인에 이르기까지 귀천이 비록 다르지만 효의 도는 모두 달성할 수 있으니, 효에 다다르지 못할까 걱정하는 사람은 있지 않다. 이러한 이치는 없다고 말하고 싶었기에 '미유未有'라고 한 것이다.' 玄宗曰: '始自天子終於庶人, 尊卑雖殊, 孝道同致, 而患不能及者, 未之有也. 言無此理, 故曰'未有.' 사마광이 말했다. '처음은 부모를 섬기는 것이고, 끝은 관직에 나아가 도를 실천하는 것이다. 환란은 재화와 실패禍敗를 가리킨다. 이 구절은 비록 그 시작이 있더라도 끝이 없으면 여전히 재화와 실패를 피할 수 없고, 조금이라도 재화와 실패가 부모에게 미치면 효를 실천하기에 충분하지 않다는 것을 말한다.'司馬光曰: '始則事親也, 終則立身行道也. 患謂禍敗言. 雖有其始而無其終, 猶不得免於禍敗, 而羞及其親, 未足以為孝也.'" 『문연각 사고전서』 vol.182, 『효경지해孝經指解』, 93쪽.
"환患은 재화와 난리禍亂를 말한다. 부모를 섬기고 관직에 나가지 못하면 재화와 난리가 반드시 심하게 닥치니 천자는 천하를 보존할 수 없고, 제후는 나라를 보존할 수 없고, 경대부는 집안을 보존할 수 없고, 사와 서인은 몸을 보존할 수 없다.患, 禍難也. 不能事親立身, 則禍難必及之甚, 則天子不能保其天下, 諸侯不能保其國, 卿大夫不能保其家, 士庶人不能保其身也." 『문연각 사고전서』 vol.182, 『효경정본孝經定本』, 130쪽.

당현종이 "다섯 가지 효의 쓰임은 구분되지만 모든 행동의 근원은 다르지 않다"라고 말했다. 천자 아래로 제후, 경대부, 사, 서인이 있으며, 일반적으로 다섯 등급으로 나뉜다. 공자께서 다섯 가지 효의 쓰임을 조목별로 나열하셨고, 효를 극진히 하면 천자는 온 세상에 본보기가 되고, 제후는 사직을 보존하며, 경대부는 종묘를 지키고, 선비는 제사를 지키고, 서인은 부모를 봉양할 수 있음을 자세히 말씀하셨다. 효를 실천하면 반드시 이와 같은 효과에 도달하니 공자의 말씀을 듣는 사람 또한 마땅히 스스로 권면하게 될 것이다.

唐玄宗云: "五孝之用則別, 而百行之源不殊." 自天子而下爲諸侯, 爲卿大夫, 爲士, 爲庶人, 凡五等也. 夫子旣條陳五孝之用, 而具言孝道之極至, 則天子可以刑四海, 諸侯可以保社稷, 卿大夫可以守宗廟, 士可以守祭祀, 庶人可以養父母. 其必至之效有如此者, 聞者亦宜有以自勸矣.

그러나 공자께서는 여전히 사람들이 독실하게 효를 믿지 않거나 결단력 있게 효를 실천하기 위해 노력하지 않고 도리어 자신의 말의 실행 여부와 손익損益이 무관하다고 여길까 걱정하여 여기에서 또한 경계의 말씀을 한 것이다. 이와 같은 이유로 위로는 천자부터 아래로는 서인에 이르기까지 각자 자신의 효를 지극히 하여 효의 처음과 끝을 갖추면 복이 반드시 찾아와 앞에서 말한 것과 같이 될 것이며, 만약 어떤 사람이 비록 효를 실천해야 하는 것을 알면서도 효의 처음과 끝을 갖추지 못했으면 화가 반드시 찾아와 앞에서 말한 것과 같이 될 수 없을 것이라고 말씀하셨다. 대개 효라는 것은 [신분에 따라] 비록 다섯 등급이 있다 하더라도 실제로는 모든 행동의 근본이다. 부모를 섬기는 것이 효의 시작이고, 입신은 효의 끝이다. 이것은 천자부터 서인에 이르기까지 마찬가지이다. 그러므로 공자께서 천자, 서인 모두를 위하여 이처럼 경계의 말로써 앞 문장의 뜻을 매듭지었다. 이와 같은데도 재앙과 근심이 찾아오지 않은 사람이 없으니 이치상 결코 없음을 말하신 것이다. 공부하는 사람들이 존경하는 마음으로 암송하고 성실히 실천하지 않아서야 되겠는가?

然猶恐其信道之不篤, 用力之不果, 而反以吾言之行與不行爲無所損益, 於是又有以警戒之. 謂以此之故, 上自天子下至庶人, 各盡其孝而有終始, 則福必及之, 如前所云者, 苟或雖知爲孝而無終始, 則禍必及之, 不得如前所云者. 蓋所謂孝者, 雖有五等之別, 實爲百行之本, 其始於事親, 終於立身, 則天子至於庶人一而已矣. 故夫子爲天子 · 庶人通設此戒, 以結上文之旨. 云如此而禍患不及者未之有, 言理之所必無也. 學者可不敬誦而謹行之哉?

이상은 경1장이다.

右經一章.

내가 생각해보니, 주자는 다음과 같이 말하였다. [이 한 절은 공자와 증자의 문답을 증자의 문인이 기록한 것이다. 아마도 소위 『효경』이라는 책의 본문은 여기까지일 것이며, 아래 내용은 어떤 사람이 전傳과 기記를 잡다하게 끌어들여 경문經文을 해석한 것인데, 이것이 『효경』의 전문傳文이 되었다. 자세히 살펴보면, 전문에는 진실로 많은 내용을 억지로 끌어다 붙인 것들이 있고, 경문 또한 원래 형태와 다르거나 첨가하는 등의 실수를 면치 못한 부분이 있다. 그런데 한漢나라 이래로 여러 유학자가 입에서 입으로 전하며 암송하면서도 경문의 잘못된 부분을 깨닫지 못하고,

어떤 유학자는 공자께서 직접 『효경』을 저술하셨다고 생각하는 지경에 이르렀으니 비웃음을 살만큼 잘못되었다.]

按: 朱子曰: "此一節, 夫子 · 曾子問答之言, 而曾氏門人之所記也. 疑所謂『孝經』者, 其本文止如此. 其下則或者雜引傳 · 記以釋經文, 乃孝經之傳也. 竊嘗考之傳文, 固多傅會, 而經文亦不免有離析增加之失. 顧自漢以來, 諸儒傳誦, 莫覺其非, 至或以爲孔子之所自著, 則又可笑之尤者.

경문 서두에 효의 처음과 끝을 총괄하여 논의하고, 중간에는 천자, 제후, 경대부, 사, 서인의 효를 자세하게 서술했고, 마지막에는 "그러므로 천자 이하 서인에 이르기까지 효의 처음과 끝을 실천하지 않았는데도 환란이 미치지 않은 사람이 있은 적이 없었다"라고 결론을 지었다. 경문의 서두와 마지막이 상응하고, 차례가 서로 이어지고, 문세文勢가 연속되고, 맥락이 관통하기에 동일한 한 시기에 작성된 말이라는 것은 의심할 여지가 없다. 그러나 후대 사람들은 경문을 6장 또는 7장으로 생각하여 『금문효경』의 6장과 『고문효경』의 7장으로 만들었다. 또한 '자왈子曰'이란 글자를 추가하고 『시경』과 『서경』의 글을 인용하여 그 사이를 뒤섞어놓아서 문장의 의미가 서로 통하지 않고 괴리가 생기게 만들었다. 독자는 성인이 말씀하신 전체 문장의 큰 뜻을 다시는 알 수 없게 되었으니, 피해가 적지 않다. 그러므로 현재의 6장과 7장을 한 장으로 합치고, 두 번 보이는 '자왈'과 한 번 인용된 『서경』, 네 번 인용된 『시경』 등 통틀어 61개의 글자를 삭제하여 경문의 옛 형태를 복원하고, 전문 중 잘못된 곳은 또한 별도로 아래와 같이 논의한다.

蓋經之首統論孝之終始, 中乃敷陳天子 · 諸侯 · 卿大夫 · 士 · 庶人之孝, 而其末結之曰: '故自天子已下至於庶人, 孝無終始, 而患不及者, 未之有也.' 其首尾相應, 次第相承, 文勢連屬, 脉絡通貫, 同是一時之言, 無可疑者. 而後人以爲六七章, 今文作六章, 古文作七章. 又增'子曰', 及引『詩』『書』之文, 以雜乎其間, 使其文意分斷間隔. 而讀者不復得見聖言全體大義, 爲害不細. 故今定此六 · 七章者合爲一章, 而刪去'子曰'者二, 引『書』者一, 引『詩』者四, 凡六十一字, 以復經文之舊, 其傳文之失, 又別論之如左云."

# 전1장 傳之首章

공자께서 말씀하셨다. "군자가 효를 가르치는 것은 집에 찾아가 날마다 보고 가르치는 것이 아니다.[1] 효도하라 가르치는 것은 아버지를 공경하라 가르치는 것이고, 공손하라고 가르치는 것은 형들을 공경하라 가르치는 것이고, 좋은 신하가 되라 가르치는 것은 군주를 공경하라 가르치는 것이다.[2,3] 『시경』에서 "온화하고 화평한 군자여! 백성의 부모로다"라고 하였

---

1 공자께서…아니다: "현종이 말했다. '가르침은 반드시 가가호호 방문하여 매일 보고 말로 할 필요는 없다. 다만 안에서 효를 행하면 그것으로 인한 교화가 저절로 밖으로 흐른다는 말이다.' 玄宗曰: '言教不必家到戶至日見而語之. 但行孝於內其化自流於外.'" 『문연각 사고전서』 vol.182, 『효경지해孝經指解』, 97쪽.

2 공자께서…것이다: "세상 사람에게 효를 가르치기 위해 그들의 집에 일일이 찾아가 날마다 보고 깨우쳐 줄 필요는 없다. 다만 위에서 왕이 효를 실천하면 아래에서 백성이 저절로 본받을 뿐이다. 효가 형에게서 실행되면 동생을 위하고, 군주에게서 시행되면 신하를 위하니 같은 하나의 덕을 따랐다. 윗사람이 몸소 효를 실천하여 동생과 신하를 가르치면 세상 사람이 본받지 않은 사람이 없게 되어 각자 자신의 아버지, 형, 군주를 존경하게 된다. 이처럼 윗사람이 스스로 자신의 아버지, 형, 군주를 존경하는 것이 곧 천하의 아버지가 되고, 동생이 되고 군주가 된 자를 존경하는 이유이다.以孝教天下之人者, 不待各至其家日見其人而諭之. 但上所行下自效之耳. 孝施於兄則爲弟, 施於君則爲臣, 同一順德也. 上之人躬行孝弟臣以教, 則天下之人無不效之, 而各敬其父兄與君. 是上之人自敬其父兄君者, 乃所以敬天下之爲人父爲人兄爲人君者也.." 『문연각 사고전서』 vol.182, 『효경정본孝經定本』, 134쪽.

다. 지극한 덕을 갖춘 자가 아니면 그 누가 이같이 크게 백성의 뜻을 따르겠는가?[4] [『금문효경』에는 "부자父者" · "형자兄者" · "군자君者" 다음에 각각 "야也"자가 있다.]

**子曰: 君子之敎以孝也, 非家至而日見之也. 敎以孝, 所以敬天下之爲人父者, 敎以悌, 所以敬天下之爲人兄者, 敎以臣, 所以敬天下之爲人君者. 『詩』云: '愷悌君子, 民之父母.' 非至德, 其孰能順民如此其大者乎? ["父者" · "兄者" · "君者"下, 今文各有"也"字.]**

공자께서 말씀하셨다. "군자가 사람들에게 효를 가르친다는 것은 반드시 집집마다 직접 방문하여 귀에 입을 대고 얼굴을 맞대고 가르치는 것이 아니고, 효의 요점을 실천하느냐에 달려 있다. 반드시 효를 가르쳐 자식들이 모두 아버지를 섬기는 도를 극진히 해야 하는 것을 알게 하는 것이 곧 세상의 아버지를 공경하는 방법이다. 공손하도록 가르쳐 동생들이 모두 형을 섬기는 도를 극진히 해야 한다는 것을 알게 하는 것이 곧 세상의

---

3 좋은…것이다: "사마광이 말했다. '세상의 모든 아버지, 형, 군주를 성인이 몸소 찾아가서 공경할 수는 없다. 이 세 가지 도를 닦아 백성을 가르쳐 그들이 각각 자신의 윗사람을 공경하게 가르칠 수 있으니, 성인의 덕이 두루 미치지 않는 곳이 없다.'司馬光曰: '天下之父兄君, 聖人非能身往恭之. 修此三道以教民, 使民各自恭其長上, 則聖人之德無不徧矣.'" 『문연각 사고전서』 vol.182, 『효경지해孝經指解』, 97쪽.

4 『시경』에서…따르겠는가: 『시경』「대아 · 형작泂酌」의 구절로, 내용은 다음과 같다. "멀리 저 길가에 고인 물을 떠서 저기에서 걸러 여기에 붓더라도 가히 선밥도 찌고 술밥도 찌도다. 온화하고 화평한 군자여, 백성의 부모로다. 멀리 저 길가에 고인 물을 떠서 저기에서 걸러 여기에 붓더라도 가히 술잔을 씻도다. 온화하고 화평한 군자여, 백성이 돌아가는 바로다. 멀리 저 길가에 고인 물을 떠서 저기에서 걸러 여기에 붓더라도 가히 씻으리로다. 온화하고 화평한 군자여, 백성의 편안함이로다.泂酌彼行潦, 挹彼注玆, 可以餴饎. 豈弟君子, 民之父母. 泂酌彼行潦, 挹彼注玆, 可以濯罍. 豈弟君子, 民之攸歸. 泂酌彼行潦, 挹彼注玆, 可以濯漑. 豈弟君子, 民之攸塈."

형들을 공경하는 방법이다. 좋은 신하가 되게 가르쳐 신하들이 모두 임금을 섬기는 도를 극진히 해야 하는 것을 알게 하는 것이 곧 세상의 임금을 공경하는 방법이다." 일반적으로 내가 다른 사람을 공경하는 데에는 결국 한계가 있지만, 다른 사람들이 각각 스스로 공경을 다하도록 만드는 데에는 끝이 없다. 또한 『시경』 「대아大雅 · 형작洞酌」의 시를 인용하면서 "군자가 이렇게 온화하고 화평한 덕이 있어서 백성이 자신의 부모와 같이 사랑한다"라고 하였다. 대개 군자는 지극한 덕을 쌓는 것을 가르침으로 삼아 세상 사람들의 마음을 따를 수 있기에 그 덕의 효험이 이토록 위대하다.

夫子言君子之敎人以孝也, 非必家至而戶到, 耳提而面命之也, 亦在施得其要而已. 必敎之以孝, 使凡爲子者皆知盡事父之道, 卽所以敬天下之爲人父者也; 敎之以悌, 使凡爲人弟者皆知盡事兄之道, 卽所以敬天下之爲人兄者也; 敎之以臣, 使凡爲人臣者皆知盡事君之道, 卽所以敬天下之爲人君者也. 蓋致吾之敬者終有限, 惟能使人各自致其敬者斯無窮也. 又引『洞酌』之詩曰, 君子有如此愷悌之德, 民愛之如父母, 蓋能以至德爲敎, 順天下之心, 故其效如此其大也.

이상은 전1장이다. 지극한 덕으로 세상 사람의 마음을 따르게 한다는 내용을 풀이한 것이다. ["전傳"은 거성이다. 주자가 말하기를 "그러나 전傳에서 논의한 지극한 덕의 의미가 또한 치밀하지 않다"라고 하였다. 위 장은 『금문효경』에는 전傳의 일장一章으로 되어 있다.]

右傳之首章. 釋至德以順天下. ["傳", 去聲. ○ 朱子曰: "然所論至德語意亦疎, 如上章之失云." ○ 上章今爲傳之一章.]

# 전2장 傳之二章

공자께서 말씀하셨다. "백성에게 가까운 사람을 사랑하라 가르칠 때 효만한 것이 없고,[1] 예를 따르라 가르칠 때 공손함만한 없으며, 풍습과 습속을 바꿀 때는 음악만한 것이 없다.[2] 윗사람을 편안하게 하고 백성을 다스리는 데는 예만한 것이 없다.[3]"

**子曰: "敎民親愛, 莫善於孝, 敎民禮順, 莫善於悌, 移風易俗, 莫善於樂. 安上治民, 莫善於禮."**

---

1 공자께서…없고: "사마광이 말했다. '친애는 화목함이다.'司馬光曰: '親愛謂和睦.'" 『문연각 사고전서』 vol.182, 『효경지해孝經指解』, 97쪽.

2 풍습과…없다: "현종이 말했다. '풍속을 바꾸려면 먼저 음악에 빠져 사람의 마음을 변화시켜야 한다. 바름은 군주의 덕에서 말미암으니, 바름이 변화와 더불어 음악을 통해 드러난다. 그러므로 음악보다 좋은 것이 없다고 하였다.'玄宗曰: '風俗移易, 先入樂聲, 變隨人心. 正由君德, 正之與變, 因樂而彰. 故曰莫善於樂.'" 『문연각 사고전서』 vol.182, 『효경지해孝經指解』, 97쪽.

3 윗사람을…없다: "현종이 말했다. '예는 군신 · 부자의 구별을 바르게 하고, 남녀 · 장유의 순서를 밝혀주니 윗사람을 편안하게 하고 아랫사람을 교화시키는 것이다.'玄宗曰: '禮所以正君臣父子之別, 明男女長幼之序, 故可以安上化下也.' 사마광이 말했다. '존귀함과 비천함에는에는 순서가 있으니 각각 자신의 분수를 편안히 여기면 윗사람이 편안해지고 백성은 다스려진다.'司馬光曰: '尊卑有序, 各安其分, 則上安而民治.'" 『문연각 사고전서』 vol.182, 『효경지해孝經指解』, 97쪽.

'지덕'을 해석한 장에서 이미 백성에게 효와 제를 가르쳐야 한다고 말했는데, 이 장에서 또한 거듭 언급하고 있으며, 거기에 덧붙여 예악을 말한다. 효는 가까운 사람을 사랑하는 방법으로 백성에게 서로 가깝게 지내고 사랑하라 가르치려면 효보다 더 좋은 것이 없다. 공손함은 연장자를 공경하는 것이므로 백성에게 예를 따르라 가르치려면 공손함보다 좋은 것이 없다. 조화롭게 할 수 있는 것을 가리켜 음악이라 하니, 음악은 북돋고 움직이게 한다는 뜻이다. 그러므로 풍속과 습속을 바꾸려면 음악보다 좋은 것이 없다. 또한 순서를 매길 수 있는 것을 가리켜 '예'라고 하는데, 예에는 높고 낮음과 귀하고 비천함의 구분이 있으므로 위로는 임금을 편안하게 하고 아래로는 백성을 다스리려 한다면 예보다 좋은 것이 없다. 이 네 가지는 요점을 말한 것이다. 그런데 효와 공손함, 예와 음악은 근본이 같지만, 이 경經은 본래 효를 중요한 도로 삼았기에 네 가지 중에 효가 가장 긴요하다. 그러므로 부모님께 효도하는 사람은 반드시 연장자를 공경하니, 효성스럽고 공손한 사람의 마음은 반드시 조화롭고 온순하다. 조화롭게 하는 것은 음악이고, 온순하게 하는 것은 예이다. 이 네 가지는 서로 따라서 일어나니, 하나가 있으면 모든 것이 갖추어진다.

釋至德章旣言敎民以孝悌之事, 至此章又申言之, 而幷及乎禮·樂. 孝, 所以愛其親也, 故欲敎民以相親相愛, 則莫有善於孝者矣. 悌, 所以敬其長也, 故欲敎民以有禮而順, 則莫有善於悌者矣. 得其和之謂樂, 樂有鼓舞動蕩之意, 故欲移改其風變易其俗, 則莫有善於樂者矣. 得其序之謂禮, 禮有上下尊卑之分, 故欲上安其君, 下治其民, 則莫有善於禮者矣. 此四者蓋擧其要而言. 然孝·悌·禮·樂一本也. 此經本以孝爲要道, 而四者之中孝又爲要. 孝於親必悌於長, 孝悌之人, 心必和順. 和則樂也, 順則禮也. 四者相因而擧, 有則俱有矣.

예는 공경일 뿐이다.[4] 그러므로 아버지를 공경하면 자식이 기뻐하고 형을 공경하면 동생이 기뻐하고, 임금을 공경하면 신하가 기뻐하니, 공경을 받는 사람은 한 사람인데 기뻐하는 사람은 수천만이다. 공경하는 대상은 적지만 기뻐하는 사람은 많으니 이것을 가리켜 '긴요한 도要道'라고 한다.[5] [『금문효경』에는 "도道"자 다음에 "야也"자가 있다.]

**禮者, 敬而已矣. 故敬其父則子悅, 敬其兄則弟悅, 敬其君則臣悅,**

---

4 예는…뿐이다: "사마광이 말했다. '효를 밝히면서 먼저 예를 언급한 이유는 예와 효는 실천하는 방법이 같지만 다만 이름이 다르다는 것을 밝히려고 하였기 때문이다.'司馬光曰: '將明孝而先言禮者, 明禮孝同術而異名.'" 『문연각 사고전서』 vol.182, 『효경지해孝經指解』, 97쪽.

5 공경을…한다: "범조우가 말했다. '부모에게 효도하면 가까운 사람들을 화합하게 할 수 있고, 형에게 공손하면 연장자를 따를 수 있다. 그러므로 백성이 어버이에게 효도하고 예를 갖춰 공손하게 만들고 싶다면 효제孝悌를 가르치는 것만한 일이 없다. 음악은 천하의 화합이요, 예는 천하의 질서이다. 화합되므로 풍속을 바꿀 수 있고, 질서가 있으므로 윗사람을 편안하게 하고 백성을 다스릴 수 있다. 무릇 풍속은 정령政令으로 변화시킬 수 있는 것이 아니다. 반드시 음악이 있은 이후에야 다스림의 도가 완성된다. 예는 공경하지 않음이 없을 뿐이다. 지극히 광활한 세상에는 공경할 사람이 많다. 공경할 만한 사람을 공경하면 세상에 기뻐하지 않는 사람이 없다. 그러므로 다른 사람의 아버지를 공경하면 대개 그 자식이 기뻐하지 않는 경우는 없다. 다른 사람의 형을 공경하면 대개 그 동생이 기뻐하지 않는 경우는 없다. 다른 사람의 군주를 공경하면 대개 군주의 신하가 기뻐하지 않는 경우는 없다. 한 사람을 공경하는 데 수천만 명이 기뻐하니 이와 같은 도를 행했기 때문이다. 성인이 요체要諦를 잡고 번잡함을 다스리면 [성인이 친히] 공경하는 사람은 적으나 그로 인하여 복종하는 사람이 많아진다. 이 때문에 많은 수고를 하지 않아도 다스림의 도가 완성된다.'范祖禹曰: '孝於父則能和於親, 弟於兄則能順於長. 故欲民親愛禮順莫如教以孝弟. 樂者天下之和也, 禮者天下之序也. 和故能移風易俗, 序故能安上治民. 夫風俗非政令之所能變也. 必至於有樂而後治道成焉. 禮則無所不敬而已. 天下至大萬敬之也. 敬其所可敬者, 而天下莫不悅矣. 故敬人之父, 則凡為人子者, 無不悅矣. 敬人之兄, 則凡為人弟者, 無不悅矣. 敬人之君, 則凡為人臣者, 無不悅矣. 敬一人而千萬人悅者, 以此道也. 聖人執要以御繁, 敬寡而服衆. 是以不勞而治道成也.'" 『문연각 사고전서』 vol.182, 『효경지해孝經指解』, 97쪽.

**敬一人而千萬人悅, 所敬者寡而悅者衆, 此之謂要道. ["道"下今文有"也"字.]**

앞에서 효 · 제 · 예 · 악 네 가지를 같이 언급한 반면에 여기에서는 예를 특별히 중요시했다. 예를 언급할 때에는 또한 공경을 중요시하는데, 대개 부모와 자식은 한 몸이었다가 분리되었으니 사랑하기는 쉽지만 공경을 다하기는 어렵기 때문이다. 그러므로 경문에서는 사랑과 공경을 같이 말했지만 여기에서는 유독 공경만을 말했다. 그리고 예를 중요하게 여기는 이유는 일반적으로 질서를 지키면서 화합하게 하는 방법이 공경에 근본하지 않고는 가능하지 않기 때문이다. 그러므로 또한 공경의 유용성을 끝까지 미루어 확대한 것이다.

上文兼言孝 · 悌 · 禮 · 樂四者, 至此又獨歸重於禮. 至於言禮, 則又以敬爲主, 蓋父母於子一體而分, 愛易能而敬難盡. 故經雖以愛敬兼言, 而此獨言敬. 而以禮爲重者, 蓋其所以有序而和者, 未有不本於敬而能之也. 故又極推廣敬之功用,

공경심은 만나는 사람마다 다르게 나타난다. 공경심으로 다른 사람의 아버지를 공경하면 그의 아들이 기뻐할 것이다. 공경심으로 다른 사람의 형을 공경하면 그의 동생이 기뻐할 것이다. 공경심으로 다른 사람의 임금을 공경하면 그의 신하가 기뻐할 것이다. 다른 사람의 자식, 동생, 신하는 본래 모두 아버지, 형, 임금을 공경하는 마음이 있기에 내가 먼저 그들을 공경하면 깊이 그들의 환심을 얻을 것이다. 공경을 받는 사람은 한 사람이지만 기뻐하는 사람은 수천만이다. 공경하는 대상은 적지만 기뻐하는 사람이 많고, 지키는 것은 간소하지만 베푸는 것은 넓다. 이것을 가리켜 긴요한 도라 하며, 제 1장의 뜻을 결론지은 것이다.

蓋此心之敬, 隨寓而見. 以此之敬而敬人之父, 則凡爲之子者莫不悅矣; 以此之敬而敬人之兄, 則凡爲之弟者莫不悅矣; 以此之敬而敬人之君, 則凡爲之臣者莫不悅矣. 彼爲人子 · 爲人弟 · 爲人臣者, 本皆有敬父 · 敬兄 · 敬君之心, 而吾先有以敬之, 則深得其歡心矣. 此之敬加於一人, 而彼則千萬人悅. 所敬者寡而悅者衆, 所守者約而施者博. 此之謂要道也, 所以結一章之旨.

이상은 전2장이다. 긴요한 도를 풀이한 것이다. [주자가 말했다. "다만 경문에서 말한 '긴요한 도'라는 것은 당연히 나로부터 미루어 행하는 것이니, 이것과 또한 같지 않다."]

右傳之二章. 釋要道. [朱子曰: "但經所謂要道, 當自己而推之, 與此亦不同也."]

# 전3장 傳之三章

증자가 말하였다. "대단하구나, 효의 위대함이여!" 공자께서 말씀하셨다. "효는 하늘의 불변하는 도經이며, 땅의 마땅함義이며,[1] 백성들이 실천해야 하는 도이다. 하늘과 땅의 변하지 않는 도는 백성들이 본받아야 한다.[2] 하늘의 밝음을 본받고 땅의 마땅함을 따라서 세상 사람들의 마음을 따른다. 이 때문에 그 가르침은 엄숙하지 않아도 완성되며, 그 정치는 엄하지 않아도 다스려진다."[3] ["夫"는 음이 '부'이다. "행行"은 거성이다. 『금

---

1 공자께서…마땅함이며: "현종이 말했다. '경經은 상常이다. 만물을 이용하는 것이 의이며, 효는 모든 행동의 으뜸이다. 사람들이 항상 갖추어야 하는 덕은 마치 해, 달, 별이 하늘에서 운행할 때 변하지 않는 규칙이 있는 것과 같고, 다섯 종류로 땅을 분별하여 마땅함이 있는 것과 같다.'玄宗曰: '經常也. 利物為義, 孝為百行之首. 人之恒德, 若三辰運天而有常, 五土分地而為義也.'" 『문연각 사고전서』 vol.182, 『효경지해孝經指解』, 93쪽.

2 증자가… 한다: "'경經'은 마치 포백을 짤 때 베틀의 곧은 실과 같은 것으로 조리가 일정한 것이다. '의義'는 마름질하여 적절함을 얻은 것이다. '칙則'은 본받는 것이다. 효는 천지의 이치이므로 백성들은 본받아 실천해야 한다. 하늘의 경이고 땅의 의라고 나누어 말하고, 또 총괄하여 천지의 경이라고 말한 것은 의가 그 안에 있기 때문이다.'經'如布帛在機之直縷, 條理一定者也. '義'裁制得宜者也. '則'效法也. 蓋孝者, 天地之理, 民效法而行之. 既分言天經地義, 又總言天地之經, 則義在其中矣." 『문연각 사고전서』 vol.182, 『효경정본孝經定本』, 134쪽.

3 하늘의…다스려진다: "위 문장은 백성이 천지의 이치로써 행한다는 것인데, 여기서

문효경』에는 "지경之經"·"지의之義"·"지행之行" 다음에 각각 "야也"자가 있고, "인지지의因地之義"가 "인지지리因地之利"로 되어 있다.]

**曾子曰: "甚哉! 孝之大也." 子曰: "夫孝, 天之經, 地之義, 民之行. 天地之經, 而民是則之. 則天之明, 因地之義, 以順天下. 是以其敎不肅而成, 其政不嚴而治." ["夫", 音扶. "行", 去聲. "之經"·"之義"·"之行"下, 今文各有"也"字. 因地"之義"今文作"之利".]**

하늘은 양陽의 기운으로 만물을 낳으니 아버지의 도이다. 땅은 순종하며 하늘을 받드니 어머니의 도이다. 하늘은 만물을 낳고 덮어주는 것을 불변하는 도로 여기니 경經이라 한다. 땅은 받들어 따르는 것을 마땅하게 여기니 의義라고 한다. 사람이 천지 사이에 태어나 천지의 본성性을 품부받는 것은 마치 자식이 부모를 닮는 것과 같다. 하늘의 본성을 얻어 자애롭고, 땅의 본성을 얻어 공순하다. 자애와 공손이 곧 효이다. 그러므로 효는 하늘의 경이며 땅의 의이고 사람의 행동이다.

天以陽生物, 父道也. 地以順承天, 母道也. 天以生覆爲常, 故曰經. 地以承順爲宜, 故曰義. 人生天地之間, 禀天地之性, 如子之肖像父母也, 得天之性而爲慈愛, 得地之性而爲恭順. 慈愛·恭順, 卽所以爲孝. 故孝者, 天之經, 地之義, 而人之行也.

---

는 성인이 천지의 이치로 가르치는 것을 말한다. 밝은 이치가 드러난 것이 곧 경經이고, 인因은 좇아 의지하는 것이다. 교敎는 교화시켜 깨우치고 본받게 하는 것이다. 정政은 나아가게 독려하고 바르게 하는 것이다. 숙肅은 음성과 용모를 말하고, 엄嚴은 법령을 말하고, 가르침을 믿고 따르는 것을 '성成'이라고 하고, 정령에 복종하는 것을 '치治'라고 한다.上文言民以天地之理而為行, 此言聖人以天地之理而為教也. 明理之顯著者即所謂經也, 因遵依也. 教者化誨而使之效. 政者勸進而使之正也. 肅言其聲容, 嚴言其法令, 信從其教之謂成, 服從其政之謂治." 『문연각 사고전서』 vol.182, 『효경정본孝經定本』, 134쪽.

효는 본래 천지의 불변하는 도인데, 사람이 이것을 법칙으로 삼았다. '법칙'은 본받는 것이다. 천지의 경經은 영원하고 불변한다. 사람이 천지에서 법칙을 삼으니 이것 역시 영원하며 변하지 않는다. 그렇게 많은 사람 중에 또한 성인이 나와 밝은 하늘의 도를 본받고 의로운 땅의 도에 근거하여 어버이를 사랑하고 연장자를 공경하는 세상 사람들의 마음을 따라서 다스렸다. 이 때문에 성인의 가르침은 금지하고 엄숙하게 하지 않고도 저절로 이루어지며, 성인의 정치는 위엄 있고 엄격하게 하지 않고도 저절로 다스려진다. 다른 이유 때문이 아니라 효라는 것이 자연스러운 천성이고 고유한 인간의 마음에서 우러나온 것이기 때문이다. 이 때문에 성인의 정치와 가르침은 사람들을 이와 같이 빠르게 변화시킨다.

孝本天地之常經, 而人於是取則焉. 則者, 法也. 天地之經, 常久而不變. 人之取則於天地, 亦常久而不易. 其於衆人之中又有聖人者出, 法天道之明, 因地道之義, 以此順天下愛親敬長之心而治之. 是以其爲敎也, 不待戒肅而自成; 其爲政也, 不假威嚴而自治. 無他, 孝者, 天性之自然, 人心所固有. 是以政敎之速化如此.

이상은 전3장이다. 세상 사람들의 마음을 따라 다스린다는 내용을 풀이한 것이다. [주자가 말하였다. "그 장 서두에서 '땅의 마땅함을 따른다因地之義'라는 데까지는 모두 『춘추좌씨전春秋左氏傳』에 있는 구절로, 자태숙子太叔[4]

4 자태숙子太叔, 미상~BC 507: 춘추 시대 사람으로 유씨游氏고, 이름은 길吉이며, 자가 태숙이다. 공손채公孫蠆의 아들이다. 정간공鄭簡公과 정공定公 때 경卿이 되었고, 사령辭令에 뛰어나, 일찍이 초나라와 진晉나라 등에 사신으로 갔다. 정정공 8년 자산子産의 뒤를 이어 집정執政이 되었다. 당시 정나라에 도둑이 많아 갈대가 무성한 연못에 모여 살았는데, 그가 병사를 모아 진압하면서 모두 죽였다.

이 조간자趙簡子[5]를 위하여 자산子産의 말을 인용한 내용이다. 다만 그 구절의 '예禮'를 '효孝'로 바꾸었다.[6] 『효경』은 『춘추좌씨전』보다 전체적인 문맥이 매끄럽지 못하고, 세부 내용도 완성도가 떨어지므로 『효경』이 『춘추좌씨전』을 베꼈다고 할 수 있으며 그 반대가 아닌 것은 의심할 여지가 없다. 자산이 말하기를 "예는 하늘의 영원한 도이고, 땅의 마땅함이며, 백성들이 실천해야 하는 것이다. 천지의 상도를 백성들이 실제로 본받은 것이다. 하늘의 밝음을 본받고 땅의 본성을 따른다"라고 했다. 그리고 바로 뒷부분에는 하늘의 밝음과 땅의 본성에 대한 구체적인 조목과 실제 그것들을 본받고 따르는 내용을 말한 뒤에 조간자가 "대단하구나! 예의 위대함이여"라고 찬미하는 구절이 나온다. 그러므로 처음과 끝의 문맥이 서로 이어지고 구체적인 내용이 상세하니 이 전傳과는 같지 않다.

『고문효경』의 '선왕은 교육을 통해서 백성들을 교화시킬 수 있다고 생각했다'라는 구절은 위 문장과 내용이 서로 맞지 않는다. 그러므로 온공溫公[7]

---

5 조간자趙簡子: 춘추 시대 진晉나라 사람으로 정경正卿을 지냈다. 간자簡子 또는 조앙趙鞅, 진앙晉鞅으로도 불린다. 조양자趙襄子의 아버지다.

6 주자가…바꾸었다: 『춘추좌전』「소공」 25년에 다음과 같은 구절이 있다. "조간자가 말했다. '감히 묻겠습니다. 예가 무엇입니까?' 대답하기를 '제[유길游吉]가 선대부인 자산에게 들었습니다. 예는 하늘의 상도이고, 땅의 마땅함이며, 백성들이 실천해야 하는 것입니다. 천지의 변하지 않는 도를 백성들이 실제로 본받은 것입니다. 하늘의 밝음을 본받고 땅의 본성을 따른 것입니다.'簡子曰, '敢問何謂禮'. 對曰, '吉也聞諸先大夫子產曰, 夫禮天之經也, 地之義也, 民之行也. 天地之經, 而民實則之. 則天之明. 因地之性.'"

7 온공溫公: 사마광을 말한다. 사마광의 『효경지해孝經指解』의 원문은 다음과 같다. "曾子曰, 甚哉孝之大也. 子曰, 夫孝天之經, 地之義, 民之行. 天地之經, 而民是則之. 因天之明, 因地之義, 以順天下, 是以其教不肅而成, 其政不嚴而治. 先王見教之可以化民也. 是故先之以博愛, 而民莫遺其親. 陳之以德義, 而民興行. 先之以敬讓, 而民不爭. 導之以禮樂, 而民和睦. 示之以好惡, 而民知禁. 詩云, 赫赫師尹, 民具爾瞻." 『문연각 사고전서』 vol.182, 『효경지해孝經指解』, 93쪽. 주자는 '선왕견교先王見教' 이하 문장이 앞부분과 뜻이 통하지 않는다고 생각하여 삭제하였으며, 주자가 삭제한 구체적인

이 '교敎'를 '효孝'로 고쳤는데[8] 대충 뜻이 통하기는 하지만, 도리어 아래 문장의 '덕의경양예악호오德義敬讓禮樂好惡'와는 맞지 않는다.[9] 아마도 다른 책의 문장을 뚝 떼어내어 억지로 덧붙여 꾸미고 이어서 공자와 증자의 문답으로 만든 것 같은데, 다만 정확한 출처를 알 수 없을 뿐이다. 앞 문단의 내용은 비록 옳지 않지만 이치는 여전히 통하니, 그대로 두어도 해는 없다. 하지만 뒤 문장은 의심할 만한데, '성인이 효가 백성을 교화시킬 수 있다고 생각한 이후에 스스로 솔선수범했다'라는 문장은 문맥이 너무 맞지 않는다. 하물며 널리 사랑함博愛을 우선시하는 것 또한 친밀한 관계에서 시작하여 소원한 관계로 확장하는立愛惟親 [유가의] 사랑의 순서가 아니니,[10] 어떻게 백성들이 그 부모를 버리지 않게 할 수 있겠는가?[11] 인용한 『시경』구절 또

---

이유는 『효경대의孝經大義』 뒤 부분에서 상세히 설명된다.

8 온공이…고쳤는데: "사마광이 말했다. '교敎는 마땅히 효孝자로 바뀌어야 하니, 소리로 인해 잘못된 것이다. 효가 천지의 변하지 않는 도라서 쉽게 백성을 교화시킬 수 있음을 알 수 있다.'司馬光曰: '敎當作孝, 聲之誤也. 知孝天地之經, 易以化民也.'" 『문연각 사고전서』 vol.182, 『효경지해孝經指解』, 93쪽.

9 주7번에 있는 "陳之以德義, 而民興行. 先之以敬讓, 而民不爭. 導之以禮樂, 而民和睦. 示之以好惡, 而民知禁."를 말한다.

10 입애유친立愛惟親: 사랑은 친근한 사이에서 시작하여 소원한 사람에게 확장된다.

11 어떻게…있겠는가?: "현종이 말했다. '임금이 그 친족을 사랑하면 사람들이 그에 감하여 그들의 친족을 버리지 않을 것이다.'玄宗曰: '君愛其親, 則人化之, 無有遺其親者.' 사마광이 말했다. '친親'은 구족의 친족을 말한다. 먼 관계인데도 사랑하는데, 하물며 가까운 사람을 사랑하지 않겠는가?'司馬光曰: '此親謂九族之親, 踈且愛之, 況於親乎.'" 『문연각 사고전서』 vol.182, 『효경지해孝經指解』, 93쪽.

"박애는 널리 많은 사람을 사랑하는 것이다. 먼저 박애의 가르침을 베풀어 친친親親해야 함을 보여준다. 그러므로 백성이 그에 감화하여, 자신의 친한 사람들을 버리거나 잊지 않는다.博愛汎愛衆也. 先垂博愛之教, 以示親親也. 故民化之, 而無有遺忘其親者也." 『문연각 사고전서』 vol.182, 『고문효경공씨전古文孝經孔氏傳』, 11쪽.

현종, 사마광, 공안국 등은 주자처럼 박애博愛가 유가의 친친親親과 모순이라 생각하지 않았다.

한 의미가 적절하지 않으니[12], 지금 '선왕견교先王見敎' 이하 69글자를 아울러 삭제하였다.]

右傳之三章. 蓋釋以順天下. [朱子曰: "但自其章首以至因地之義, 皆是『春秋左氏傳』所載, 子太叔爲趙簡子道子産之言. 唯易'禮'字爲'孝'字. 而文勢反不若彼之通貫, 條目反不若彼之完備, 明此襲彼, 非彼取此, 無疑也. 子産曰: '夫禮, 天之經, 地之義, 民之行也. 天地之經, 而民實則之. 則天之明, 因地之性'. 其下便陳天明地性之目, 與其所以則之 · 因之之實, 然後簡子贊之, 曰: '甚哉! 禮之大也.' 首尾貫通, 條目詳備, 與此不同. 其曰先王見教之可以化民, 又與上文不相屬. 故溫公改敎爲孝, 乃得粗通, 而下文所謂德義敬讓禮樂好惡者, 却不相應. 疑亦裂取他書之成文而强加裝綴, 以爲孔子 · 曾子之問答, 但未見其所出耳. 然其前段文雖非是, 而理猶可通, 存之無害. 至於後段, 則文旣

---

12 주7번의 맨 마지막 부분 "詩云, 赫赫師尹, 民具爾瞻"을 말하는데, 원래 『시경』「소아 · 절남산節南山」의 구절이다. "깎아지른 저 남산이여, 오직 돌만 층층이 쌓였도다. 으스대는 사윤師尹이여, 백성이 모두 너를 바라보도다. 마음의 근심이 속타는 듯하여 감히 희롱하는 말도 못하니 나라가 이미 망했거늘 어찌 살펴보지 않는가?節彼南山, 維石巖巖, 赫赫師尹, 民具爾瞻, 憂心如惔, 不敢相戲, 國既卒斬, 何用不監." 이 시는 주周 나라의 마지막 왕인 유왕幽王을 풍자한 시이다. 이때의 사윤은 태사太師 윤씨尹氏로, 유왕의 총애를 얻고 권력을 멋대로 행사했던 신하인 윤길보尹吉甫를 말한다.
"막강한 위엄이 있는 지위의 사람들은 백성들이 모두 우러러보니 행동이 천지의 영원한 도를 벗어나면 안 된다. 선한 행동을 하든 악한 행동을 하든 백성들이 따라하니 높은 지위에 있는 사람들은 행동을 신중히 하여야 한다.居顯威之位, 衆民皆瞻仰之, 所行不可以違天地之經也. 善惡則民從, 故有位者愼焉." 『문연각 사고전서』 vol.182, 『고문효경공씨전古文孝經孔氏傳』, 10쪽.
"사마광이 말했다. '윗사람의 행동을 아랫사람이 반드시 보고 감화한다.'司馬光曰: '上之所爲, 下必觀而化之.'" 『문연각 사고전서』 vol.182, 『효경지해孝經指解』, 93쪽.
공안국과 사마광은 『고문효경』에 이 시 구절이 인용된 이유를 선왕의 효행이 백성에게 영향력이 있음을 강조하기 위해서라고 본다. 그러므로 주자가 지적한 것처럼 앞 문장과 문맥이 맞지 않다고 할 수는 없는 듯하다.

可疑, 而謂聖人見孝可以化民, 而後以身先之, 於理又已悖矣. 況先之以博愛, 亦非立愛惟親之序, 若之何而能使民不遺其親邪? 其所引『詩』亦不親切, 今定: '先王見敎' 以下凡六十九字, 并刪去."]

# 전4장 傳之四章

공자께서 말씀하셨다. "옛날에 현명한 임금은 효로 세상을 다스렸고, 감히 작은 나라의 신하도 버리지 않았다. 하물며 공·후·백·자·남公侯伯子男[1]을 빠뜨렸겠는가? 그러므로 모든 나라의 환심을 얻어 선왕을 섬겼다.

**子曰: 昔者, 明王之以孝治天下也, 不敢遺小國之臣. 而況於公侯伯子男乎? 故得萬國之歡心, 以事其先王.**

옛날昔은 앞선 시대를 말하고 현명한 임금은 지혜로우며 명석한 임금을 말한다. 빠뜨린다遺는 것은 소홀히 하거나 잊어버린다는 것이다. 작은 나라의 신하는 영토가 협소하여 50리가 넘지 않아 제후국에 속해 있으니 부용附庸이라 한다. 공자께서는 "옛날에 명철한 왕은 효로 세상을 다스렸는데, 사랑하고 공경하는 마음으로 부용 같은 작은 나라의 신하에게까지 감히 함부로 대하지 않았다. 작은 나라의 신하조차 잊지 않았는데, 하물며 공·후·백·자·남 같은 큰 나라의 신하에게 그러했겠는가? 이와 같

---

1 공·후·백·자·남公侯伯子男: 하은주夏殷周 시대 제후의 다섯 등급을 말한다.

은 이유로 천하 모든 나라의 환심을 얻을 수 있었다"라고 하셨다.

昔者, 謂先代, 明王, 明哲之君. 遺, 忽忘也. 小國之臣, 謂土地褊小, 不能五十里附於諸侯曰附庸是也. 夫子言昔者明哲之王以孝道而治理天下也, 推其愛敬之心, 至於附庸小國之臣尙不敢有所遺忘, 小國之臣且不敢遺, 而況於公·侯·伯·子·男大國之臣乎? 以此之故, 所以得天下萬國之歡心.

천자가 나라를 세워 공公과 후侯에게 사방 100 리의 땅을 하사하였고, 백伯에게는 사방 70 리의 땅을 하사하였고, 자子와 남男에게는 사방 50 리의 땅을 하사하였으며, 그 외 사방 50 리 이하는 모두 작은 나라였다. 크고 작은 나라를 합해 최대한 많게 말하여 만국萬國이라 한 것이다. 많은 나라 백성의 환심을 살 수 있다면 임금을 존경하고 윗사람과 친밀하게 되어 서로 통하여 사이가 멀어지지 않는다. 사람들의 마음이 화합하고 임금의 통치가 견고해지고 사직이 오래도록 보존되며 종묘가 드높여지고 편안해진다. 이렇게 선왕을 섬기고 받들면 효도가 지극해진다. 효도의 지극함이 이와 같은데도 후대의 임금이 모두 효를 실천하지 않는 것은 지혜롭지 않고 정성스럽지 않기 때문이다. 밝은 지혜는 앞일을 내다볼 수 있어서 필연적인 일의 이치를 알고, 정성은 실행할 수 있어서 아무리 미천한 사람도 소홀히 대하지 않는다면, 만국의 사람들 마음이 그에게 돌아오고 선왕에게 대대로 제사를 드릴 것이다. 공자께서 서두에서 현명한 임금이라 칭하고 이어서 감히 하지 않는다고 말씀하신 것은, 대개 감히 하지 않는 마음이 공경하고 두려워하는 정성스러운 마음이니 곧 경문에서 말한 "천자의 효는 감히 사람들을 미워하거나 업신여기지 않는다"라고 한 것이 바로 이것이다.

天子建國, 公·侯地方百里, 伯七十里, 子·男五十里, 五十里以下皆小國也. 合大小之國, 極言其多, 故曰萬國. 以萬國之衆而皆得其歡悅之心, 則尊君親上, 洞然無間. 人心和而王業固, 社稷靈長而宗廟尊安. 以此事奉其先王, 則孝道至矣. 孝道之至如此, 而嗣世之君乃不皆然, 則以不明不誠故也. 明足以有見, 而知事理之必然; 誠足以有行, 而不忘於微賤, 則萬國歸心, 先王世享矣. 夫子所以首稱明王, 而繼言其不敢, 蓋不敢之心則祇懼之誠也, 卽經言天子之孝, 不敢惡慢於人是也.

**나라를 다스리는 이는 홀아비와 과부도 함부로 무시하지 않는데, 하물며 사민士民을 무시하겠는가?[2] 그러므로 백성의 환심을 얻어 선군先君을 섬긴다.**

**治國者不敢侮於鰥寡, 而況於士民乎? 故得百姓之歡心, 以事其先君.**

이것은 제후가 효로 다스리는 것을 말한 것이다. 제후는 한 나라를 다스리는 사람이다. 늙어서 부인이 없는 이를 홀아비라고 하고, 늙어서 남편이 없는 이를 과부라고 한다. 이 두 종류의 사람들은 이른바 천하의 궁핍한 백성들로 병들어 쇠하고 소외되고 외롭게 홀로 사는 사람들이 모두 여기에 포함된다. 무시한다侮는 것은 오만하고 소홀히 대하는 것이다. 국가로부터 한 번 이상 관직에 임명되면 사士가 된다. 민民이라는 것은 농

2 나라를…무시하겠는가: "현종이 말했다. '환과鰥寡는 나라의 미천한 사람들이다. 임금이 감히 그들을 가볍게 대하거나 무시하지 않는데, 하물며 예의를 아는 사士에게 그러겠는가?'玄宗曰: '鰥寡國之微者. 君尙不敢輕侮, 況知禮義之士乎.' 사마광이 말했다. '업신여긴다는 것은 가볍게 대하거나 내버려두는 것을 말한다. 사士는 관직에 있는 사람을 말한다.'司馬光曰: '侮謂輕棄之. 士謂凡在位者.'" 『문연각 사고전서』 vol.182, 『효경지해孝經指解』, 94쪽.

업·공업·상업·장사에 종사하는 사람들이다. 제후에게는 경대부가 있는데도 단지 '사민士民'만을 언급한 이유는 작은 것으로 큰 것을 드러내고자 하였기 때문이다. 어떤 사람은 '백성'을 벼슬한 사람들의 집안이라 하고, 어떤 사람은 평민의 집안을 가리킨다고 본다. 그러나 위에서 만국萬國을 예로 들었으므로 당연히 관직에 오른 대부大夫의 집안으로 보는 것이 마땅하다. 선군先君은 처음 천자에게서 임명을 받아 제후국의 임금이 된 사람이다.

此言諸侯之孝治. 諸侯治一國者也. 老而無妻曰鰥, 老而無夫曰寡. 此二者則所謂天下窮民, 與夫疲癃殘疾顚連無告皆在矣. 侮, 慢忽也. 一命以上爲士. 民則農·工·商·賈也. 諸侯有卿大夫, 只言士民, 亦擧小以見大耳. 百姓或謂百官族姓, 或謂民之族姓. 然以上文萬國例之, 當是官族大夫之家. 先君始受命爲國君者也.

진실로 천자 스스로 효로 천하를 다스리면 제후 또한 효로 그 나라를 다스린다. 사랑하고 공경하는 마음을 백성에게까지 확장하고, 홀아비와 과부와 같은 미천한 사람도 함부로 모욕하고 무시하지 않는데, 하물며 관리와 평민을 함부로 대하겠는가? 이와 같은 이유로 백성의 환심을 살 수 있었다. 백성들이 마음속으로 기뻐하고 즐거워하면 그들을 화합하여 사직을 보전한다. 이처럼 선군을 섬기고 받드는 것이 어찌 효도의 위대함이 아니겠는가? 이것은 경문에서 말한 제후의 효를 드러내 밝힌 것이다. 함부로 홀아비와 과부를 무시하지 않는 것은 곧 교만하거나 사치하지 않는 것의 극치이다. 백성의 환심을 얻는 것은 곧 부귀를 오래도록 지키는 근본이다.

自天子以孝治天下, 而諸侯亦以孝治其國. 推其愛敬之心以及於國人, 至於鰥寡之微亦不敢侮慢之, 而況於士民乎? 以此之故, 所以得百姓之歡心. 百姓之心無不歡悅, 則能和其民人, 保其社稷矣. 以此而事奉其先君, 豈非孝道之大者乎? 此與經言諸侯之孝相發明. 不敢侮鰥寡, 卽不驕不奢之極. 得百姓之歡心, 卽長守富貴之本也.

**집안을 다스리는 이가 감히 신첩의 마음을 잃지 않으니 하물며 처자의 마음을 잃겠는가?[3] 그러므로 사람들의 환심을 얻어 그 어버이를 섬겼다.[4]**

---

3 집안을…잃겠는가?: "현종이 말했다. '집안을 다스리는 사람은 경대부를 일컫는다. '신첩臣妾'은 집안의 미천한 사람들이며, '처자妻子'는 집안의 귀한 사람들이다.'玄宗曰: '理家謂卿大夫. 臣妾家之賤者, 妻子家之貴者.'" 『문연각 사고전서』 vol.182, 『효경지해孝經指解』, 94쪽.

4 그러므로…섬겼다: "현종이 말했다. '경대부는 재능으로 관직에 진출하고 녹봉을 받아 어버이를 봉양한다. 만약 자신의 집안을 효로 다스릴 수 있다면, 미천한 자와 귀한 자의 환심을 얻어 그 봉양을 돕는다.'玄宗曰: '卿大夫, 位以材進, 受祿養親. 若能孝理其家, 則得小大之懽心, 助其奉養.'" 『문연각 사고전서』 vol.182, 『효경지해孝經指解』, 94쪽.

"『정의』는 말했다. '[현종이] 이가위경대부理家謂卿大夫'라고 말한 것은 정현의 주를 따른 것이다. 살펴보니 뒤 장에서 '대부에게 간쟁하는 신하 세 사람이 있으면 비록 도가 없더라도 그 집안을 잃지 않는다.'라고 말했다. 『예기』 「왕제王制」에서 [제후의] 상대부上大夫는 경卿이라고 하였으니, 집안을 다스리는 사람이 경대부임을 알 수 있다. '신첩가지천자臣妾家之賤者'는 살펴보건대 『상서』 「비서費誓」에 '말과 소를 훔치고 신첩臣妾을 꾀어내지 말라'라는 구절이 있는데, 공안국이 '노비를 꾀어내어 훔친다.'라고 풀이하였다. 신첩을 노비라고 하였는데, 이들은 집안의 천한 사람들이다. '첩자가지귀자妻子家之貴者'는 살펴보건대 『예기』 「애공문哀公問」에서 '애공哀公이 공자에게 묻자, 공자가 대답하기를 아내는 어버이를 섬기는 주체인데, 감히 공경하지 않을 수 있겠습니까? 자식은 어버이의 대를 이을 사람인데, 감히 공경하지 않을 수 있겠습니까?'라고 하였다. 이것이 처자가 집안에서 귀한 사람인 이유이다.正義曰, 云'理家謂卿大夫'者, 此依鄭注也. 案下章云大夫有爭臣三人, 雖無道, 不失其家. 禮記王制曰, '上大夫卿', 則知治家謂卿大夫. 云'臣妾家之賤'者, 案尚書費誓曰, '竊馬牛誘臣妾', 孔安國云, '誘偷奴婢'. 既以臣妾為奴婢, 是家之賤者也. 云妻子家之貴者, 案禮記, '哀公問於孔子, 孔子對曰, 妻者親之主也, 敢不敬與, 子者親之後也, 敢不敬與,' 是妻子家之貴者也." 『문연각 사고전서』 vol.182, 『효경주소孝經注疏』, 57쪽.

**治家者不敢失於臣妾，而況於妻子乎? 故得人之歡心，以事其親.**

이것은 경대부가 효로 다스리는 것을 말한 것으로, 사서인士庶人을 함께 거론하였다. 옛날에 경卿은 측실側室을 두었고, 대부는 이종貳宗을 두었고, 사는 예자제隸子弟를 두었으며, 일반평민과 공인, 상인은 각각 분가分親를 두었는데[5] 모두 신첩이라 한다. 신첩은 미천하고 소원하지만, 아내와 자식은 귀하고 친밀한 사람들이다. 인간의 감정은 항상 친밀하고 소중한 사람에게는 두텁고 멀고 미천한 사람에게는 박하다. 옛날에 경대부가 효로 집안을 다스릴 때는 사랑하고 공경하는 마음으로 신첩에게까지 미치고, 더 나아가 감히 조금이라도 신첩의 마음을 잃지 않았다. 멀고 미천한 사람에게도 이처럼 하였는데, 하물며 친밀하고 귀한 처자에 있어서랴! 그렇다면 그 사람의 마음을 잃지 않았음을 알 수 있다. 이 때문에 귀천과 친소에 상관없이 모든 사람의 환심을 얻어 부모를 섬겼다.

此言卿·大夫之孝治，士·庶人亦幷擧矣. 古者卿置側室，大夫有貳宗，士有隸子弟，庶人·工·商各有分親，皆所謂臣妾也. 臣妾賤而疎，妻子貴而親，人之情常厚於親貴，而薄於疎賤. 而昔之爲卿大夫以孝治其家者，推其愛敬之心，下及於臣妾，曾不敢少有失於臣妾之心. 彼疎賤者尙如此，而況於妻子之親貴乎? 則不失其心可知矣. 是以無貴無賤，無親無疎，皆得其人之歡心，而有以事其父母矣.

---

5 옛날에…두었는데: 『춘추좌전』「환공桓公」 2년에 다음과 같은 구절이 있다. "내가 듣건대 제후국을 세울 때 본국을 크게 하고 봉국을 작게 한다고 했다. 그래야만 나라가 견고해질 수 있다. 그래서 천자가 제후국을 두고, 제후가 경대부를 두고, 경이 측실을 두고, 대부가 이종을 두고, 선비가 예자제를 두고, 서인이나 상공인은 각각 분가를 두니 모두 차등이 있다.吾聞國家之立也，本大而末小，是以能固，故天子建國，諸侯立家，卿置側室，大夫有貳宗，士有隸子弟，庶人工商，各有分親，皆有等衰."

그렇기에 어버이가 살아 계실 때 편히 모시고, 제사를 지내면 어버이의 귀鬼가 흠향하니[6] 천하가 화평하고 재해가 발생하지 않고 재앙과 난리가 일어나지 않는다.[7] 그러므로 지혜로운 임금은 효로 나라를 다스린 것이 이와 같았다. 『시경』에 "큰 덕행이 있으면 사방의 나라들이 따른다[8]"라고 하였다.[9] ["夫"는 음이 '부'이고, "행行"은 거성이다.]

**夫然故生則親安之, 祭則鬼享之. 是以天下和平, 災害不生, 禍亂不**

---

6 그렇기에…흠향하니: "현종이 말했다. '그렇다夫然는 것은 윗사람이 효로 다스려서 모든 사람의 환심을 얻었다는 것이다. 그렇게 되면 부모님이 살아계실 때는 그 영화를 편안히 누리고 돌아가시고 나서는 그 제사를 흠향한다.'玄宗曰: '夫然者, 上孝理, 皆得懽心. 則存安其榮, 没享其祭.' 사마광이 말했다. '천하 국가를 다스리는 사람이 만약 이 도를 쓰지 않으면 위태롭고 욕됨에 가까워지니 효가 아니다.' 司馬光曰: '治天下國家者, 苟不用此道, 則近於危辱非孝也.'" 『문연각 사고전서』 vol.182, 『효경지해孝經指解』, 94쪽.

7 재앙과…않는다: "현종이 말했다. '윗사람을 공경하고 아랫사람의 환심을 얻어 부모가 생존해계실 때 편안하고 돌아가신 이후에는 제사를 흠향하셨다. 사람들이 화목하여 태평성대를 이루니 재해와 화란이 일어날 까닭이 없다.'玄宗曰: '上敬下懽, 存安没享. 人用和睦, 以致太平, 則災害禍亂, 無因而起.'" 『문연각 사고전서』 vol.182, 『효경지해孝經指解』, 94쪽.

8 큰…따른다: 『시경』「대아 · 탕지십蕩之什」은 은나라 주왕이 하나라 걸왕을 거울삼지 못했음을 개탄한 내용이다. 위 구절의 출처는 다음과 같다. "비길 데 없이 어리석은 사람, 온 천하가 그를 교훈으로 삼고, 덕행이 위대한 사람, 온 나라가 그를 따른다. 위대한 계획은 나라의 운명을 안정시키고, 원대한 계획은 알맞은 때에 훈계한다. 위의威儀를 공경하고 삼가야, 백성들이 본받으리라.無競維人, 四方其訓之, 有覺德行, 四國順之訏. 謨定命遠猶辰告, 敬愼威儀維民之則."

9 『시경』에…하였다: "현종이 말했다. '각覺은 크다는 뜻이다. 천자에게 큰 덕행이 있으면 사방의 나라들이 따라서 행한다는 뜻을 취한 것이다.'玄宗曰: '覺大也. 義取天子有大德行, 則四方之國, 順而行之.'" 『문연각 사고전서』 vol.182, 『효경지해孝經指解』, 94쪽.
"사마광이 말했다. '각覺은 크고 곧음이다. 왕이 크고 곧은 덕행이 있으면 효로 천하를 다스린다고 하니, 사방의 나라들이 감히 거역하지 않는다는 말이다.'司馬光曰: 覺, 大也, 直也. 言王者有大直之德行, 謂以孝治天下, 故四方之國, 無敢逆之." 『문연각 사고전서』 vol.182, 『효경지해孝經指解』, 94쪽.

作. 故明王之以孝治天下如此. 『詩』云: '有覺德行, 四國順之.' ["夫", 音扶. "行", 去聲.]

이것은 천하 · 나라 · 집안을 다스리는 세 가지 조목을 총괄한 것이다. '부연夫然'은 "오직 그것이 이와 같다"라고 말하는 것과 같다. '고故'는 "이러므로 이와 같다"라고 말하는 것과 같다. '생生'은 부모님이 생존해 계실 때를 말하며, '제祭'는 부모님께서 돌아가신 이후 제사를 받드는 것이다. '안安'은 마음속에 걱정이 없는 것이며, '향享'은 부모님의 혼이 찾아오는 것이다. 사람이 죽은 것을 '귀鬼'라 하는데, 기氣가 물러나 돌아가는 것이다. 천자 · 제후 · 경대부 모두가 효로 천하와 나라와 집안을 다스리면 사람들의 환심을 얻어 어버이를 섬기는 것이 이와 같으므로 어버이가 살아 생존해계실 때에는 어버이가 편안하고 돌아가셔서 제사를 지내면 어버이의 귀鬼가 흠향하게 된다. 이것은 어버이의 마음이 편안히 여기는 바를 따랐기에 어버이의 혼기魂氣가 쉽게 감응한 것이다. 이 때문에 온 세상이 조화롭고 평안해진다. 조화로우면 어그러지는 기운이 없으니 재해가 발생하지 않는다. 평안하면 거스르는 일이 없으니 재앙과 난리가 일어나지 않는다. 재해는 홍수와 가뭄, 전염병을 말하는데, 자연에서 발생한다. 재앙과 난리는 임금을 죽이고 아버지를 살해하는 것이니 인간이 만든 것이다. 효는 하늘의 영원한 도이고 땅의 마땅함이고 인간의 행위이다. 사람마다 효를 지극히 하면 마음이 조화롭고 기운이 조화롭게 되니 천지가 이에 화답하여 반응한다. 공자께서 마침내 전체를 통틀어 결론지어 다음과 같이 말씀하셨다. "그러므로 지혜로운 임금은 이처럼 효로 천하를 다스린다." 대개 천자가 위에서 솔선수범하면 제후 이하의 사람들이 교화되어 행동에 옮기게 되니 모두 현명한 임금의 능력이다. 또한 『시경』 「대아

· 억抑」을 인용하여 그것을 밝히고자 하였다. 천자가 위대한 덕행을 하면 사방의 나라가 천자를 따라 행동한다는 뜻을 취하여 현명한 임금이 효로 천하를 다스리면 제후와 경대부 모두 효로 나라와 집안을 다스리게 된다는 것을 밝혔다.

此總結治天下國家三節. 夫然, 猶言惟其如此也. 故, 猶言是以如此也. 生, 謂父母存時, 祭, 謂沒後奉祀. 安者, 其心無憂, 享者, 其魂來格. 人死曰鬼, 氣屈而歸也. 天子 · 諸侯 · 卿大夫皆以孝治天下國家, 而得人之歡心, 以事其親如此, 故其生而存則親安之, 沒而祭則鬼享之. 由其心意之所安, 所以魂氣之易感也. 是以普天之下, 旣和且平: 和則無乖戾之氣, 故災害不生; 平則無悖逆之事, 故禍亂不作. 災害如水旱疾疫, 生於天者也. 禍亂如賊君弑父, 作於人者也. 孝者, 天之經, 地之義, 而人之行也. 人人盡孝, 則心和氣和, 而天地之和應矣. 夫子遂總結之曰: 故明王之以孝治天下如此. 蓋由天子身率於上, 諸侯以下化而行之, 所以至此皆明王之力也. 又引抑詩以明之. 義取天子有大德行, 則四方之國順而行之, 以明明王以孝治天下, 故諸侯 · 卿大夫皆以孝治其國家也.

이상은 전4장이다. 백성들이 화목하여 위아래가 원망이 없다는 내용을 풀이한 것이다. [주자가 말하였다. "이 장의 말이 비록 좋더라도 또한 경문의 정확한 의미는 아니다. 대개 경문에는 효로 화합한다고 하였는데, 여기에서는 화합으로써 효도한다고 하였다[10]. 인용한 『시경』구절에도 심

10 경문에서는 선왕은 최상의 덕과 중요한 도, 즉 효로 백성들이 화목해진다고 했다先王有至德要道, 以順天下, 民用和睦, 上下無怨. 그러나 전문傳文에서는 천자는 온 나라 백성의 환심을 사서 선왕을 섬기고故得萬國之歡心, 以事其先王, 제후는 그 나라

각한 실수는 없고, 그 다음 문장에서 화제話題를 바꾸었는데도 앞문장과 의미가 통하지 않거나 모순되는 곳이 없다. 그러므로 지금 『고문효경』을 따를 수 있으며, 이후에 합하고 빼고 고쳤다고 말하지 않는 것은 이에 의거한다.]

右傳之四章. 釋民用和睦, 上下無怨. [朱子曰: "其言雖善, 而亦非經文之正意, 蓋經以孝而和, 此以和而孝也. 引『詩』亦無甚失, 且其下文語已更端, 無所隔礙, 故今且得仍舊耳, 后不言合刪改者倣此."]

---

백성의 환심을 사서 선군을 모신다고 했으며故得百姓之歡心, 以事其先君, 대부는 집안사람들의 환심을 사서 부모를 섬긴다고 하였다.故得人之歡心, 以事其親. 즉 사람들을 화합하게 해서 선왕, 선군, 부모를 모시는 효를 실천할 수 있다고 보았다. 따라서 주자가 이처럼 말한 것이다.

"내[오징吳澄]가 생각하기에, 이 전문傳文은 바로 경문의 효로 화합을 이룬다는 내용의 뜻을 밝힌 것이며, 소위 선왕, 선군, 선친을 섬기는 것은 단지 효라고 말한다. 사랑과 공경은 한 가지 마음으로 친한 사람에서 출발하여 소원한 사람에게 미치고, 존귀한 사람에서 시작하여 미천한 사람에게 미치니, 상하 양쪽이 한결 같이 모두 따르게 된다. 그러므로 집안, 나라, 천하 사람들의 환심을 하나라도 얻지 않을 수 없다. 어버이의 환심을 아직 얻지 못한 사람이 다른 사람의 환심을 얻은 적은 없으니 효자의 효험이란 이와 같다. 그리하여 선왕 또는 선친이나 어버이를 섬기는 효를 보이기 위해 말했을 뿐이지, 먼저 타인의 환심을 얻은 이후에 선왕이나 선군 또는 어버이를 섬기라고 말한 것이 아니다. 옛 주석은 사람의 환심을 얻어 조상에게 제사를 지내고 부모를 봉양하는 것에 도움이 되게 하는 것이라고 하였는데, 대개 말이 되지 않으며 의미를 놓친 것이다. 주자 또한 옛 주석의 주장에 이끌려 말했을 뿐이다.澄謂, 此傳正是發明經中以孝而和之旨, 所謂以事先王以事先君以事親者, 言己有是孝. 愛敬一念由親及疎由尊及卑, 上下兩間同乎一順. 故家國天下無一不得其懽心. 未有不得於親而能得於人者, 孝子之效驗至此. 乃所以見其事先事親之孝云爾, 非謂先得他人之懽心而後, 以之事其先事其親也. 舊注以為得彼懽心, 以助祭享助奉養, 葢害於辭, 而失其意. 朱子亦牽於舊注之說故云." 『문연각 사고전서』 vol.182, 『효경정본孝經定本』, 133쪽.

# 전5장 傳之五章

증자가 말하였다. "감히 여쭙겠습니다. 성인의 덕은 효에 덧붙일 것이 없습니까?"[1] [『금문효경』에는 "무'無"자가 "하何"로 되어 있다.]

曾子曰: "敢問聖人之德, 其無以加於孝乎?" ["無"字, 今文作"何"字.]

증자가 이미 현명한 임금이 효로 다스린 효과가 이와 같이 지극하다는 것을 듣고는 더 나아가 다음과 같이 말하였다. "감히 묻겠습니다. 천자인 성인의 다스림은 진실로 모두 효에 근본을 두고 있습니까? 성인이 덕을 행하는 방법에 과연 효 외에 다른 것이 있는지 모르겠습니다. 아니면 또한 효 외에 이치에 도달하고 교화를 완성할 수 있는 더 좋은 방법이 있습니까?"

曾子旣聞明王以孝治其極至之效如此, 於是又推廣而言. 敢問天子聖人之所以爲治者, 固皆本於孝矣, 不知聖人之所以爲德者, 果無以加

1 증자가…없습니까?: "현종이 말했다. '증삼은 현명한 왕은 효로 다스려 화평을 이룩해야 한다는 것을 들었고, 또한 성인의 덕교가 효보다 더 큰 것이 있는지 없는지 물었다.'玄宗曰: '參聞明王孝理以致和平, 又問聖人德教更有大於孝不.'" 『문연각 사고전서』 vol.182, 『효경지해孝經指解』, 94~95쪽.

於孝乎? 抑亦有在於孝之上可以致理成化過於此者乎?

공자께서 말씀하셨다. "천지가 낳은 것 중 인간이 가장 귀하다. 사람의 행동 중에서 효보다 위대한 것은 없다."[2] ["행行"은 거성이다.]

子曰: "天地之性, 人爲貴. 人之行, 莫大於孝." ["行", 去聲.]

하늘은 양의 기운으로 만물을 낳고 땅은 음의 기운으로 만물을 완성한다. 천지가 만물을 낳고 완성하는 것은 비록 음양의 기 때문이지만 기로써 만물이 형태를 갖추면 리理가 거기에 부여된다. 그러므로 공자께서 사

---

2 공자께서…없다: 『고문효경공씨전古文孝經孔氏傳』에서는 성性을 생生으로 보았다. "성性은 생生으로 읽어야 한다. 천지 사이에 기를 가진 종種 중에 인간이 가장 귀하다는 것을 말한다. 군신상하의 마땅함을 바로잡고, 부자 · 형제 · 부부의 도를 돈독히 하며, 남녀 내외, 드뭄과 잦음의 절도를 구별하며, 행복과 경사가 명백해도 염치를 보이는 것이 귀하게 되는 방법이다. 효라는 것은 덕의 근본이며 가르침이 나오는 곳이다. 그러므로 사람의 행동 중에 효보다 중요한 것은 없다.性, 生也. 言凡生天地之間, 含氣之類, 人最其貴者也. 正君臣上下之誼, 篤父子兄弟夫妻之道, 辨男女內外疏數之節, 章明福慶示以廉恥, 所以為貴也. 孝者德之本, 教之所由生也. 故人之行莫大於孝焉." 『문연각 사고전서』 vol.182, 『고문효경공씨전古文孝經孔氏傳』, 12쪽.

그에 반해 오징은 '성'을 본성으로 본다. "'성'은 사람과 만물이 생겨나는 이치이며, '행行'은 사람의 행동이다. 사람과 만물은 균등하게 천지의 기를 얻어 기질을 가지게 되고, 균등하게 천지의 이치를 얻어 본성을 얻는다. 그러나 만물은 편향된 기를 얻어 기질이 막히는데, 이 때문에 그 본성이 온전할 수 없다. 사람은 바른 기를 얻어 그 기질이 통하니, 이 때문에 그 성을 온전히 지켜 천지와 하나가 된다. 그러므로 천지의 성을 얻은 것 중 인간만이 유일하게 귀한 존재이며 다른 만물과 같지 않다. 본성에 갖추어진 인 · 의 · 예 · 지는 인으로 포섭되는데, 인을 사랑으로 표현할 때 어버이를 우선시한다. 그러므로 사람이 본성을 따라 행하면 그 행동에는 효보다 위대한 것이 없다.性者人物以生之理, 行者人之所行也. 人物均得天地之氣以為質, 均得天地之理以為性. 然物得氣之偏而其質塞, 是以不能全其性. 人得氣之正而其質通, 是以能全其性而與天地一. 故得天地之性者, 人獨為貴物, 莫能同也. 性之仁義禮智統於仁, 仁之為愛先於親, 故人率性而行, 其行莫大於孝也." 『문연각 사고전서』 vol.182, 『효경정본孝經定本』, 133쪽.

람이 천지의 본성에서 품부 받은 것은 다른 존재와 비교하면 가장 귀한 것이기에 사람은 천지와 더불어 이 세상의 세 가지 근본三才이라고 말씀하셨다. 천지의 본성을 가지고 말하면 사람이 귀하고, 사람의 행동을 가지고 말하면 효가 위대하다. 어째서인가? 사람이 천지의 본성에서 품부 받은 것은 인 · 의 · 예 · 지 · 신 다섯 가지에 불과하다. 그러나 오로지 인仁만으로도 사람 마음의 완전한 덕이라 할 수 있으며, 나머지 의 · 예 · 지 · 신은 모두 그 안에 포괄된다. 인은 사랑을 중요시하고 사랑 중 어버이를 사랑하는 것보다 앞선 것은 없다. 그러므로 인의 발현은 물이 앞에 있는 웅덩이를 채우고서 다음으로 흘러가는 것과 같다. 어버이를 사랑하는 것이 첫 번째 웅덩이이고, 백성을 사랑하는 것이 두 번째 웅덩이이고, 만물을 사랑하는 것이 세 번째 웅덩이이다. 이것이 사람이 실천하는 행동 중에 효보다 위대한 것이 없는 까닭이다.

天以陽生萬物, 地以陰成萬物. 天地之生成萬物者, 雖以陰陽之氣, 然氣以成形, 而理亦賦焉. 故夫子言人所稟受於天地之性, 則比萬物爲最貴, 以能與天地參爲三才也. 以天地之性言之, 則人爲貴, 以人之行言之, 則孝爲大. 何也? 人稟天地之性, 不過仁 · 義 · 禮 · 智 · 信五者而已. 專言仁, 又爲人心之全德, 義 · 禮 · 智 · 信皆包括於其中. 仁主於愛, 愛莫先於愛親. 故仁之發見如水之流行, 親親爲第一坎, 仁民爲第二坎, 愛物爲第三坎. 此人所行之行莫大於孝也.

사람은 효가 위대한 것을 모르기에 스스로 작게 여기는 실수를 저지르며 사람이 귀한 존재라는 것을 모르기에 스스로를 미천하게 여기는 실수를 저지른다. 스스로 미천하다 하면 비록 사람의 모습을 하더라도 짐승과 별로 다르지 않다. 스스로 작다하면 비록 성현의 자질이 있더라도 평범한 사람에서 벗어날 수 없다. 이 때문에 공자께서 증자의 질문에 답하실 때 반드시 먼저 "천지의 본성을 품부 받은 것 중 사람이 귀하고, 사람의 행동 중에 효보다 위대한 것은 없다"라고 말씀하셨다. 사람들이 스스로를 귀하게 여기고 먼저 위대한 효에 힘쓸 것을 알게 하고자 하셨기 때문이다. 동중서董仲舒[3]는 반드시 자신이 다른 존재보다 귀하다는 것을 안 뒤에야 함께 선을 실천할 수 있다고 말하였는데,[4] 이것이 또한 공자께서 의미하시는 것이다.

人惟不知孝之大也, 是故失於自小, 惟不知人之貴也, 所以失於自賤. 自賤則雖有人之形, 無以遠於禽獸矣. 自小則雖有聖賢之資, 無以拔於凡庶矣. 此夫子答曾子之問, 必先之曰: "天地之性, 人爲貴, 人之行, 莫大於孝." 所以使人知所自貴而先務其大者. 董仲舒謂必知自貴於物, 而後可與爲善, 亦夫子之意也.

---

3 동중서董仲舒, BC 170?~BC 120?: 중국 전한시대 철학자이다. 하북성 광천현廣川縣 태생이다. 어려서부터 『공양전』을 익혔으며 경제景帝 때는 박사가 되었다. 장막을 치고 제자를 가르쳐서 그의 얼굴을 모르는 제자도 있었다. 무제가 즉위하여 크게 인재를 구하므로 현량대책賢良對策을 올려 인정을 받았다. 전한의 새로운 문교정책에 참여했다. 오경박사五經博士를 두었고, 국가 문교의 중심이 유가로 통일된 것은 그의 영향이 크다. 저서로는 『동자문집董子文集』과 『춘추번로春秋繁露』 등이 있다.

4 동중서는…말하였는데: 『한서』 「동중서전董仲舒傳」에는 다음과 같은 구절이 있다. "그러므로 공자가 천지에서 받은 본성 중 사람의 것이 가장 귀하다고 말씀하셨다. 천성을 잘 알면 스스로 다른 존재보다 귀하다는 것을 알게 된다. 스스로 다른 존재보다 귀하다는 것을 안 후에 인의仁誼를 안다. 인의를 안후에 예절을 중요시한다. 예절을 중요시 한 후에 편안히 선善에 처할 수 있다. 편안히 선에 처한 후에 리理를 따르는 것을 즐거워한다. 리를 따르는 것을 즐거워한 후에 군자라고 할 수 있다. 그러므로 공자가 말하기를 '명命을 모르면 군자가 될 수 없다.'라고 했는데 이를 두고 한 말이다.故孔子曰, 天地之性人為貴. 明於天性, 知自貴於物. 知自貴於物, 然後知仁誼. 知仁誼, 然後重禮節. 重禮節, 然後安處善. 安處善, 然後樂循理. 樂循理, 然後謂之君子. 故孔子曰, 不知命, 亡以為君子, 此之謂也."

**효는 아버지를 존중하는 것보다 중요한 것이 없고,[5] 아버지를 존중할 때에는 하늘에 배향하는 것보다 더 중요한 것이 없으니, 주공周公이 바로 그렇게 한 사람이다.**

**孝莫大於嚴父, 嚴父莫大於配天, 則周公其人也.**

이것은 효의 위대함을 최대한 말한 것이다. 엄嚴은 존경하는 것이며, 배配는 합하는 것이다. 주공은 문왕文王의 아들이며 무왕武王의 동생이고 성왕成王의 숙부이며 이름은 단旦이다. 기주岐周[6]를 식읍食邑으로 하사받아 다스렸으며 삼공三公[7]의 지위에 있었기에 주공周公이라고 불린다. 자식이 어버이에게 효도를 할 때에는 끝이 없지만, 아버지를 존경하는 것보다 더 중요한 것은 없다. 아버지를 존경하는 것 또한 끝이 없지만 위대한 하늘上天에 배향하는 것보다 중요한 것이 없다. 오직 하늘만이 위대하고 존귀하여 대적할 것이 없다. 그러나 주공은 자신의 아버지를 하늘과 같이 배향했으니 아버지를 존경하는 방법 중에 가장 지극한 것이며 더 이상 보탤 것이 없다. 그러나 인한 사람과 효성스러운 자식이 부모를 사랑하는 마음은 비록 끝이 없더라도 기강을 세우고 예를 제정하는 절도에는 한계가 있다. 효의 위대함을 지극히 하여 아버지를 존경하고 하늘에 배향할

---

5 효는…없고: "현종이 말했다. '아버지를 하늘이라 하는 것은 신분이 귀하든 천하든 마찬가지더라도 아버지를 하늘에 배향한 예禮는 주공에서 시작하였으니 주공이 바로 그렇게 한 사람이다.'玄宗曰: '謂父為天雖無貴賤, 然以父配天之禮, 始自周公, 故曰其人也.' 사마광이 말했다. '성인의 효는 주공이 치적을 쌓아 세상에 이름을 널리 드러내는 것만 같은 것이 없다. 그러므로 그 일을 들어 설명하였다.'司馬光曰: '聖人之孝, 無若周公事業著明, 故舉以為說.'" 『문연각 사고전서』 vol.182, 『효경지해孝經指解』, 95쪽.

6 기주岐周: 주나라 문왕文王이 처음에 나라를 기산岐山밑에 세웠기에 이런 호칭이 생겼다.

7 삼공三公: 주나라 창건에 기여한 태공太公, 주공周公, 소공召公을 말한다.

수 있는 사람을 찾는다면 오로지 주공 그 사람뿐이다. 『중용』에서 “무왕이 말년에야 천명을 받았는데, 주공이 문왕과 무왕의 덕을 완성하여 태왕太王과 왕계王季를 왕으로 추대하고, 위로는 선공先公을 천자의 예로 제사지냈다”[8]라고 하였다. 아버지를 존경하여 하늘에 배향하는 예를 제정한 사람이 주공이니, 공자께서 칭찬하였다.

此極言孝之大者. 嚴, 尊敬也, 配, 合也. 周公, 文王之子, 武王之弟, 成王之叔父, 名旦. 食采於周, 位居三公, 故稱周公. 人子之孝於親者無所不至, 而莫大於尊敬其父. 尊敬其父者亦無所不至, 而莫大於配享上天. 惟天爲大, 尊無與對. 而能以己之父與之配享, 所以尊敬其父者至矣極矣, 不可以復加矣. 然仁人孝子愛親之心雖無窮, 而立經陳紀制禮之節則有限. 求其能盡孝之大, 而嚴父以配天者, 則惟周公其人也. 『中庸』曰: “武王末受命, 周公成文 · 武之德, 追王大王 · 王季, 上祀先公以夫天子之禮.” 制爲嚴父配天之禮者, 周公也, 故夫子稱之.

**옛날에 주공이 후직后稷[9]에게 교사郊祀를 지내어 하늘에 배향하였고[10]**

---

8 『중용』 18장.

9 후직后稷: 『사기』 「주본기周本紀」에 따르면 후직은 어머니인 유태씨有邰氏가 들에 나갔다가 거인의 발자국을 밟고 잉태하여 낳았다. 어머니가 상서롭지 않다고 여겨 세 번이나 후직을 버리려 했기에 이름을 ‘기棄’라고 지었다는 설이 있다. 어린 시절에 삼과 콩을 심기 좋아하고, 어른이 되어서는 농사를 잘 지었는데 요임금이 소문을 듣고 농사를 관장하는 벼슬을 내렸다. 그리고 순임금은 기를 태邰에 봉하고 후직이라고 불렀으며 희씨姬氏를 성으로 내렸다.

10 옛날에…배향하였고: “현종이 말했다. ‘명당은 천자가 정치를 펼치는 궁宮이다. 주공이 명당에서 다섯 방위의 상제에게 제사를 지냄으로써 문왕을 높여 배향하였다.’玄宗曰: ‘明堂天子布政之宮也, 周公因祀五方上帝於明堂, 乃尊文王以配之也.’” 『문연각 사고전서』 vol.182, 『효경지해孝經指解』, 95쪽.
참고로 오방상제는 다섯 방위를 다스리는 신을 말하며, 동쪽의 상제上帝, 남쪽의 염

문왕에게 종사宗祀를 지내어 상제에게 배향하였다. 이 때문에 세상사람 모두 각자 맡은 직분을 다해 제사를 도왔다. 무릇 성인의 덕에 효보다 더한 것이 또 무엇이 있겠는가?[11] ["夫"는 음이 '부'이고, 『금문효경』에는 "래

---

제炎帝, 서쪽의 소호 少昊 , 북쪽의 전욱顓頊 , 중앙의 황제黃帝를 말한다.

"옥산玉山 왕단명汪端明이 일찍이 의심하건대, 엄부와 배천에 관련된 문장은 공자의 말이 아니다. 능양 이씨가 말하기를, 이것은 주공이 예를 제정한 일을 말할 뿐이며, 마치 『중용』에서 주공이 문왕과 무왕의 덕을 완성하고 태왕과 왕계를 왕으로 추존한 일을 말한 것과 같다. 주공이 예를 제정하고 성왕이 그것을 실천하였다. 주공의 관점에서 말하면 엄부嚴父이고, 성왕의 관점에서 말하면 엄조嚴祖로, 『효경』에서 '엄부'라고 했으니, 명당에서의 배향은 한 번 세대가 바뀌면 마땅히 바뀐다. 어찌 그러한가? 사마공이 말하기를, 주공이 예를 제정하였고 문왕이 주공의 아버지여서 엄부라고 한 것이지, 일반적으로 천하를 소유한 사람이 모두 아버지를 하늘에 배향했다는 말은 아니다. 효자의 마음을 지닌 사람 중 어느 누가 아버지를 존중하고 싶지 않겠는가? 다만 예를 감히 어기지 않았을 뿐이다. [『상서商書』「고종융일高宗肜日」에서] 조기祖己가 제사를 지낼 때에는 자기 아버지 사당에만 풍성하게 하지 말라고 하였다. 공자가 효를 논의하면서 또한 예로써 제사를 지내라고 말하였다. 한나라 고조는 하늘에 배향되었고, 광무는 명당에 배향되었는데, 문경명장文景明章의 덕업이 뛰어나지 않은 것은 아니었으나 감히 하늘에 배향되지 못하였다. 근세에 명당은 모두 아버지를 베향하는 것에 쓰이며, 이것은 『효경』의 뜻을 오해한 것이고, 선왕의 법을 어겼으니 법으로 삼을 수 없다.玉山汪氏嘗疑, 嚴父配天之文, 非孔子語. 陵陽李氏曰, 此言周公制禮之事爾, 猶中庸言周公成文武之德追王太王王季也. 周公制禮, 成王行之, 自周公言則嚴父, 成王則嚴祖也. 謂嚴父則明堂之配當一世一易矣. 豈其然乎. 司馬公曰周公制禮文王適其父故曰嚴父, 非謂凡有天下者皆當以父配天. 孝子之心誰不欲尊其父, 禮不敢踰也. 祖已曰祀無豐于昵, 孔子論孝亦曰祭之以禮. 漢以高祖配天, 光武配明堂, 文景明章, 德業非不美然, 不敢推以配天. 近世明堂皆以父配, 此乃誤識孝經之意, 違先王之法, 不可以為法也." 『효경정본孝經定本』

11 무릇…있겠는가?: "사마광이 말했다. '무왕이 상商을 이겨 후직과 문왕이 진실로 하늘에 배향되는 존엄함을 가지게 되었다. 그런 이후에도 보위에 있던 날이 적어 예악이 아직 갖추어지지 않았으며 정교가 미흡하여 존현尊顯의 도가 여전히 부족한 점이 있는 듯하였다. 주공에 이르러 성왕成王을 대신하여 정사를 돌보고 예를 제정하고 음악을 지어 태평성대를 이루니, 온 세상 사람들이 모두 복종하고 각각 맡은 임무를 다해 제사를 도왔다. 그렇게 하고 나서야 성인의 효가 성대해졌다.'司馬光曰: '武王克商, 則后稷文王固有配天之尊矣. 然后居位日寡, 禮樂未備, 政教未洽, 其於尊

來"자 다음에 "조助"자가 있다.]

**昔者, 周公郊祀后稷以配天, 宗祀文王於明堂, 以配上帝. 是以四海之內, 各以其職來助祭. 夫聖人之德, 又何以加於孝乎? ["夫"音扶. "來"下今文無"助"字.]**

교사는 하늘에 제사 지내는 것인데, 남쪽 교외에서 하늘에 제사를 지내기에 '교郊'라고 하였다. 후직은 순임금의 신하로, 이름은 기棄이다. 순임금이 명령하여 곡식을 담당하는 관리가 되었으며, 백성에게 파종하는 법을 가르쳤다. 처음에는 태邰 지역에 봉토를 하사하여 제후로 삼아 그 나라의 군君이 되게 하였다. 그러므로 후직으로 불리게 되었으니 주周의 시조이다. 문왕은 태왕의 손자이고 왕계의 아들이고, 무왕의 아버지이며, 이름은 창이다. 명당은 왕이 정령政令을 내리고 다스림을 펼치는 집으로 남쪽을 바라보며 밝은 곳을 향하니 밝은 집, 즉 명당이라 한다. 종사宗祀는 종묘에 지내는 제사이다. 하늘은 형체를 가지고 말한 것이고 상제는 주재主宰의 측면에서 말한 것이다.

郊祀, 祭天也, 祭天於南郊, 故曰郊. 后稷, 舜之臣, 名棄. 舜命爲稷, 使教民播種百穀. 始封於邰, 爲諸侯, 君其國. 故稱曰后稷, 是爲周之始祖. 文王, 大王之孫, 王季之子, 武王之父, 名昌. 明堂, 王者出政布治之堂, 南面向明, 故曰明堂. 宗祀, 謂宗廟之祭也. 天以形體言, 上帝以主宰言.

---

顯之道猶若有闕. 及周公攝政制禮作樂, 以致太平, 四海之內莫不服從, 各率其職, 以來助祭. 然後聖人之孝於斯為盛."『문연각 사고전서』 vol.182, 『효경지해孝經指解』, 95쪽.

공자께서 말씀하시기를 "옛날에 주공이 예를 제정하여 하늘에 제사를 지내고 후직에게 배향하여 후직을 하늘과 같이 존중하였다. 또한 주공이 상제에게 제사를 지내고 문왕에게 배향하여 문왕을 상제와 같이 드높였다. 주공이 이같이 할아버지와 아버지를 존중하니 그의 덕이 본보기가 되어 온 세상 사람을 교화시켰다. 그리고 제후들은 각자 마땅히 해야 할 임무에 맞게 제사를 도와 존경하는 마음으로 교사郊祀와 종사宗祀에 참여하였다. 효도가 사람을 감화시키는 것이 이와 같으니 무릇 성인이 갖추어야 할 덕 중에서 또한 효보다 더 나은 것이 있겠는가?"라고 하셨다. 부자가 증자의 질문에 답하신 의미가 여기에 다 있는데도, 아래에서 거듭 성인이 사람들을 효로써 교화시킨 까닭을 말씀하셨다.

夫子言昔者周公之制禮也, 郊祀祭天, 則以后稷配, 尊后稷猶天也; 宗祀祭帝, 則以文王配, 尊文王猶帝也. 周公之所以尊敬其祖·父如此, 是以德教刑于四海. 四海之內爲諸侯者, 各以其職分所當然, 皆來助祭, 敬供郊廟之事. 孝道之感人若是, 則夫聖人之德, 又有何者可以加於孝乎? 夫子答曾子之問, 意已盡矣, 下文復申言聖人教人以孝之故.

**그러므로 어렸을 때는 부모에게 친밀한 마음이 생기다가 부모를 봉양하면서 나날이 부모를 조심하는 마음이 생긴다.[12] 성인은 조심하는 마음**

12 그러므로…생긴다: "사마광이 말했다. '이 다음 내용 또한 성인이 효와 덕으로 사람을 가르치는 도를 밝힌 것이다. '친親'은 친애하는 마음이다. '슬하膝下'는 어린아이가 부모의 무릎에서 즐겁게 장난치는 때를 말한다. 이때는 어린아이에게 부모를 친애하는 마음이 있지만, 아직 부모를 조심하고 공경해야 하는 것을 모른다. 아이가 점점 자라면 나날이 부모를 조심하게 되고 공경하게 되니, 모두 그 천성에서 나온 것이지, 성인이 억지로 하게 만든 것이 아님을 밝힌 것이다.'司馬光曰: '此下又明聖人以孝德教人之道也. 親者親愛之心. 膝下謂孩幼嬉戲於父母膝下之時也. 當是之時, 已有親愛之心, 而未知嚴恭. 及其稍長, 則日加嚴, 明皆出其天性非聖人强之.'" 『문연

을 따라서 존경을 가르치고, 친밀한 마음을 따라서 사랑을 가르친다.[13] 성인의 가르침은 엄숙하지 않아도 이루어지고 성인의 정치는 엄격하지 않아도 다스려지는 것은 근본을 잘 따르기 때문이다.[14,15] [ "양養"은 거성이다.]

**故親生之膝下, 以養父母日嚴. 聖人因嚴以教敬, 因親以教愛. 聖人**

---

각 사고전서』 vol.182, 『효경지해孝經指解』, 95쪽.

13 성인은…가르친다: "현종이 말했다. '성인은 자식이 아버지를 사랑하는 마음을 가지고 사랑과 공경의 가르침을 돈독히 하였다. 그러므로 [자식이 10살이 되면] 집을 떠나게 하여 타지에서 머무르며 공부를 시키고, [백어伯魚가] 빠른 걸음으로 뜰을 지나갈 때 [공자가 가르침을 준 것처럼] 공경을 가르친다. 부모님이 아프거나 가려운 곳을 짚어보고 긁어드리고, 부모님의 이부자리를 개고 베개를 상자에 넣게 하여 사랑을 가르쳤다.'玄宗曰: '聖人因其親嚴之心, 敦以愛敬之教. 故出以就傅, 趨而過庭, 以教敬也. 抑搔癢痛, 縣衾篋枕, 以教愛也.' 사마광이 말했다. '부모를 공경하는 것은 마음을 따라 자연스럽게 되는 것이고, 공경하는 것은 예로써 단속해야 한다.'司馬光曰: '嚴親者因心自然, 恭愛者約之以禮.'" 『문연각 사고전서』 vol.182, 『효경지해孝經指解』, 95쪽.

"『정의』는 말했다. '아버지와 자식의 도가 서로 너무 무덤덤하면 자애와 효성이 교감하지 못하고, 너무 가깝게 지내면 태만함이 생긴다. 그러므로 성인은 아버지를 사랑하는 마음으로 사랑과 공경의 가르침을 돈독히 한 것이다. 正義曰, '父子之道, 簡易則慈孝不接, 狎則怠慢生焉. 故聖人因其親嚴之心, 敦以愛敬之教也. 云出以就傅者, 按禮記內則云, 十年出就外傅居宿於外. 學書計, 鄭云外傅教學之師也, 謂年十歲, 出就外傅, 居宿於外, 就師而學也. 按十年出就外傅, 指命士以上, 今此引之, 則尊卑皆然也.'", 『문연각 사고전서』 vol.182, 『효경주소孝經注疏』, 62쪽.

14 다스려지는… 때문이다: "현종이 말했다. '본本은 효를 말한다.'玄宗曰: '本謂孝也.' 사마광이 말했다. '본은 천성이다.'司馬光曰: '本謂天性.'" 『문연각 사고전서』 vol.182, 『효경지해孝經指解』, 95쪽.

15 성인의 가르침은… 때문이다: "무릇 성인의 가르침은 모두 사람의 본성에 비롯하고 사람들이 도를 깨닫게 하는 것이다. 그러므로 위엄과 엄숙을 가하지 않아도 교육이 이루어지고, 엄한 형벌을 가하지 않아도 정치가 이루어진다. 그것은 모두 사람의 본성을 따랐기 때문이다.凡聖人設教, 皆緣人之本性, 而道達之也. 故不加威肅而教成, 不加嚴刑而政治, 以其皆因人之本性故也." 『문연각 사고전서』 vol.182, 『고문효경공씨전古文孝經孔氏傳』, 12쪽.

**之敎, 不肅而成, 其政不嚴而治, 其所因者, 本也. [“養”, 去聲.]**

‘친親’은 부모를 말하며,[16] ‘슬하膝下’는 어린아이가 부모의 무릎에서 즐겁게 장난치는 것을 말한다. ‘양養’은 봉양하는 것이며, ‘엄嚴’은 존엄이다. ‘경敬’은 예로써 존경하는 것이다. ‘친親’은 친밀한 것이다. ‘애愛’는 자상하고 사랑하는 것이다. ‘본本’은 천성이다. 성인이 사람들을 효로 가르치는 것은 억지로 그렇게 만드는 것이 아니라 자연스러운 마음을 따르게 하는 것이다. 어버이가 슬하에서 자식을 키울 때 처음에는 진실로 자식을 사랑하는 것만 알 뿐이며, 일찍이 자식에게 엄격해야 하는 것을 알지 못한다. 그런데 한 몸이었다 분리되면 자연히 친애하는 마음을 멈출 수 없는 것이 천성이다. 그러나 비록 친밀한 감정이 있더라도 부모와 자식 사이의 높고 낮은 순서가 이미 저절로 한 번 정해져 바꿀 수 없으니, 이것 또한 하늘이 정해놓은 분수이다.

親, 父母也. 膝下, 謂孩幼嬉戲於父母之膝下也. 養, 奉養也. 嚴, 尊嚴也. 敬, 禮敬也. 親, 親昵也. 愛, 慈愛也. 本, 謂天性也. 聖人敎人以孝, 非强之使然, 乃順其自然. 蓋親生膝下, 其初固惟知有親昵而已, 未嘗知有所謂尊嚴之道. 然一體而分, 則自然有親愛, 不容已之情, 天之性也. 雖曰親昵, 而其尊卑已自有一定不可易之序存焉, 天之分也.

이것은 본성에 이미 있던 것이며, 성인이 백성을 교화시킬 때에도 본성에 없는 것을 억지로 하게 하는 것은 아니다. 그러므로 부모에게 조심하는 마음으로 공경하게 가르치고 부모를 가깝게 여기는 마음으로 사랑하

16 친親: 사마광은 ‘친親’을 친애하는 마음親愛之心으로 보며[전5장 주 12참조], 주자 또한 친親을 애愛와 같이 본다. 그에 반해 동정董鼎은 ‘친’을 부모로 본다.

게 가르친다. 부모를 사랑하고 공경하게 가르치는 방법은 원래부터 있던 좋은 마음을 일깨우고 좋은 본성이 발현되게 하는 것에 불과하지 밖의 무언가에 의지하는 것이 아니다. 그러므로 성인의 가르침은 엄격하게 하지 않아도 저절로 이루어지고, 성인의 정치는 혹독하게 하지 않아도 저절로 다스려진다.

사람의 자식으로 태어나면 삼 년 후에는 부모의 품을 벗어난다. 부모의 품에 있는 동안 부모는 나를 키우고 기르고 돌보며 드나들 때 안으니, 온몸으로 느끼는 사랑이 이보다 더 친밀한 것은 없고, 낳아주고 길러준 은혜가 이보다 더 큰 것이 없다. 그러므로 "은덕을 갚고자 하면 하늘처럼 끝이 없다"[17]라고 하였으니, 부모의 은덕은 천지와 같아서 비록 효를 다하여 갚고자 하지만 끝이 있지 않다는 것을 말한 것이다. 이것은 모두 사람 마음의 고유한 이치이기에 부모의 손을 잡고 다녀야하는 어린아이도 부모를 사랑할 줄 모르지는 않는다. 그러나 성인은 사람이 부모의 은덕을 잊고 사랑만을 너무 믿어 쉽게 공경하는 마음을 잃어버릴까 걱정하셨다. 이 때문에 부모를 조심하는 마음을 따라 공경하게 가르쳐 사랑이 무례함으로 이르지 않게 했다. 또한, 부모를 가까이 여기는 마음을 따라 사랑하게 가르쳐 공경하는 마음이 소원함으로 흐르지 않게 했다. 이것이 성인이 인심人心과 천리天理를 이용하여 사람이 마땅히 지켜야 할 도리가 무너지지 않도록 단단히 붙잡아 세우신 방법이다.

此蓋其本然之所固有，而聖人立教亦非强其所無而爲之. 故曰因嚴而教敬，因親以教愛. 所以教之愛敬者，不過啓其良心，發其善性，而非有所待乎外也. 故其教不待肅而自成，其政不待嚴而自治. 人子之生

17 『시경』「소아 · 육아蓼莪」.

也, 三年然後免於父母之懷. 長我育我, 顧我復我, 出入腹我, 骨肉之親無有密於此者, 生養之恩無有大於此者. 故曰欲報之德, 昊天罔極, 言父母恩德與天地並, 雖盡孝道欲以報之, 亦復無有窮極. 此皆人心固有之理. 是以孩提之童無不知愛其親. 聖人復恐其狎恩恃愛, 而易失於不敬. 於是因嚴教敬, 使愛而不至於褻; 又因親教愛, 使敬而不至於疎. 此聖人所以有功於人心天理, 而扶植彝倫於不墜也.

이상은 전5장이다. 효가 덕의 근본이라는 것을 풀이한 것이다. [주자가 말하였다. "아버지를 존경하여 하늘에 배향하는 것은 본래 무왕, 주공의 정치를 논의하면서 그들이 실천한 효를 찬미하는 말이지, 일반적으로 효를 행하는 사람이 모두 이처럼 되기를 바라서 한 말은 아니다. 하물며 효가 위대한 이유는 모든 사람이 각자 본래 스스로 익숙하게 잘 할 수 있는 지점이 있다는 점을 두고 한 말이지 않겠는가? 만일 반드시 이와 같은 (무왕이나 주공처럼 한) 이후에야 효라고 한다면 신하와 자식으로 하여금 모두 임금과 부모를 거스르는 마음無將之心[18]을 갖게 하여 도리어 큰 불효의

18 무장無將: 『춘추공양전』「장공」 32년과 「소공」 원년에 보인다. 참고로 「소공」 원년의 내용은 다음과 같다. "[경經] 숙손표叔孫豹가 진晉나라 조무趙武, 초楚나라 공자公子 위圍, 제齊나라 국작國酌, 송宋나라 상술向戌, 위衛나라 석악石惡, 진陳나라 공자公子 초招, 채蔡나라 공손귀생公孫歸生, 정鄭나라 헌호軒虎, 허許나라 사람, 조曹나라 사람과 곽漷에서 회합했다.叔孫豹會晉趙武, 楚公子圍, 齊國酌, 宋向戌, 衛石惡, 陳公子招, 蔡公孫歸生, 鄭軒虎, 許人, 曹人于漷."

"[전傳] 여기에서 진후陳侯의 동생 초招를 왜 아우라고 부르지 않는가? 그를 폄하하기 위해서이다. 어째서 그를 폄하하고자 하는가? 진陳나라 세자 언사偃師를 죽였기 때문이다. 『춘추』 소공 8년 조에서 말하기를 '진후陳侯의 동생 초가 진나라 세자인 언사를 죽였다'라고 했다. 대부끼리 서로 죽이는 경우를 '인人'이라고 하는데, 여기에서 그의 이름과 씨를 일컬어서 죽였다고 한 것은 왜 그런가? 여기에서 미리 그가 장차 군주를 시해하려 한 것을 말한 것이다. 지금 공자 초는 군주를 [실제 시해한

죄에 빠뜨리는 꼴이다. 전문傳文을 지은 사람은 다만 효의 위대함을 논한 것만 보고 이처럼 덧붙였을 뿐이며, 그것이 천하에 두루 통용되는 가르침이 될 수 없다는 것은 몰랐다. 독자들이 꼼꼼히 살펴 문장의 의미가 훼손되지 않게 해야 할 것이다. 『고문효경』에서 말하기를 "그러므로 어렸을 때는 부모에게 친밀한 마음이 생긴다" 이하는 의미가 매우 절실한데, 다만 앞문장과 잘 연결되지 않는데 반해 뒤 문장과 의미가 서로 가깝다. 그러므로 『금문효경』에서는 아래 두 장과 이어 한 장으로 만들었다. 그러나 아래 장의 첫마디가 이미 다른 이야기를 하였고 의미도 중복되니, 한 장으로 합치는 것은 적절하지 않다. 이 말은 마땅히 『고문효경』에 근거하여 앞 문장에 붙이거나 혹은 별도의 한 장으로 독립시키는 것이 옳다."]

右傳之五章. 釋孝德之本. [朱子曰: "但嚴父配天本因論武王 · 周公之事, 而贊美其孝之詞, 非謂凡爲孝者, 皆欲如此也. 又況孝之所以爲

---

것이 아니라] 시해하려 시도했을 뿐인데, 『춘추』의 문장은 어째서 그가 실제 군주를 시해한 것처럼 말하는가? 군주와 부모에 대해서는 장차 시해하려는 마음조차 먹어서는 안 되는 일로 만일 시해하려 했다면 반드시 죽여 처벌해야 한다. 그렇다고 하더라도 어찌하여 그가 시해하지 않았는데 폄하를 한 것인가? 친형제인 임금을 살해하여 그의 죄악이 매우 엄중하기 때문이다. 『춘추』에서는 폄하하는 표현을 사용하지 않고도 죄악을 드러낼 수 있으면 굳이 폄하하는 표현을 사용하지 않으면서 죄악을 보여준다. 그러나 폄하하는 표현을 사용해야만 죄악이 드러나는 경우에는 반드시 폄하하는 표현을 사용하여 그의 죄악을 보여준다. 지금 공자 초의 죄가 매우 무겁기는 하지만, 죄를 저지르기 전에 폄하하는 표현을 사용한 것은 왜 그런가? 초가 죄를 지었다는 것을 분명하게 보여주고자 하기 때문이다. 어찌하여 공자 초에게 죄가 있는 것을 분명하게 보이려고 하는 것인가? 초나라가 공자 초를 토벌한다는 것을 핑계 삼아 진陳나라를 멸망시켰다는 것을 말하고자 하기 때문이다.此陳侯之弟招也, 何以不稱弟? 貶. 曷為貶? 為殺世子偃師貶, 曰陳侯之弟招殺陳世子偃師. 大夫相殺稱人, 此其稱名氏以殺何? 言將自是弒君也. 今將爾, 詞曷為與親弒者同? 君親無將, 將而必誅焉. 然則曷為不於其弒焉貶? 以親者弒, 然後其罪惡甚, 春秋不待貶絕而罪惡見者, 不貶絕以見罪惡也. 貶絕然然罪惡見者, 貶絕以見罪惡也. 今招之罪已重矣, 曷為復貶乎此? 著招之有罪也. 何著乎招之有罪? 言楚之托乎討招以滅陳也."

大者, 本自有親切處, 而非此之謂乎. 若必如此而後爲孝, 則是使爲人臣子者皆有無將之心, 而反陷於大不孝矣. 作傳者但見其論孝之大, 卽以附此, 而不知其非, 所以爲天下之通訓, 讀者詳之, 不以文害意焉, 可也. 其曰'故親生之膝下'以下, 意却親切, 但與上文不屬, 而與下章相近, 故今文連下二章爲一章. 但下章之首語已更端, 意亦重復, 不當通爲一章. 此語當依古文, 且附上章, 或自別爲一章可也."]

# 전6장 傳之六章

공자께서 말씀하셨다. "아버지와 자식의 도는 타고난 본성이고[1], 군주

1 아버지와…본성이고: "사마광이 말했다. '자식을 사랑하지 않고 부모에게 효도하지 않는 것은 부모와 자식 간의 정을 깨뜨린 것이다.'司馬光曰: '不慈不孝情敗之也.'" 『문연각 사고전서』 vol.182, 『孝經指解』, 95쪽. "신은 사람이 몸을 갖게 된 것은 육체는 어머니에게서 받지만, 그 시작은 아버지에게서 비롯되었다고 들었습니다. 비록 사납고 포악한 아비라도 자식을 보면 애틋하게 여기고, 포대기에 싸인 아기일지라도 아버지를 보면 웃는 것은 과연 어째서 그런 것이겠습니까? 처음부터 아무 것도 하지 않아도 그렇게 되니, 이것은 부자의 도리가 하늘에서 타고난 것이기에 떼어 놓을 수 없기 때문입니다. 그러나 부자 사이에 간혹 그 도를 다 발휘하지 못하는 경우가 있으니, 이것이 어찌 아버지가 되어서 천성이 자애로움에 부족함이 있어서이겠으며, 자식이 되어서 천성이 효도에 부족한 점이 있어서이겠습니까? 인심은 본래 밝고 천리는 처음부터 갖추어져 있습니다. 다만 물욕에 의해 어두워지고, 이로움과 해로움에 의해 가리기 때문에 작게는 은혜와 의리를 해쳐서 열어젖히지 못하고, 크게는 천륜을 어지럽히면서도 구원하지 못하기 때문입니다. 예를 들어 누구는 술 마시기를 좋아하고 누구는 재물을 좋아하며 누구는 성색聲色을 좋아하고 누구는 편안함을 좋아하는데, 이와 같은 것이 모두 물욕物欲입니다. 맑고 깨끗한 바탕을 물욕이 어둡게 만들면 어버이는 혹 자애로움을 잊고 자식은 혹 효도하는 것을 잊습니다.臣聞人之所以有此身者, 受形於母, 而資始於父. 雖有强暴之人, 見子則憐, 至於襁褓之兒, 見父則笑, 果何爲而然哉? 初無所爲而然, 此父子之道, 所以爲天性而不可解也. 然父子之間, 或有不盡其道者, 是豈爲父而天性有不足於慈, 亦豈爲子而天性有不足於孝者哉? 人心本明, 天理素具, 但爲物欲所昏, 利害所蔽, 故小則傷恩害義而不可開, 大則滅天亂倫而不可救. 假如或好飮酒, 或好貨財, 或好聲色, 或好便安, 如此之類, 皆物欲也. 淸明之地, 物欲昏之, 則父或忘其爲慈, 子或忘其爲孝." 『주자대전』 권12, 「갑인의상봉사甲寅擬上封事」.

와 신하의 의리이다.[2,3] 부모가 낳아주셨으니 대를 잇는 것[4]이 이보다 큰 것이 없고, 임금이 친히 다스리니[5] 두터움이 이보다 중한 것이 없다.[6] 그 어버이를 사랑하지 않고 다른 사람을 사랑하는 것을 패덕悖德이라고 하고, 그 어버이를 공경하지 않고 다른 사람을 공경하는 것을 패례悖禮라고

---

2 군주와…의리이다: "현종이 말했다. '아버지와 자식의 도는 자연스러운 본성의 항상됨이고 존엄함이 더하여 또한 군주와 신하의 의리가 있다.'玄宗曰: '父子之道, 天性之常, 加以尊嚴, 又有君臣之義.' 사마광이 말했다. '아버지는 군주이고, 자식은 신하다.' 司馬光: 曰'父君子臣.'" 『문연각 사고전서』 vol.182, 『효경지해孝經指解』, 95쪽.

3 아버지와…의리이다: "아버지가 사랑하고 자식이 효도하는 것은 자연스러운 본성의 근본이다. 그러나 아버지가 높고 자식이 낮은 것에는 또한 군주와 신하의 뜻이 있으니 또한 타고난 자질의 자연스러움이다. 주자가 말했다. '군신지의君臣之義 아래에 마땅히 빠진 것이 있는데 그것이 어떤 글자인지 알 수 없다.父慈子孝, 乃天性之本. 然父尊子卑, 又有君臣之義, 亦天分之自然也. 朱子: 曰君臣之義之下當有脫簡, 不能知其為何字也." 『문연각 사고전서』 vol.182, 『효경정본孝經定本』, 135쪽. 이 부분은 아버지가 군주와 어버이의 도리를 즉 친함과 엄함을 모두 가지고 있다는 의미이다.

4 대를 잇는 것: 유가의 관점에서 불효 중 가장 큰 것은 대를 이를 자손이 없는 것이다.

5 임금이…다스리니: "임금이 신하에게 임함과 부모가 자식에게 임함은 다스리고 가르치기 위한 것이다.君之臨臣, 父之臨子, 所以治而敎之也." 『소학집설小學集說』 「명륜明倫」. 『소학집설』에서는 군친君親을 임금과 신하로 해석하였다.

6 부모가…없다: "현종이 말했다. '부모가 자식을 낳았으니 몸을 전하여 서로 잇는 것은 인륜의 도가 이보다 큰 것이 없다.'玄宗曰: '父母生子, 傳體相續, 人倫之道莫大於斯.' 사마광이 말했다. '사람이 자손이 있음을 귀하게 여기는 것은 할아버지와 아버지의 일을 잇기 때문이다. 속續은 혹 적績으로 쓴다.'司馬光曰: '人之所貴有子孫者, 為續祖父之業故也. 續或作績.'" 『문연각 사고전서』 vol.182, 『효경지해孝經指解』, 95쪽. "사람의 몸에서 기氣는 아버지에게서 시작되고, 형체形는 어머니에게서 완성된다. 그 몸은 지극히 친하니 이보다 큰 것이 없다. 집안사람 가운데 위엄있는 군주가 있다는 것은 부모를 말하는 것이다. 이미 나의 부모가 된 사람은 또 나의 군주가 되어 위에 임하고, 그 나누어짐이 크고 두터워 지극히 높으니 이보다 중후한 것이 없다.人子之身, 氣始於父, 形成於母. 其體連續是為至親無有大於此者, 家人有嚴君焉父母之謂也. 既為我之親, 又為我之君而臨乎上, 其分隆厚是為至尊無有重於此者." 『문연각 사고전서』 vol.182, 『효경정본孝經定本』, 135쪽.

한다."[7] '['중언重焉' 아래에는 『금문효경』에 '고故'자가 있다. '천성天性' 아래에는 『금문효경』에 '야也'자가 있다.]

**子曰: "父子之道[8], 天性, 君臣之義. 父母生之, 續莫大焉. 君親臨之, 厚莫重焉. 不愛其親而愛他人者, 謂之悖[9]德. 不敬其親而敬他人者, 謂之悖禮." ['重焉'下今文有'故'字. '天性'下今文有'也'字.]**

이 장은 비록 '자왈'자를 써서 이야기의 주제를 바꾸었지만[10], 결국 앞 장의 뜻을 이어받은 것이다. 아버지와 자식의 도리가 하늘의 본성이라는 것은 친親함을 말하고, 임금과 신하의 의리는 엄嚴함을 말한다. 『주역』에서 "집안사람 중에 엄한 군주가 있으니 아버지와 어머니를 말한다"[11]라고 하였다. 아버지의 친함으로 말하였기에 "대를 잇는 것이 이보다 큰 것이 없다"[12]라고 하였고, 군주의 높음으로 말하였기에 "두터움이 이보다 중한 것이 없다"라고 하였다. 덕은 사랑을 주로 하니 또한 '친'자로 말하였고, 예는 공경을 주로 하니 또한 '엄'자로 말하였다. 이것은 대개 "인因한 것이

---

7 그…한다: "현종이 말했다. '사랑하고 공경하는 도를 다한 뒤에 사람들에게 가르침을 베풀어야 하니, 이것을 어기면 덕례德禮에 어긋남이 된다는 것을 말한 것이다.'玄宗曰: '言盡愛敬之道, 然後施教於人, 違此則於德禮為悖也.' 사마광이 말했다. '진실로 그 어버이를 공경하고 사랑할 수 없다면 비록 다른 사람을 공경하고 사랑할지라도 오히려 효를 밝히는 것이 덕의 근본이라는 것을 어그러뜨릴 것이다.'司馬光曰: '苟不能恭愛其親, 雖恭愛他人, 猶不免於悖, 以明孝者德之本也.'" 『문연각 사고전서』 vol.182, 『효경지해孝經指解』, 96쪽.

8 아버지와 자식의 도: 아버지는 아들을 사랑하고 자식은 아버지를 공경하는 것을 말한다.

9 패悖: 도리에 어긋남이니 천리를 따르지 않은 것을 말한다.

10 이야기의…바꾸었지만: "군자가 질문하여 이야기의 주제를 바꾸면 일어나서 대답한다.君子問更端, 則起而對." 『예기』 「곡례 상」.

11 『주역』 가인괘家人卦 「단전」.

12 대를…없다: 유가의 관점에서 불효 중 가장 큰 것은 대를 이를 자손이 없는 것이다.

효[天性]이다"에 나아가[13] 하나에서 근본한다는 의미를 설명한 것이다. 친한 이를 친하게 대하여 백성에게 인을 베풀고, 백성에게 인을 베풀어 만물을 사랑한다.[14] 예를 들어 하나에 근원한 물이 천 갈래 만 갈래로 갈리지만, 모두 이 하나의 근원에서 흐르는 것과 같다. 나무의 뿌리가 수많은 가지와 잎으로 피어나지만, 모두 이 하나의 뿌리에서 나온 것과 같다. 『맹자』가 말한 하나에 근본한다[15]는 설이 바로 이것을 말한다. 하나에 근본한다는 설을 몰라 그 어버이를 사랑하지 않고 다른 사람을 사랑하는 것을 패덕悖德이라 하고, 그 어버이를 공경하지 않고 다른 사람을 공경하는 것을 패례悖禮라고 한다.[16] 자기 어버이를 사랑하고 공경함으로 다른 사람을 사랑하고 공경하면 도리를 따른 것이고,[17] 자신의 어버이를 사랑하고 공경하지 않고서 먼저 다른 사람을 사랑하고 공경한다면 도를 어긴 것이다.

此章雖引以"子曰"字更端, 終是承上章之意. 父子之道天性, 謂親也. 君臣之義, 謂嚴也. 『易』曰: "家人有嚴君焉, 父母之謂也." 以父之親言, 故曰"續莫大焉". 以君之尊言, 故曰"厚莫重焉". 德主愛, 亦是就

---

13 인因한…나아가: "현종이 말했다. '본은 효이다.'玄宗曰: '本謂孝也.' 사마광이 말했다. '본은 하늘의 본성이다.'司馬光曰: '本謂天性.'" 『문연각 사고전서』 vol.182, 『효경지해孝經指解』, 95쪽.

14 친한…한다: 『맹자』「진심 상」 45장.

15 하나의…근본한다: 『맹자』「등문공 상」 5장.

16 하나에…한다: 부모와 자식의 관계는 인륜의 근본으로 자기 어버이를 사랑하는 미덕을 더욱 확대하여 다른 사람에게까지 이르게 하는 것이 순덕順德이고, 자기 어버이를 공경하는 마음을 더욱 확대하여 다른 사람에게까지 이르게 하는 것이 순례順禮이다. 이것은 『대학』에서 말하는 수신 · 제가 · 치국 · 평천하의 과정으로 확대하는 것이다.

17 하늘에서 부여받은 사랑과 공경이 어버이와 자식의 관계에서는 효孝가 되고 공적인 관계에 있어서 의義가 된다.

親字說. 禮主敬, 亦是就嚴字說. 此蓋就"所因者, 本也", 說一本之意. 親親而仁民, 仁民而愛物, 如水之一源, 而千條萬派皆此源之流; 如木之一根而千枝萬葉皆此根之發. 孟子一本之說, 正謂是也. 若昧一本之說, 不愛其親而愛他人者, 則謂之悖德; 不敬其親而敬他人者, 則謂之悖禮. 蓋由愛敬其親, 而推以愛敬他人, 則爲順; 不愛敬其親, 而先以愛敬他人, 則爲逆矣.

이상은 전의 6장이다. 제 1장의 "가르침이란 (효로) 말미암아 생겨나는 것임"을 풀이하였다.[18] [주자가 말했다. "『고문효경』에는 '불애기친不愛其親' 이하를 나누어서 별도로 하나의 장을 만들었다. 그리고 각각 '자왈子曰'이라는 글자를 앞에 썼다. 『금문고경』에는 그것을 합했고 또 위의 장과 통합하여 하나의 장을 만들었으니 이 '자왈子曰'이란 두 글자를 없애버리고 '불애기친不愛其親' 위에 '고故'자를 덧붙인 것이다. 이제 이 장의 첫머리를 자세히 살펴보건대, 말은 실제로 이야기의 주제를 바꾸었으니, 마땅히 『고문효경』을 바른 것으로 보아야 한다. '불애기친不愛其親'은 말의 뜻이 곧바로 위의 문장과 더불어 서로 이어지니, 마땅히 『금문효경』을 바른 것으로 보아야 한다. '군신지의君臣之義' 다음에, 또한 당연히 빠지거나 생략된 것이 있는데, 지금은 어떤 글자가 있었는지 알 수 없다. '패례悖禮' 위는 모두 격언이다. 다만 '이순즉역以順則逆' 다음에는 또한 『춘추좌전』에 실려 있는 계문자와 북궁문자의 말이 섞여 있어서, 여기 위 문장과는 서로 호응하지 않고, 이곳과 저곳의 득실은 또한 앞 장에서 논했던 자산

18 이상은…풀이하였다: "이 한절은 제1장의 '가르침이 생겨나는 것'의 의미를 해석한 것으로, 전6장에 해당한다.此一節釋'教之所由生'之意, 傳之六章也." 『문연각 사고전서』 vol.182, 『효경간오孝經刊誤』, 108쪽.

의 말과 같다. 지금 모두 90자를 삭제한다.[19] 계문자가 말했다. '이것으로 훈육하면 혼란스러워, 백성에겐 법칙이 없게 된다. 선함을 헤아리지 않고서 모두 흉함에 있으니, 덕이 이 때문에 사라진다.'[20] 북궁문자가 말했다. '군자는 자리에 있을 때 두려울 만하고, 베풂에 있어서는 사랑받을 만하고, 나아가고 물러날 땐 법도가 있고, 주선周旋할 때는 원칙이 있고, 행동거지는 볼 만하고, 일을 일으킴에는 모범이 될 만하고, 덕행은 본보기가 될 만하고, 목소리는 즐거울 만하여, 행동할 때에는 아름다움이 있고, 말할 때는 밝음이 있다. 이것으로 그 아래 사람들에게 임한다.'[21]"]

右傳之六章. 釋敎之所由生. [朱子曰: "古文析'不愛其親'以下別爲一章, 而各冠以'子曰', 今文則合之, 而又通上章爲一章, 無此二'子曰'字, 而於'不愛其親'上加'故'字. 今詳此章之首, 語實更端, 當以古文爲正. '不愛其親', 語意正與上文相續, 當以今文爲正. 至'君臣之義'之下, 則又當有脫簡焉, 今不能知其爲何字也. 悖禮以上皆格言, 但'以順則逆'以下, 則又雜取『左傳』所載季文子·北宮文子之言, 與此上文旣不相應, 而彼此得失又如前章所論子產之語. 今刪去凡九十字.

---

19 다만…삭제한다: 다음과 같은 내용을 삭제하였다. "순리를 거스르면 백성은 법칙으로 삼을 것이 없다. 선함에 뜻을 두지 않고 모두 흉함에 있으니, 덕을 비록 얻는다 하더라도 군자는 귀하게 여기지 않는다. 군자가 그렇게 하지 않을 것이니 말은 도로 삼을 만하고, 행동은 즐거울 만하며, 덕과 의는 존경할 만하고, 하는 일은 볼 만하고, 나아가고 물러남은 법도로 삼을 만하다. 따라서 그 백성이 두려워하고 사랑하며, 법칙으로 삼아 본받는다. 그러므로 그 교덕敎德을 이룰 수 있어서 그 정령을 행하게 된다. 『시경』에 '숙인군자여 그 예의가 어긋나지 않는다'라고 하였다.以順則逆民無則焉, 不在於善而皆在於凶, 德雖得之, 君子所不貴. 君子則不然 言斯可道, 行斯可樂. 德義可尊, 作事可法, 容止可觀, 進退可度, 以臨其民. 是以其民畏而愛之, 則而象之. 故能成其德教, 而行政令. 詩云: 淑人君子, 其儀不忒."

20 이것으로…진다: 『춘추좌전』「문공文公」18년.

21 군자는…임한다: 『춘추좌전』「양공襄公」31년.

季文子曰: '以訓則昏, 民無則焉. 不度於善, 而皆在於凶, 德是以去之.' 北宮文子曰: '君子在位可畏, 施舍可愛, 進退有度, 周旋可則, 容止可觀, 作事可法, 德行可象, 聲氣可樂, 動作有文, 言語有章, 以臨其下.'"]

# 전7장 傳之七章

공자께서 말씀하셨다. "효자가 어버이를 섬김에[1] 평소 어버이를 공경하는 마음을 극진히 하고,[2] 봉양할 때는 어버이의 뜻을 따라 즐거움을 극진히 하고,[3] 병에 걸렸을 때는 자신의 근심을 극진히 하고[4], 돌아가셨을 때는 자신의 슬픔을 극진히 하고,[5] 제사 지낼 때는 그 엄숙함을 극진히 해야 한다.[6] 이 다

---

1 효자가…섬김에: "효자가 부모를 섬기길 하늘을 섬기듯 하고, 어진 이가 하늘을 섬기길 부모를 섬기듯이 한다.孝子之事親如事天, 仁人之事天也如事親." 『예기』「애공문哀公問」.

2 평소…하고: "현종이 말했다. '평소에 거처할 때는 반드시 그 공경함을 극진히 한다.' 玄宗曰: '平居必盡其敬.' 사마광이 말했다. '자신의 몸을 삼가는 사람(행동을 조심히 하는 사람)은 위험하고 치욕스러운 일을 가까이하지 않는다.'司馬光曰: '恭己之身不近危辱.'" 『문연각 사고전서』 vol.182, 『효경지해孝經指解』, 96쪽.

3 봉양할…하고: "현종이 말했다. '봉양할 때는 부모의 기쁨을 극진히 해야 한다.'玄宗曰: '就養能致其懽.' 사마광이 말했다. '부모의 뜻을 기쁘게 한다.'司馬光曰: '樂親之志.'" 『문연각 사고전서』 vol.182, 『효경지해孝經指解』, 96쪽.

4 병에…하고: "현종이 말했다. '얼굴빛은 근심스러운 모습을 하고, 걸음걸이는 제대로 걷지 못한다.'玄宗曰: '色不滿容 行不正履.'" 『문연각 사고전서』 vol.182, 『효경지해孝經指解』, 96쪽.

5 돌아가셨을…하고: "현종이 말했다. '가슴을 치며 통곡하여 그 슬픈 감정을 극진히 한다.'玄宗曰: 擗踊哭泣, 盡其哀情.'" 『문연각 사고전서』 vol.182, 『효경지해孝經指解』, 96쪽.

6 제사 지낼…해야 한다: "현종이 말했다. '목욕재계하고 날이 밝도록 잠을 자지 않는

섯 가지가 갖추어진 연후에야 부모를 섬길 수 있다."[7,8] ["양養"은 거성이다. "樂"은 음이 낙이다.]

**子曰: 孝子之事親, 居則致其敬, 養則致其樂, 病則致其憂, 喪則致其哀, 祭則致其嚴. 五者備矣, 然後能事親. ["養", 去聲. "樂"音洛.]**

이것은 선으로써 가르친 것이다. 거居[9]는 평상시 지내는 것을 말하니, 한가롭게 일이 없는 때이다. 치致[10]는 미루어서 극진한 데 이른다는 것이다. 경敬은 늘 공경하는 마음을 보존하여 감히 게으르고 소홀히 하지 않는 것이다. 양養은 음식으로 봉양할 때를 이른다. 낙樂은 기쁘고 즐거운

---

다.'玄宗曰: '齋戒沐浴, 明發不寐.' 사마광이 말했다. '엄嚴은 사모함慕과 같다.'司馬光曰: '嚴猶慕也.'" 『문연각 사고전서』 vol.182, 『효경지해孝經指解』, 96쪽.

7 이…있다: "현종이 말했다. '마땅히 씩씩함과 공경함으로써 임해야 한다.'玄宗曰: '當莊敬以臨下也.'" 『문연각 사고전서』 vol.182, 『효경지해孝經指解』, 96쪽.

8 효자가…있다: "평소는 부모가 한가로워 일이 없을 때를 말한다. 봉양하는 것은 음식을 먹으러 나아갈 때를 말한다. 평소 생활할 때, 봉양할 때, 병 들었을 때는 모두 살아서 섬기는 것이고, 돌아가셨을 때, 제사 지낼 때는 모두 돌아가셨을 때 섬기는 것이다. 공경하고, 즐겁게 하고, 근심하고, 슬퍼하고, 엄숙히 하는 것은 각각 그때에 극진히 힘쓰는 것이다.居謂父母閒居無事之時. 養謂進飮食時. 居養病皆事生, 喪祭皆事死. 敬樂憂哀嚴各於其時務盡其極也." 『문연각 사고전서』 vol.182, 『효경정본孝經定本』, 135쪽. "치致는 극진하다는 의미이다. 이 다섯 가지는 부모를 섬기는 도의 처음과 끝을 극진히 하는 것이기에 '능能'이라고 하였다. 그러나 그 공경과 즐거움과 근심과 슬픔과 엄숙함이 비록 감정에서 일어날지라도 모두 자연의 덕성에 근본하기에 조금도 밖에서 이른 것이 없다.致極也. 五者極盡事親始終之道, 故曰能然其敬樂憂哀嚴. 雖發乎情, 而皆本乎自然之德性, 無一毫外假." 『문연각 사고전서』 vol.182, 『효경술주孝經述註』, 150쪽.

9 거居: 어려서 어버이의 보살핌에 있는 것이다. 3년 동안은 어버이의 보살핌을 벗어날 수 없다. 여기에서 삼년상이 생겼다.

10 치致: "치致는 추극推極이다. 추극은 미루어서 그 지극함에 이른다는 말이다.致推極也. 所謂推極者, 言推之而至其極也." 『문연각 사고전서』 vol.202, 『대학소의大學疏義』, 7쪽.

것이니, 어버이의 뜻을 기쁘게 하는 것이다.[11] 병病은 부모님이 병이 걸렸을 때[12]를 말하니, 질병이 심한 것이다. 우憂[13]는 근심하고 염려하는 것이니, 편히 거처할 겨를이 없는 것이다. 상喪은 불행하게도 어버이가 돌아가시어 상복을 입고 있는 것을 말한다. 애哀는 슬퍼하는 것이니, 지난날을 생각하면서 간절히 가슴아파하는 것이다. 제祭는 어버이가 돌아가시어 제사 지내는 것을 말한다. 엄嚴은 정결하고 공경함이니, 삼가고 조심스럽게 제사 지내는 것이다.

此教之以善也. 居, 謂平居暇日, 無事之時. 致者, 推之而至其極也. 敬者, 常存恭敬, 不敢慢易也. 養, 謂飮食奉養之時. 樂者, 歡樂悅親之

---

11 어버이의…것이다: "부모에게 허물이 있으면 기운을 낮추어 얼굴빛을 온화하게 하고, 말소리를 부드럽게 하여 간諫한다. 간하는 것이 받아들여지지 않을 경우 공경과 효도를 다하여 기뻐하시면 다시 간한다. 기뻐하지 않으시더라도 마을에서 죄를 짓게 하는 것보다 차라리 자주 간하는 것이 낫다. 부모가 화내면서 기뻐하지 않으시고 매질하여 피를 흘리더라도 감히 싫어하거나 원명하지 않고 공경과 효도를 지극히 해야 한다.父母有過, 下氣怡色, 柔聲以諫. 諫若不入, 起敬起孝, 說則復諫. 不說與其得罪於鄕黨州閭, 寧孰諫. 父母怒, 不說而撻之流血, 不敢疾怨, 起敬起孝." 『예기』 「내칙內則」.

12 부모님이…때: "부모에게 병이 있으면 갓을 쓴 사람은 머리를 빗지 않고, 다닐 때는 날듯이 하지 않고, 말을 할 때는 함부로 하지 않고, 거문고나 비파를 다루지 않고, 고기를 먹으나 맛이 없을 때까지 먹지 않으며, 술을 마시나 얼굴색이 변할 때까지 마시지 않고, 웃어도 잇몸이 드러나게 하지 않고, 화나도 소리쳐 꾸짖는 데까지 이르지 않는다. 병이 나으면 옛날로 돌아간다.父母有疾, 冠者不櫛, 行不翔, 言不惰, 琴瑟不御, 食肉不至變味, 飮酒不至變貌, 笑不至矧, 怒不至詈. 疾止復故." 『예기』 「곡례」.

13 우憂: 내적인 근심 걱정을 말한다. 외적인 근심 걱정은 환患이다. 동중서董仲舒는 『춘추번로春秋繁露』에서 환患자의 의미를 "하나에 머무는 것을 충忠이라고 하고, 두 개의 충忠을 잡는 것을 환患이라고 하는데, 사람의 충忠이 하나가 아님을 근심하는 것이다. 하나가 아니기에 근심이 말미암아 생긴다.心止於一中者, 謂之忠; 持二中者, 謂之患. 患, 人之中不一者也. 不一者, 故患之所由生也."라고 했다. 즉 환患자는 마음의 중심[忠]이 하나가 아니고 두 개이기에 근심과 걱정이 생긴다. 이것은 인간이 어떤 하나를 선택하지 못하고 두 가지에 마음을 가지고 있는 상태를 의미한다.

志也. 病者, 謂父母有疾, 疾甚而病. 憂, 憂慮, 不遑寧處也. 喪, 謂不幸親死, 服其喪也. 哀, 哀戚, 追念痛切也. 祭, 謂親沒而祭祀之. 嚴, 謂精潔肅敬, 謹畏將事也.

사람에게는 몸이 있고 마음이 그 주인이다. 선비가 실천하는 많은 행위 중 효가 중요하다. 자식 된 자가 진실로 부모를 사랑하는 것을 마음으로 삼아 부모를 섬기는 효를 잊지 않고 평소 아무 일이 없을 때에도 항상 부모를 공경하는 마음을 지극히 하면 공경함을 보존하고 마음도 보존할 것이다. 한결같은 공경함이 마침내 확립된다면 봉양할 때는 즐거운 마음으로 하고, 병에 걸렸을 때에는 근심하고[14], 장사지낼 때는 슬퍼하고, 제사지낼 때는 엄숙할 것이다. 이 다섯 가지 가운데 하나라도 갖추어지지 않으면 부모를 잘 섬긴다고 말할 수 없다. 그러나 모두 공경을 근본으로 삼는다.

人有一身, 心爲之主. 士有百行, 孝爲之大. 爲人子者誠以愛親爲心, 而不忘事親之孝, 平居無事, 常有以致其敬, 則敬存而心存. 一敬旣立, 遇養則樂, 遇病則憂, 遇喪則哀, 遇祭則嚴. 五者有一不備, 不可謂能, 然皆以敬爲本.

**"부모를 섬기는 사람은 윗자리에 있으면서도 교만하지 않고,[15] 아랫사**

14 병에…근심하고: "정명도가 말하길 '병들어 침상에 누워 있을 때 의술을 제대로 갖추지 못한 의원에게 맡기는 것은 자식을 사랑하지 않고 어버이에게 효도하지 않는 것과 같다. 그러므로 어버이를 섬기는 자는 의술을 알지 않으면 안 된다.明道語云: 病臥於床, 委之庸醫, 比之不慈不孝. 故事親者, 不可以不知醫." 『이정외서二程外書』 권12.

15 부모를…않고: "현종이 말했다. '장엄함과 공경함으로 아래에 임해야 한다.'玄宗曰:

람이 되어서는 어지럽히지 않고,[16] 뭇 사람들과 있어도 다투지 않는다.[17] 윗자리에 있으면서 교만하면 망할 것이고, 아랫사람이 되어서 어지럽히면 형벌을 받을 것이고, 뭇 사람들과 있으면서 다투면 다치게 된다.[18] 세 가지를 제거하지 않는다면 비록 날마다 소와 양과 돼지 같은 짐승으로 봉양하여도 오히려 불효가 된다."[19,20]["양養"은 거성이다.]

**事親者居上不驕, 爲下不亂, 在醜[21]不爭. 居上而驕則亡, 爲下而亂則**

---

'當莊敬以臨下也.'" 『문연각 사고전서』 vol.182, 『효경지해孝經指解』, 96쪽.

16 아랫사람이…않고: "현종이 말했다. '공손함과 삼가함으로 위를 받들어야 한다.'玄宗曰: '當恭謹以奉上也.' 사마광이 말했다. '어지럽다는 것은 윗사람이 금지한 명령을 어긴 것이다.'司馬光曰: '亂者干犯上之禁令.'" 『문연각 사고전서』 vol.182, 『효경지해孝經指解』, 96쪽.

17 뭇…않는다: "현종이 말했다. '추醜는 무리이다. 쟁爭은 다투는 것이다. 화순함으로써 무리를 따라야 한다.'玄宗曰: '醜衆也. 爭競也. 當和順以從衆也.' 사마광이 말했다. '추醜는 부류이다. 자기와 같은 평이한 사람을 말한다.'司馬光曰: '醜類也, 謂己之等夷.'" 『문연각 사고전서』 vol.182, 『효경지해孝經指解』, 96쪽.

18 윗자리에…된다: "현종이 말했다. '무기를 가지고 서로 싸우는 것을 이른다.'玄宗曰: '謂以兵刃相加.' 사마광이 말했다. '다투어서 그치지 않으면 반드시 무기를 가지고 서로 싸운다.'司馬光曰: '爭而不已, 必以兵刃相加.'" 『문연각 사고전서』 vol.182, 『효경지해孝經指解』, 96쪽.

19 세…된다: "현종이 말했다. '삼생은 큰 가축이다. 효는 훼손하지 않는 것을 우선으로 삼는데, 위의 세 가지 일은 모두 몸을 망치는 것이니 이것을 제거하지 않으면 비록 날마다 고기 음식을 지극히 갖춰 봉양할지라도 진실로 효가 아니다.'玄宗曰: '三牲太牢也. 孝以不毁為先 言上三事皆可亡身 而不除之 雖日致太牢之養 固非孝也.' 사마광이 말했다. '삼생은 소, 양, 돼지 등 [제사의] 큰 희생물이다. 세 가지를 제거하지 않으면 우환이 장차 부모에게 미치니 비록 날마다 고기 음식으로 봉양할지라도 효가 되겠는가?'司馬光曰: '三牲牛羊豕太牢也. 三者不除, 憂將及親 雖日具太牢之養 庸為孝乎?'" 『문연각 사고전서』 vol.182, 『효경지해孝經指解』, 97쪽.

20 부모를…된다: "자식은 먼저 본분을 편안히 하고 몸을 보존하여 부모에게 걱정을 끼치지 않는다. 그런 후에 어버이가 좋아하는 음식으로 봉양하는 기쁨에 이른다. 추醜는 무리이다.人子先能安分保身, 不貽父母之憂, 然後得以遂甘旨奉養之歡. 醜衆也." 『문연각 사고전서』 vol.182, 『효경술주孝經述註』, 150쪽.

21 추醜: 중衆과 같다.

刑, 在醜而爭則兵. 三者不除, 雖日用三牲[22]之養, 猶爲不孝也. ["養", 去聲.]

이것은 불선不善으로써 경계한 것이다. 효자가 어버이를 섬길 때 윗자리에 있으면 장엄하고 공경함으로 아랫사람을 대해야지 교만하거나 무례해서는 안 되고,[23] 아랫자리에 있으면 공손함과 삼가함으로 윗사람을 대해야지 거스르거나 어지럽혀서는 안 되고, 비슷한 위치에 있는 사람에게는 온화함과 순함으로 대해야지 서로 겨루어서는 안 된다. 진실로 윗자리에 있으면서 교만하면 도리를 잃어 망하게 되고, 아랫자리에 있으면서 어지럽히면 분수에 어긋나서 형벌을 받게 되고, 비슷한 사람끼리 있으면서 싸운다면 불화를 일으켜 다툼을 초래할 것이다. 교만한 것과 어지럽히는 것, 다투는 것 세 가지를 제거하지 않으면 망하고 형벌을 받으며 싸운다고 말한다. 이 세 가지는 반드시 위태롭고 망하는 불행에 이르는 길이고, 근심이 장차 어버이에게까지 미치게 할 것이니 그 불효를 한 것이 크다. 비록 매일 소와 양과 돼지를 잡아 봉양하여 스스로 예를 다했다고 생각할지라도 어버이가 편안히 앉아 먹을 수 있겠는가? 그러므로 "오히려 불효가 된다"라고 말한 것이다.

此戒之以不善也. 孝子之事親者, 居人上, 則當莊敬以臨下, 而不可驕矜; 爲人下, 則當恭謹以事上, 而不可悖亂; 在己之醜類等夷, 則當和順以處衆, 而不可爭競. 苟居上而驕, 則失道而取亡; 爲下而亂, 則犯分

---

22 삼생三牲: 제사를 지낼 때 쓰는 세 가지 희생물로 제왕의 제법祭法인 태뢰太牢에서는 소와 양과 돼지를 사용했고, 민간의 제법에서는 닭과 물고기와 돼지를 사용하였다.

23 효자로서…것이요: 아무리 윗자리에 있더라도 겸손함을 잃지 않아야 한다. 64괘 가운데 겸괘가 오직 흉이 없다. 아래에서 겸손한 것은 아첨으로 보이는 경우가 많다.

而致刑; 在醜而爭, 則啓釁而召兵. 曰驕 · 曰亂 · 曰爭, 三者不除, 而曰亡 · 曰刑 · 曰兵. 三者必至危亡之禍, 憂將及親, 其爲不孝大矣. 雖日具牛 · 羊 · 豕三牲之養, 自以爲盡禮, 親得安坐而食乎? 故曰: "猶爲不孝也".

내가 상고하건대, 이 장은 공경을 위주로 하면 앞에 선善이 있고 뒤에 불선不善이 없지만, 공경하지 않는 사람은 이와 반대이다. 어버이를 섬기면서 효를 다하는 사람이 어버이를 사랑하지 않으면서 먼저 공경함을 다할 수 있겠는가?

愚按: 此章以敬爲主, 則有前之善, 無後之不善, 不敬者反是. 事親而欲盡孝者, 可不愛親而先盡敬乎?

이상은 전7장이다. 부모를 섬기는 것이 시작이라는 것[24]과 감히 훼상하지 않는다는 것[25]을 해석했다. [주자가 "이 또한 격언格言이다"라고 했다.][26]

右傳之七章. 釋始於事親及不敢毁傷. [朱子曰: "亦格言也."]

---

24 부모를…것: "효는 부모를 섬기는 것이 시작이요, 임금을 섬기는 것이 중간이요, 몸을 세우는 것이 끝이다.夫孝始於事親, 中於事君. 終於立身." 『효경』「개종명의장開宗明義章」.

25 감히…것: "몸은 부모에게 받은 것이니 훼손하지 않는 것이 효의 시작이요, 몸을 세워 도를 행하여 후세에 이름을 떨침으로써 부모를 드러나게 하는 것이 효의 마지막이다.身體髮膚, 受之父母, 不敢毁傷, 孝之始也. 立身行道, 揚名於後世, 以顯父母, 孝之終也." 『효경』「개종명의장」.

26 이상은…했다: "이 한 구절은 '부모를 섬기는 것이 시작이라는 것'과 '감히 훼상하지 않는다는 것'의 뜻을 해석했는데, 전7장에 해당되며 또한 격언이다.此一節釋始於事親及不敢毁傷之意, 乃傳之七章, 亦格言也." 『문연각 사고전서』 vol.182, 『효경간오孝經刊誤』, 108쪽.

# 전8장 傳之八章

공자께서 말씀하셨다. "다섯 가지 형벌의 종류가 삼천[1]이지만, 죄는 불효[2]보다 큰 것이 없다."[3]

子曰: "五刑之屬三千, 而罪莫大於不孝."

---

1 삼천: "묵형이 천 가지, 의형이 천 가지, 비형이 오백 가지, 궁형이 삼백 가지, 대벽이 이백 가지로 모두 삼천 가지의 형벌이 된다.墨之屬千, 劓之屬千, 剕之屬五百, 宮之屬三百, 大辟之屬二百, 總之為三千刑." 『문연각 사고전서』 vol.182, 『효경정본孝經定本』, 136쪽.

2 불효: "세속에서 불효라 하는 것은 다섯 가지이다. 몸을 게을리하여 부모를 봉양하지 않는 것이 첫 번째 불효요, 장기 두고 바둑 두며 술 마시기를 좋아하여 부모를 봉양하지 않는 것이 두 번째 불효요, 재물을 좋아하고 처자식만 잘 돌보면서 부모의 봉양을 돌보지 않는 것이 세 번째 불효요, 귀와 눈의 욕망에 따라 행하여 부모를 욕되게 하는 것이 네 번째 불효요, 용맹을 좋아하여 싸우고 사나워서 부모를 위태롭게 하는 것이 다섯 번째 불효이다.世俗所謂不孝者五. 惰其四支, 不顧父母之養, 一不孝也, 博奕好飮酒, 不顧父母之養, 二不孝也, 好貨財, 私妻子, 不顧父母之養, 三不孝也, 從耳目之欲, 以爲父母戮, 四不孝也, 好勇鬪很, 以危父母, 五不孝也." 『맹자』 「이루 하」 30장.

3 다섯…없다: "현종이 말했다. '다섯 가지 형벌이란 묵형墨刑 · 의형劓刑 · 비형剕刑 · 궁형宮刑 · 대벽大辟을 말한다.'玄宗曰: '五刑謂墨劓剕宮大辟也. 條有三千, 而罪之大者莫過不孝.' 사마광이 말했다. '다섯 가지 형벌이 삼천 종류라는 것은 죄가 다르면서 벌이 같은 것을 모두 합하여 삼천 조목이다.'司馬光曰: '五刑之屬三千者, 異罪同罰合三千條也.'" 『문연각 사고전서』 vol.182, 『효경지해孝經指解』, 97쪽.

다섯 가지 형벌은 묵형墨刑 · 의형劓刑 · 비형剕刑 · 궁형宮刑 · 대벽大辟과 같은 형벌이다.[4] 묵墨은 죄명을 글자로 새겨 먹물로 검게 물들이는 것이다. 의劓는 코를 베는 것이다. 비剕는 발꿈치를 베는 것이다. 궁宮은 남자는 거세하고 여자는 감금하는 것이다. 벽辟은 법法이니, 대법大法은 사형이다. 옛날에는 죄인의 육체에 형벌을 가했는데 한문제漢文帝[5]가 처음으로 그것을 없앴다. 왼쪽 발꿈치를 벨 죄를 지은 사람은 5백 대의 볼기를 치고[6] 의형에 해당하는 사람은 3백 대의 볼기를 치니 거의 대부분 죽었다. 그래서 경제景帝[7]가 또 법률을 정하여 5백 대를 3백 대로, 3백 대를 2백 대로 줄였다. 『여형』에 "묵벌墨罰의 종류가 천 가지이고, 의벌劓罰의 종류가 천 가지이고, 비벌剕罰의 종류가 5백 가지이고, 궁벌宮罰의 종류

---

4 다섯…형벌이다: 이것은 순임금 때의 형벌이다. 주周나라 때 『주례』「추관 · 사형司刑」에서는 묵형墨刑 · 의형劓刑 · 월형刖刑 · 궁형宮刑 · 살형殺刑이라 하고, 「추관 · 대사관大司寇」에서는 야형野刑 · 군형軍刑 · 향형鄕刑 · 관형官刑 · 국형國刑이라고 했다. 수隋나라 때에는 태형笞刑 · 장형杖刑 · 도형徒刑 · 유형流刑 · 사형死刑이 있다. 태형은 볼기를 치는 형벌이고, 장형은 몽둥이로 등이나 대퇴부를 치는 형벌이고, 도형은 강제노역을 시키는 형벌이고, 유형은 유배를 보내는 형벌이다.

5 한문제漢文帝, BC 202~BC 157: 전한의 제5대 황제(재위 BC 180~BC 157)이며 이름 항恒이다. 묘호는 태종太宗이며 고조의 넷째 아들이다. 여씨呂氏의 난이 평정된 후 태위太尉 주발周勃, 승상 진평陳平 등 중신의 옹립으로 즉위하였다. 고조의 군국제郡國制를 계승하고, 전조田租 · 인두세人頭稅를 대폭 감면하였으며 이러한 정책은 사회와 경제를 발전시켰다. 또한 자신이 직접 농업을 장려하는데 솔선수범하고 농지의 조세를 12년 동안 면제하였다. 검소한 생활을 실천하였는데 화려한 건물을 신축하지 않았고 검정색 비단을 입었다. 가혹한 형벌을 폐지하였으며, 흉노에 대한 화친정책 등으로 민생안정과 국력배양에 힘을 기울였다. 문제가 죽고 그의 아들 경제가 즉위하여 선왕의 정책을 잘 이어 나갔다.

6 볼기를 쳤다: 이것은 태형笞刑을 말한다. 작은 형장으로 죄인의 허리 아래부터 허벅다리 위 좌우로 살이 두두룩한 볼기를 치는 가벼운 형벌이다.

7 경제景帝, BC 188~BC 141: 중국 전한의 제6대 황제(재위 BC 157~BC 141)이다. 황제 일족의 영지 삭감을 시도했고, 이에 오 · 초 등 7국이 반란을 일으켰으나 진압했다. 군국제 성격을 개정하고, 무제 이후의 중앙집권적 군현제도 확립의 기초를 닦았다.

가 3백 가지이고, 대벽大辟의 벌의 종류가 2백 가지이니, 다섯 가지의 종류의 형벌이 3천 가지이다"[8]라고 했다. 공자께서 이 구절을 인용하여 "형벌의 조목이 비록 이와 같이 많지만 죄가 지극히 큰 것은 불효보다 지나친 것이 없다"[9]라고 했으니 불효는 세상에서 용납할 수 없는 것이다. 윗장에서 이미 천자 · 제후 · 경대부에 대한 경계를 충분히 했기에 여기서는 또한 사 · 서인에 대한 경계까지 겸한 것이다.

五刑, 墨 · 劓 · 剕 · 宮 · 大辟五等之刑. 墨者, 刺字而涅以墨. 劓, 截其鼻. 剕, 斬其趾. 宮, 男子割勢, 婦人幽閉. 辟, 法也; 大法, 死刑也. 古用肉刑, 漢文帝始除之. 斬左趾者, 笞五百, 當劓者, 笞三百, 率多死. 景帝又定律, 笞五百曰三百, 笞三百曰二百. 『呂刑』云: 墨罰之屬千, 劓罰之屬千, 剕罰之屬五百, 宮罰之屬三百, 大辟之罰其屬二百, 五刑之屬三千. 孔子蓋引此句以爲"刑罰之條目. 雖如此其多, 而罪之至大者, 無過於不孝." 則不孝者, 天地所不容也. 上章已足爲天子 · 諸侯 · 卿大夫之戒矣, 於此又兼士 · 庶人之戒焉.

**임금에게 강요하는 사람은 윗사람을 무시하고,[10] 성인을 비난하는 사람**

---

8 『서경』「여형呂刑」.

9 형벌의…없다: "불효에 세 가지가 있으니, 후손이 없는 것이 가장 크다.不孝有三, 無後爲大." 『맹자』「이루 상」 26장

10 임금에게…무시하고: "현종이 말했다. '임금은 신하에게 명령을 내리는데 신하가 감히 강요하는 것은 윗사람을 무시하는 것이다.'玄宗曰: '君者臣之稟命也, 而敢要之是無上也.' 사마광이 말했다. '임금은 명령하고 신하는 명령을 행하는 것이 순리이다. 그런데 신하가 임금에게 강요하니 윗사람을 무시한다고 말한 것이다.'司馬光曰: '君令臣行所謂順也. 而以臣要君故曰無上.'" 『문연각 사고전서』 vol.182, 『효경지해孝經指解』, 97쪽.

은 법을 무시하고,[11] 효를 비난하는 사람은 부모를 무시하니[12] 이것이 큰 혼란의 길이다.[13,14] ["요要"는 평성이다.]

---

11 성인을…무시하고: "현종이 말했다. '성인이 예법을 제정했는데 감히 이것을 비난하는 것은 법을 무시한 것이다.'玄宗曰: '聖人制作禮法, 而敢非之是無法也.' 사마광이 말했다. '성인의 도는 법의 원리를 지극히 한 것이니, 이것을 무시한 것은 법을 무시한 것이다.'司馬光曰: '聖人道之極法之原也, 而非之是無法.'" 『문연각 사고전서』 vol.182, 『효경지해孝經指解』, 97쪽.

12 효를…무시하니: "현종이 말했다. '부모를 잘 섬기는 것이 효인데 감히 효를 비난하는 것은 부모를 무시하는 것이다.'玄宗曰: '善事父母為孝, 而敢非之是無親也.' 사마광이 말했다. '부모조차 섬길 수 없는데 다른 누구를 사랑할 수 있겠는가?'司馬光曰: '父母且不能事, 而況他人其誰親之?'" 『문연각 사고전서』 vol.182, 『효경지해孝經指解』, 97쪽.

13 이것이…길이다: "현종이 말했다. '사람에게는 위의 세 가지 나쁜 점이 있다고 말한 것이니, 어찌 오직 불효만이 큰 혼란의 길이라고 하는가?'玄宗曰: '言人有上三惡, 豈惟不孝乃是大亂之道?' 사마광이 말했다. '윗사람을 무시하면 기강이 끊어지고, 법을 무시하면 법규가 없어지고, 부모를 무시하면 근본이 무너지니 이 세 가지는 커다란 어지러움이 생기는 이유이다.'司馬光曰: '無上則統紀絕, 非法則規矩滅, 無親則本根蹷, 三者大亂之所由生也.'" 『문연각 사고전서』 vol.182, 『효경지해孝經指解』, 97쪽.

14 임금에게…길이다: "임금에게 강요하는 것은 협박하여 자기를 따르게 하는 것을 말한다. 성인을 비난하고 효자를 비난하는 것은 사람이 행하는 것이 성인의 도가 아니고 자식이 행하는 것이 효도가 아닌 것을 말한다. 임금이 위에서 명을 내리면 신하는 아래에서 공손히 따르는 것이다. 임금에게 강요하여 자신을 따르게 하는 것은 윗사람이 있음을 모르는 것이다. 성인의 언행은 만세의 법도가 되니 성인을 배우지 않는 것은 법이 있음을 모르는 것이다. 부모는 지극히 가까운데 잘 섬기지 못하는 것은 부모가 있는 것을 모르는 것이다. 이 세 가지를 무시하는 이는 사람의 도가 없는 것이다. 그러므로 '큰 혼란의 길이다'라고 했다. 이것은 위 글로 인해 부모에게 효도하지 못하는 사람은 반드시 임금을 섬기거나 몸을 세우지 못한다고 말했다. 임금을 섬길 수 없기에 윗사람을 무시하고, 몸을 세울 수 없기에 법을 무시하고, 부모를 섬길 수 없기에 어버이를 무시하는 것이다.要君謂脅束之使從己. 非聖人非孝謂人之所行非聖人之道, 子之所行非孝道也. 君制命於上, 臣恭順於下, 要君從已是不知有上也. 聖人言行為萬世法, 不學聖人是不知有法也. 父母至親, 不善事之, 是不知有親也. 無此三者人道滅矣. 故曰大亂之道. 此因上文, 而言不孝於親者, 必不能事君立身. 不能事君故無上, 不能立身故無法, 不能事親故無親." 『문연각 사고전서』 vol.182, 『효경정본孝經定本』, 136쪽.

**要君[15]者無上, 非聖人者無法, 非孝者無親, 此大亂之道也. ["要", 平聲.]**

이것은 불효의 죄가 큰 까닭을 극진히 말한 것이다. 임금은 신하에게 명령을 내리는데 [신하가 임금에게] 감히 강요하고 협박하는 것은 윗사람을 무시하는 것이다. 성인은 법을 만드는 이인데 감히 그를 비방하여 논의하는 것은 그 법을 무시한 것이다. 사람은 부모가 있지 않는 자가 없는데 감히 효도를 비난하는 것은 그 어버이를 무시한 것이다. 사람은 반드시 어버이가 있어서 태어나고, 임금이 있어서 편안하고, 법이 있어서 다스려진다. 그런 연후에 사람의 도가 없어지지 않고, 국가가 어지럽지 않게 된다. 만약 이 세 가지를 모두 무시한다면 이것은 큰 혼란의 길이다. 세 가지는 또 불효의 으뜸이 되니 효를 하면 반드시 임금에게 충성하고 성인의 법을 두려워한다. 오직 불효하는 사람만이 부모를 봉양하지 않는다. 그러므로 군신을 무시하고 상하를 무시하여 법령을 훼손하고 형벌을 범하니 불효의 죄는 죽임을 당하여도 용납할 수 없다.

此極言不孝之罪所以爲大. 君者, 臣之所稟令者也, 而敢於要脅之, 是無其上也. 聖人者, 法之所從出也, 而敢於非議之, 是無其法也. 人莫不有父母也, 而敢以孝道爲非, 是無其親也. 人必有親以生, 有君以安, 有法以治, 而後人道不滅, 國家不亂. 若三者皆無之, 此大亂之道也. 三者又以不孝爲首, 蓋孝則必忠於君, 必畏聖人之法矣. 惟其不孝, 不顧父母之養. 是以無君臣, 無上下, 詆毁法令, 觸犯刑辟, 不孝之罪蓋不容誅也.

---

15 요군要君: 임금에게 강요하거나 협박하는 것을 말하다.

이상은 전8장이다.[16] [주자가 말했다. "위 문장은 불효를 말한 것이기에 여기에 달아놓은 것이니 역시 격언이다."][17]

右傳之八章. [朱子曰: "因上文不孝之云而繫於此. 亦格言也."]

---

16 이상은 전8장이다: "무릇 모두 28자는 부모를 섬기는 것은 해석하였지만 임금을 섬기고 몸을 세우는 것은 해석하지 않아서 다음 장을 지었다.凡百二十八字, 釋始於事親, 末又兼及事君立身以起下章." 『문연각 사고전서』 vol.182, 『효경정본孝經定本』, 136쪽.

17 이상은…격언이다: "이 한 구절은 불효에 대해 말했던 위의 문장을 계속 이어 여기에 말씀한 것이니, 바로 전8장이며, 또한 격언이다.此一節因上文不孝之云而繫於此, 乃傳之八章, 亦格言也." 『문연각 사고전서』 vol.182, 『효경간오孝經刊誤』, 108쪽.

# 전9장 傳之九章

공자께서 말씀하셨다. "군자가 임금을 섬길 때, 나아가서는 임금에게 충성을 다할 것을 생각하고[1] 물러나서는 임금의 허물을 보완하기를 생각하여,[2] 임금의 아름다운 점을 행하여 따르고[3] 임금의 잘못된 점을 바로잡아 구제한다.[4] 그러므로 위아래가 서로 친할 수 있다.[5] 『시경』에 '마

---

1 군자가…생각하고: "현종이 말했다. '상上은 임금을 말한다. 나아가 임금을 알현하면 충절을 다할 것을 생각한다.'玄宗曰: '上謂君也. 進見於君, 則思盡忠節.' 사마광이 말했다. '충성을 다하여 간쟁한다.'司馬光曰: '盡忠以諫諍.'" 『문연각 사고전서』 vol.182, 『효경지해孝經指解』, 100쪽.

2 물러나서는…생각하여: "현종이 말했다. '임금에게 잘못이나 실수가 있으면 잘못을 보완해줄 것을 생각한다.'玄宗曰: '君有過失, 則思補過.' 사마광이 말했다. '임금의 잘못이나 나쁜 점을 덮어준다.'司馬光曰: '掩上之過惡.'" 『문연각 사고전서』 vol.182, 『효경지해孝經指解』, 100쪽.

3 임금의…따르고: "현종이 말했다. '장將은 행하는 것이다. 임금에게 아름답고 좋은 점이 있으면 그것을 따라서 행하는 것이다.'玄宗曰: '將行也. 君有美善, 則順而行之.' 사마광이 말했다. '장將은 돕는 것이다. 임금에게 아름다운 점이 있으면 도와서 따르고 완성해주는 것이다.'司馬光曰: '將助也. 上有美, 則助順而成之.'" 『문연각 사고전서』 vol.182, 『효경지해孝經指解』, 100쪽.

4 임금의…구제한다: "현종이 말했다. '광匡은 바르게 하는 것이다. 구救는 그치게 하는 것이다. 임금에게 잘못이나 나쁜 점이 있으면 바르게 하여 그치게 하는 것이다.'玄宗曰: '匡正也. 救止也. 君有過惡, 則正而止之.' 사마광이 말했다. '임금에게 나쁜 점이 있다면 바르게 하여 구제하는 것이다.'司馬光曰: '上有惡 則正救之.'" 『문연각 사

음으로 사랑하니 멀리 있어도 멀다고 말하지 않네. 마음 속에 간직하고 있으니 어느 날인들 잊겠는가?'[6]라고 했다."[7]

子曰: "君子事上, 進思盡忠, 退思補過,[8] 將順其美, 匡救其惡, 故上下能相親. 『詩』曰: '心乎愛矣, 遐[9]不謂矣. 中心藏之, 何日忘之?'"

상上은 임금을 말한다. 진進은 나아가 임금을 뵙는 것이고, 퇴退는 뵙고 나서 물러나는 것이니 신하된 자가 조정에 나아가고 조정에서 물러나는 때를 말한다. 안으로는 아버지와 아들, 밖으로는 임금과 신하가 사람

---

고전서』 vol.182, 『효경지해孝經指解』, 100쪽.

5 그러므로…있다: "현종이 말했다. '아랫사람이 충성으로 윗사람을 섬기고, 윗사람이 의리로 아랫사람을 대하면 임금과 신하는 덕이 같아지기에 서로 친해질 수 있다.'玄宗曰: '下以忠事上, 上以義接下, 君臣同德, 故能相親.' 사마광이 말했다. '무릇 사람들이 임금을 섬길 때, 나아가서는 앞에서 따르다가 물러나서는 뒷말이 있어 임금에게 아름다운 점이 있어도 도와서 이루지 않고 나쁜 점이 있어도 구제하여 그치게 하지 않는다. 임금을 격분시키는 것을 스스로 고상함으로 여기고, 임금을 비방하는 것을 스스로 깨끗함으로 여기니, 간언하는 것은 신하를 위한 것이요, 임금을 위한 것이 아니다. 그러므로 위아래가 서로 미워하고 국가가 패망한다.'司馬光曰: '凡人事上, 進則面從 退有後言 上有美不能助而成也 有惡不能救而止也 激君以自高, 謗君以自潔, 諫以為身 而不為君也. 是以上下相疾, 而國家敗矣.'" 『문연각 사고전서』 vol.182, 『효경지해孝經指解』, 100쪽.

6 『시경』, 「소아 · 습상隰桑」.

7 『시경』에…했다: "현종이 말했다. '하遐는 원遠이다. 의로움으로 신하를 취하고, 마음으로 임금을 사랑하여 비록 좌우가 갈라져도 멀다하지 않는다. 임금을 사랑하는 생각이 항상 마음 가운데 간직하여 잠시도 잊는 날이 없다.'玄宗曰: '遐遠也. 義取臣, 心愛君, 雖離左右, 不謂為遠. 愛君之志. 恒藏心中, 無日暫忘也.' 사마광이 말했다. '하遐는 원遠이다. 신하의 마음은 임금을 사랑하여 임금이 멀리 있어도 충성을 잊지 않음을 말한 것이다.'司馬光曰 '遐遠也. 言臣心愛君, 不以君疏遠己, 而忘其忠.'" 『문연각 사고전서』 vol.182, 『효경지해孝經指解』, 100쪽.

8 보과補過: "무구无咎라는 것은 허물을 잘 보완하는 것이다.无咎者, 善補過也." 『주역』 「계사 상」 3장.

9 하遐: 주희는 『시경집주』에서 어찌 '하何'로 해석하였다.

의 큰 윤리이며, 아버지와 아들은 은혜를 주로 하고 임금과 신하는 공경을 주로 한다.[10] 그러므로 공자께서 "군자가 임금을 섬길 경우, 나아가 임금을 뵐 때는 자신에게 선한 도가 있으면 그 충성을 다하여 숨김없이 다 말할 것을 생각하고, 물러난 뒤 임금에게 허물이 있으면 그 허물을 보완하여 나아갈 경우 다시 말할 것을 생각한다. 심지어 임금에게 아름다운 생각이 있으면 그 아름다운 생각을 받들어 따르고 도와 이루게 하되 오직 미치지 못할까 염려하고, 임금에게 나쁜 생각이 있으면 그 나쁜 생각을 바로잡아 구제하고 간하여 그치게 하되 오직 미혹됨이 드러날까 염려하라"라고 하였다. 충신이 임금을 섬기는 것은 효자가 부모를 섬기는 것과 같으니 그의 생각을 먼저하고, 그 뜻을 받들고, 그 기미를 따르고, 그 힘을 다한다. (임금의) 한 생각이 선하면 그것을 도와 이루어지게 하고 우유부단하여 결단하지 못하거나 막혀 중지함이 없게 하라. (임금의) 한 생각이 악하면 그것을 간언하고 막아서 혼미해 밝지 못하거나 (나쁜 생각이) 이루어져 구제할 수 없게 하지 말라.

上, 謂君也. 進謂進見於君, 退謂旣見而退, 謂爲臣者趨朝退朝時也. 內則父子外則君臣, 人之大倫也. 父子主恩, 君臣主敬, 故夫子言君子之事君上也, 進見於君, 己有善道, 則思竭盡其忠, 極言無隱; 及其旣退, 君有闕失, 則思補塞其過, 進則復言. 至於君有美意, 則將順其美, 助而成之, 惟恐不及; 君有惡念, 則匡救其惡, 諫而止之, 惟恐或形. 蓋忠臣之事君, 如孝子之事親, 先其意, 承其志, 迎其幾, 而致其力. 一念之善, 則助成之, 無使優游不決, 沮遏而中止也. 一念之惡, 則諫止之, 無使昏蔽不明, 遂成而莫救也.

---

10 안으로는…한다: 『맹자』「공손추 하」 12장.

선함을 펼치고 사악함을 막아 일찍이 염려하고 미리 방비하여, 미연에 경계하고 드러나기 전에 막으니, 이것이 위정공魏鄭公[11]이 선량한 신하가 되기를 원하고 충성스러운 신하가 되기를 원하지 않는 까닭이다. 신하된 자가 어찌 충성하기를 원하지 않겠는가? 후세에서 말하는 충성은 반드시 얼굴을 맞대고 과감히 간하여 목숨을 바쳐 절개로써 죽는 데 이른 뒤에야 충성이라 하는데, 그 혼란한 세상을 구제하고 망해 가는 나라를 구원할 경우, 나쁜 조짐이 커지기 전에 막는 것이 큰 충성이 되는 것만 못하다는 것을 모른다. 이것이 용봉龍逢[12] · 비간比干[13]의 충성이 고요皐陶[14] · 기夔[15] · 후직后稷[16] · 설契[184]의 선량함만 못한 까닭이고, 우리 공자께서도 임금의

11 위정공魏鄭公, 580~643: 중국 당나라 정치가 위징魏徵으로 거록군鉅鹿郡 곡양曲陽사람으로, 어려서 가족을 잃고 출가하여 도사道士가 되었다. 그는 유명한 간관諫官이다. 위징은 621년에는 이건성李建成의 태자세마太子洗馬가 되어 이세민李世民을 죽일 것을 간언했으나 이세민太宗은 즉위 후 그를 높이 평가하고 발탁하여 간의대부諫議大夫로 등용했다. 이후 정국공鄭國公에 봉해졌으며, 국정에 대한 자문과 간언으로 정치에 기여하였다.

12 용봉龍逢: 관룡방關龍逢을 말하며, 하나라 걸왕의 무도無道함을 직간을 하다가 필살된 어진 신하이다.

13 비간比干: 상나라의 정치인으로서 주왕紂王의 폭정을 바로잡기 위해 간언하다가 잔인하게 살해당하였다. 미자微子, 기자箕子와 함께 상나라 말기의 세 명의 어진 사람으로 알려져 있다. 그는 충신의 전형으로 존경받는다.

14 고요皐陶: 『서경』「대우모大禹謨」. 형법을 관장하던 고요皐陶는 순임금의 생명을 아끼고 사랑하는 덕[好生之德]을 찬양하면서 "죄가 의심스러우면 가벼운 쪽으로 처벌하고, 공이 의심스러우면 큰 쪽으로 상을 주었다. 그리고 무고한 사람을 죽이기보다는 차라리 형법대로 집행하지 않는다는 비난을 감수하려고 하였다.罪疑惟輕 功疑惟重 與其殺不辜 寧失不經"라고 했다.

15 기夔: 요임금 때 기용되어 악정樂正을 맡았고, 순임금 때는 전악典樂이 되었다. 돌로 상제의 옥경玉磬의 소리를 내자 온갖 짐승들이 춤을 추었다는 전설이 있다. 오성五聲을 바르게 하고 육율六律을 조화롭게 만들었으며, 팔음八音을 고르게 하였다.

16 후직后稷: 주나라 왕조의 시조이다. 농경의 신으로 성은 희姬이고 이름은 기棄이다. 요임금 때에 농관農官이 되었으며 태邰에 책봉되어 후직이 되었다. 제곡帝嚳의 아

아름다운 일을 받들어 따르고 임금의 나쁜 일을 바로잡아 구제하는 것으로써 충성을 다해 잘못을 보완하는 지극함으로 생각했다.

陳善閉邪, 慮之以早, 防之以豫, 戒於未然, 止於無迹, 此魏鄭公所以願爲良臣, 而不願爲忠臣也. 爲臣豈不願忠? 蓋後世所謂忠, 必至犯顔敢諫, 盡命死節而後爲忠, 不知救其橫流, 而拯其將亡, 未若防微杜漸爲忠之大也. 此龍逄·比干之忠, 所以不如皐·夔·稷·契之良, 而吾夫子亦以將順其美, 匡救其惡, 爲盡忠補過之至也.

진실로 군자가 아니면 나아가 보는 앞에서는 복종하고 물러나 안 보는 데서는 비난하여, 임금에게 아름다운 생각이 있어도 도와 이루지 않고 나쁜 생각이 있어도 구제하여 바로잡지 않고, 임금을 격분시키는 것을 스스로 고상함으로 여기며 임금을 비방하는 것을 스스로 깨끗함으로 여기니, 간하는 것은 신하를 위한 것이요 임금을 위한 것이 아니다. 그러므로 위아래가 서로 미워하여 국가가 패망한다. 지금 군자로서 임금을 섬기기에 그 임금께 충성하고 사랑하는 것이 이와 같다면, 임금은 그 편안함을 누리고 신하는 그 존귀함과 영화로움을 누린다. 그러므로 임금과 신하, 위와 아래가 서로 친해질 수 있다. 임금은 아버지와 같고 신하는 자식과 같아서 서로 친함이 하나의 가족과 같고, 임금은 머리가 되고 신하는 팔다

---

내가 된 강원姜原이 거인의 발자국을 밟고 아들을 낳자 불길하다고 세 차례 버렸다. 그때마다 구조되었다는 기자설화棄子說話가 있다. 첫 번째는 좁은 골목에 버렸는데 말과 소가 피해 밟지 않았고, 둘째는 평림에 두었는데 산속에 많은 사람이 모여 그를 옮겼고, 넷째는 찬 얼음에 옮겨두었는데 새가 날아와 날개로 덮어주었다.

17 설契: 하나라 우왕의 치수治水를 도와준 공이 있어 순임금은 설에게 사도司徒라는 벼슬을 주어 백성을 다스리게 하고, 설의 정치로 백성은 평화를 되찾고, 성탕成湯 때에 하나라를 멸하고 천하를 통일하였다.

리가 되어 서로 친함이 하나의 몸과 같다. 이것은 서로 친함이 지극한 것이다. 또, 『시경』「소아 · 습상」의 시를 인용하여 신하가 진심으로 임금을 사랑하여 비록 멀리 있어도 멀지 않다고 했다. 이것은 임금을 사랑하는 마음을 가슴 속에 간직하고 잠시도 잊는 날이 없다는 것이다. 멀리 있는 자도 오히려 잊지 않는데 하물며 가까이 있는 자가 충성과 사랑을 다하지 않겠는가?

苟非君子, 進則面從, 退有後言, 有美不能助而成也, 有惡不能救而正也, 激君以自高, 謗君以自潔, 諫以爲臣而不爲君也. 是以上下相疾而國家敗矣. 今以君子而事上, 所以忠愛其君者如此, 則君享其安佚, 臣預其尊榮. 故君臣上下能相親也. 君猶父, 臣猶子, 相親猶一家也. 君爲元首, 臣爲股肱, 相親猶一體也, 此相親之至也. 又引「隰桑」之詩, 以言臣心愛君, 雖在遐遠, 不謂爲遠, 蓋愛君一念, 常藏心中, 無日暫忘也. 遠者猶不忘也, 而況於近, 可不盡忠愛乎?

이상은 전의 9장이다. 임금을 섬기는 마음을 풀이한 것이다. [주자가 말했다. "'나아가서는 충성을 다할 것을 생각하고, 물러나서는 잘못을 보완할 것을 생각한다'라는 것 또한 『좌전』에 있는 사정자의 말이다.[18] 그러나

---

18 나아가서는…말이다: "가을에 진나라 군사가 본국으로 돌아가 환자桓子가 패전의 책임을 지고 죽을 것을 청하니 진나라 군주가 허락하려 하자, 사정자가 간언했다. '안됩니다. 성복의 싸움에서 우리 진나라 군대가 승리를 거두어 사흘 동안이나 초나라 곡식을 먹었는데, 그때 문공께서는 오히려 근심하는 안색을 지으셨습니다.' 양옆의 신하들이 말하기를 '기쁜 일이 있는데 근심하시니, 만일 근심할 일이 생기면 기뻐하시겠습니까?' 하자, 문공께서 말하기를 '초나라에 아직 득신得臣이 있으니 근심을 그칠 수 없다. 짐승도 곤경에 처하면 오히려 죽을힘을 다해 싸우는 법인데 하물며 한 나라의 재상에 있어서랴.'라고 했다. 초나라에서 자옥[子玉:得臣]을 죽이자 문공이 (이 소식을 듣고) 기뻐했을 것은 이후 가히 알 수 있다. 그때 문공께서 말하

문장의 이치에 해로움이 없고, 『시』를 인용한 것 또한 효를 옮겨서 임금을 섬기는 뜻을 드러내어 밝히기에 충분하니 지금 아울러 남겨둔다."][19]

右傳之九章. 釋中於事君. [朱子曰: "'進思盡忠, 退思補過' 亦『左傳』所載士貞子語. 然於文理無害, 引『詩』亦足以發明移孝事君之意, 今並存之."]

---

기를 '나를 해롭게 할 자가 없어졌다'라고 했다. 그것은 우리 진나라가 두 번 이긴 것이고, 초나라는 두 번 패한 것이었습니다. 초나라는 그것으로써 두 군주의 시대를 지나는 동안 다른 나라와 패권을 겨루지 못했습니다. 이제 하늘이 우리 진나라를 크게 경계하려는 것 같습니다. 그런데 순임보를 죽게 하시어 거듭 초나라를 승리하게 하시면 우리나라는 오랫동안 패권을 겨루지 못하게 되지 않겠습니까? 순임보가 군주를 섬기는 데 있어 나아가서는 충성을 다할 것을 생각하고, 물러나서는 잘못된 점을 바로잡기에 마음을 쓰니, 그것은 사직을 지키는 일입니다. 어찌 그를 죽게 하겠습니까?秋, 晉師歸, 桓子請死, 晉侯欲許之. 士貞子諫曰, '不可. 城濮之役, 晉師三日穀, 文公猶有憂色. 左右曰, '有喜而憂, 如有憂而喜乎?' 公曰, '得臣猶在, 憂未歇也. 困獸猶鬪, 況國相乎?' 及楚殺子玉, 公喜而後可知也. 曰, '莫余毒也已.' 是晉再克而楚再敗也, 楚是以再世不競. 今天或者大警晉也, 而又殺林父以重楚勝, 其無乃久不競乎? 林父之事君也, 進思盡忠, 退思補過, 社稷之衛也, 若之何殺之?" 『춘추좌전』 「선공宣公」 12년.

19 이상은…남겨둔다: "이 한 구절은 임금을 섬기는 뜻에서 충忠을 풀이한 것이니, 마땅히 전의 9장으로 하여야 한다. [어떤 사람은 마땅히 11장으로 하여야 한다고 말한다.]此一節釋忠於事君之意, 當爲傳之九章. [或云宜爲十一章]" 『문연각 사고전서』 vol.182, 『효경간오孝經刊誤』, 110쪽.

# 전10장 傳之十章

공자께서 말씀하셨다. "옛날에 현명한 임금은 아버지를 효로 섬겼기에 하늘을 섬기는 것이 밝았고, 어머니를 효로 섬겼기에 땅을 섬기는 것이 자세했고,[1] 어른과 아이가 그 차례를 따르기에 상하가 다스려졌다.[2] 하늘과 땅을 밝음과 자세함으로 섬기면 신명이 드러난다.[3] 그러므로 비록 천

---

1 옛날에…자세했고: "현종이 말했다. '임금이 하늘을 아버지로 섬기고 땅을 어머니로 섬기니 종묘를 공경스럽게 섬긴다면 하늘과 땅을 섬기는 것이 밝고 자세하다는 말이다.'玄宗曰: '王者父事天, 母事地, 言能敬事家廟, 則事天地能明察也.' 사마광이 말했다. '임금은 하늘을 아버지로 하고 땅을 어머니로 한다. 아버지를 효로써 섬긴다면 하늘을 섬기는 까닭을 알 수 있기에 명明이라고 말하고, 어머니를 효로써 섬긴다면 땅을 섬기는 까닭을 알 수 있기에 찰察이라고 말한다.'司馬光曰: '王者父天母地. 事父孝, 則知所以事天, 故曰明. 事母孝, 則知所以事地, 故曰察.'" 『문연각 사고전서』 vol.182, 『효경지해孝經指解』, 98쪽.

2 어른과…다스려졌다: "현종이 말했다. '임금이 여러 아버지를 존경하고 여러 형을 앞세울 수 있다면 어른과 아이가 도를 따르고 임금과 백성이 조화를 이룰 것이다.'玄宗曰: '君能尊諸父, 先諸兄, 則長幼之道順, 君人之化理.' 사마광이 말했다. '장유라는 것은 그 집안을 말한 것이고, 상하라는 것은 그 나라를 말하는 것이다. 집안의 어른과 아이가 그 차례를 따르게 하면 나라의 상하를 다스리는 방법을 알 수 있다.'司馬光曰: '長幼者言乎其家, 上下者言乎其國, 能使家之長幼順, 則知所以治國之上下矣.'" 『문연각 사고전서』 vol.182, 『효경지해孝經指解』, 98쪽.

3 하늘과…드러난다: " 현종이 말했다. '하늘과 땅을 섬기는 것이 밝고 자세하다면 신이 지극 정성에 감응하여 복을 내리니 드러낸다彰고 말했다.'玄宗曰: '事天地能明察, 則

자라 하더라도 반드시 존경하는 분은 아버지이고, 반드시 앞선 사람은 형이다.[4] 종묘에 공경을 다하는 것은 부모를 잊지 않는 것이고,[5] 몸을 닦고 행실을 삼가는 것은 선조를 욕되게 할까 두려워해서이다.[6] 종묘에 공경을 다하면 (조상의) 귀신이 드러난다.[7] 이것은 효孝와 제悌의 지극함이 신

---

神感至誠, 而降福祐, 故曰彰也.' 사마광이 말했다. '신명은 하늘과 땅이 하는 것이니 임금이 하늘과 땅을 섬기는 방법을 알면 신명의 도가 밝게 드러날 수 있다.'司馬光曰 : '神明者 天地之所為也, 王者知所以事天地, 則神明之道, 昭彰可見矣.'" 『문연각 사고전서』 vol.182, 『효경지해孝經指解』, 98쪽.

4 그러므로…형이다: "현종이 말했다. '아버지는 여러 아버지를 말하고 형은 여러 형을 말하니 모두 돌아가신 할아버지의 후사이다. 예법에 군연족인은 부형과 더불어 동류로 삼는다.'玄宗曰: '父謂諸父, 兄謂諸兄, 皆祖考之胤也. 禮君燕族人與父兄齒也.'" 『문연각 사고전서』 vol.182, 『효경지해孝經指解』, 98쪽.

5 종묘에…것이고: "현종이 말했다. '종묘에 공경스럽게 제사를 지내면 감히 그 부모를 잊을 수 없다는 말이다.'玄宗曰: '言能敬祀宗廟, 則不敢忘其親也.'" 『문연각 사고전서』 vol.182, 『효경지해孝經指解』, 98쪽.

6 몸을…두려워해서이다: "현종이 말했다. '천자가 비록 천하에 위가 없을지라도 오히려 그 몸을 닦아 지키고, 그 행동을 삼가 신중히 하여 선조를 욕보이고 성대한 업적을 훼손하는 것을 두려워해야 한다.'玄宗曰: '天子雖無上於天下, 猶修持其身, 謹慎其行, 恐辱先祖而毁盛業也.' 사마광이 말했다. '천자가 지극히 높아 대를 이어 어른의 자리에 있어 마치 효제를 베풀 대상이 없는 것과 같으니, 이 네 가지를 거론하여 천자의 효제를 밝혔다. 존경함이 있다는 것은 하늘과 땅을 받들어 섬긴다는 것을 말한다. 앞섬이 있다는 것은 덕과 나이가 있는 사람을 존중하고 조심히 대하는 것을 말한다.'司馬光曰 : '天子至尊, 繼世居長, 宜若無所施其孝弟, 然故舉此四者, 以明天子之孝弟也. 有尊謂承事天地, 有先謂尊嚴德齒之人也.'" 『문연각 사고전서』 vol.182, 『효경지해孝經指解』, 98쪽.

7 종묘에…드러난다: "현종이 말했다. '종묘를 섬길 때 공경함을 다하면 돌아가신 할아버지가 와서 이르렀을 때 지극 정성으로 제사를 지내기에 드러남이라고 말한다.'玄宗曰: '事宗廟能盡敬, 則祖考來格享於克誠, 故曰著矣.' 사마광이 말했다. '종묘를 섬기는 방법을 안다면 그 나머지 귀신을 섬기는 방법을 모두 알 수 있다.'司馬光曰: '知所以事宗廟, 則其餘事鬼神之道, 皆可知.'" 『문연각 사고전서』 vol.182, 『효경지해孝經指解』, 98쪽.

령에 통하고 사해에 빛나 소통하지 않는 곳이 없기 때문이다.[8] 『시경』 대아大雅에 '서로부터 오고, 동으로부터 오며, 남으로부터 오고, 북으로부터 와서 복종하지 않는 이가 없다'[9]고 했다."[10] ["장長"은 상성이고 "행行"은 거성이다.]

**子曰: "昔者明王事父孝, 故事天明; 事母孝, 故事地察; 長幼順, 故上下治. 天地明察, 神明彰矣. 故雖天子必有尊也, 言有父也; 必有先也, 言有兄也; 宗廟致敬, 不忘親也; 脩身愼行, 恐辱先也. 宗廟致敬, 鬼神著矣. 孝悌之至, 通於神明, 光于四海, 無所不通. 『詩』云: '自西自東, 自南自北, 無思不服.'" ["長", 上聲. "行", 去聲.]**

『역』에서 "건乾은 하늘이기에 아버지라 칭하고, 곤坤은 땅이기에 어머니라 칭한다"[11]라고 했다. 아버지에게는 하늘의 도가 있고, 어머니에게

---

8 이것은…때문이다: "현종이 말했다. '종묘를 공경하고 장유의 순서를 따라서 효제의 마음을 극진하게 하면 지극한 성품이 신명에 통하고 사해에 빛나기에 통하지 않음이 없다고 했다.'玄宗曰: '能敬宗廟, 順長幼, 以極孝悌之心, 則至性通於神明, 光於四海, 故曰無所不通.' 사마광이 말했다. '신명에 통한다는 것은 귀신이 그 제사를 받아 그 복이 이른 것이다. 사해에 빛난다는 것은 백성이 그 덕에 귀의하여 그 가르침을 따르는 것이다. 귀신은 지극히 그윽하고, 사해는 지극히 멀지만, 또한 어기지 않는다. 하물며 그 가까운 것이 어찌 통하지 않음이 있겠는가?'司馬光曰: '通於神明者, 鬼神歆其祀而致其福, 光於四海者, 兆民歸其德而服其教. 鬼神至幽, 四海至遠, 然且不違, 況其邇者, 烏有不通乎?'" 『문연각 사고전서』 vol.182, 『효경지해孝經指解』, 98쪽.

9 『시경』 「대아 · 문왕유성文王有聲」. 사방의 모든 곳을 가리킨다.

10 『시경』…했다: "현종이 말했다. '의로움으로 유행하는 덕의 교화를 취한다면 의로움에 따라 교화를 따르지 않음이 없을 것이다.'玄宗曰: '義取德教流行, 莫不服義從化也.' 사마광이 말했다. '도가 융성하고 덕이 풍족하여 사방의 사람들 가운데 따르지 않으려는 생각을 가진 이가 없다. 모두 복종했다는 말이다.'司馬光曰: '道隆德洽, 四方之人無有思為不服者. 言皆服也.'" 『문연각 사고전서』 vol.182, 『효경지해孝經指解』, 98쪽.

11 『주역』 「설괘전」 9장. 장재의 「서명西銘」. "하늘을 아버지라 부르고 땅을 어머니라

는 땅의 도가 있다. 임금은 하늘을 계승하여 자식이 되었으니 하늘을 아버지로 삼고 땅을 어머니로 삼았다. 그 하늘과 땅을 섬기는 도가 또한 부모를 섬기는 도에서 벗어나지 않을 뿐이다. 하늘과 사람, 그윽함과 드러남의 도가 하나이니, 사람을 잘 섬기면 신을 잘 섬길 것이다. 아버지를 효로 섬기므로 하늘을 섬기는 데 밝다는 것은 아버지를 효로 섬기면 그 하늘을 섬기는 데 반드시 밝다는 것이다. 어머니를 효로 섬기므로 땅을 섬기는 데 자세하다는 것은 어머니를 효로 섬기면 그 땅을 섬기는 데 반드시 자세하다는 것이다. 이 '명찰明察' 두 글자는 또한 앞장의 '천경지의天經地義'[12]라고 한 구절에 의거하여 끌어 온 것이다. 공자께서는 "하늘의 도에 밝고 백성의 일에 자세하다"[13]라고 하고, 맹자는 "순임금은 모든 사물의 이치에 밝고, 인륜에 더욱 자세하다"[14]라고 했다. 대체로 경經은 그 큰 것을 총괄하여 말한 것이고, 의義는 그 중간에 있는 사물의 세세한 곡절의 마땅한 것이다. 동자董仲舒[15]가 말한 상경통의常經通義[16]도 바로 이 뜻

---

부르며 나는 여기 미미한 존재로 그 가운데 뒤섞이어 살고 있다. 하늘과 땅 사이에 가득 찬 기운이 내 몸을 이루고 하늘과 땅 사이에 가장 빼어난 것이 나의 본성을 이루었으니 온 백성이 나의 동포이고 만물이 나의 벗이다.乾稱父, 坤稱母. 予玆藐焉, 乃混然中處. 故天地之塞, 吾其體, 天地之帥, 吾其性, 民吾同胞, 物吾與也."

12 천경지의天經地義: 천지간에 바꿀 수 없는 이치로, 『춘추좌씨전』「소공」 25년 조에 "대저 예禮는 하늘의 경經이요 땅의 의義이다"라는 말에서 나온다.

13 『주역』「계사 상」 11장.

14 『맹자』「이루 하」 19장.

15 동자董仲舒, BC 170?~BC 120?: 중국 전한前漢 시대의 유학자이다. 무제武帝가 즉위하여 크게 인재를 구하므로 현량대책賢良對策을 올려서 새로운 문교정책에 참여했다. 오경박사를 두고서 국가를 유가 중심으로 통치하는데 큰 영향을 미쳤다. 중국 전통의 음양사상과 유교사상을 통합하여 음양의 원리를 도덕원리로 해석하여 정치에 적용하였다. 특히 그는 '천인감응설天人感應說'을 통해 하늘이 최고의 신이며 인간은 하늘이 창조했다고 주장하는데, 이는 기존의 천인합일사상에서 한 걸음 나아가 천을 인격적으로 해석한 것이며 후대의 중국사상에 큰 영향을 끼치게 된다. 말년

이다.

『易』曰: "乾, 天也, 故稱乎父. 坤, 地也, 故稱乎母." 父有天道, 母有地道, 王者繼天作子, 父天母地, 凡其所以事天地之道, 亦不外事父母之道而已. 天人幽顯之道, 一也, 能事人則能事神矣. 事父孝, 故事天明, 能事父以孝, 則其事天也必明矣. 事母孝, 故事地察, 能事母以孝, 則其事地也必察矣. 此明察二字, 亦是就前章天經地義一句引來. 孔子曰: "明於天之道, 而察於民之故." 孟子曰: "舜明於庶物, 察於人倫." 大抵經是總言其大者, 義是中間事物, 纖悉曲折之宜. 董子所謂常經通義, 亦是此意.

오직 효가 하늘의 경經이기에 효로 아버지를 섬긴다. 그러므로 밝음으로 하늘을 섬긴다. 오직 효가 땅의 의義이기에 효로 어머니를 섬긴다. 그러므로 자세함으로 땅을 섬긴다. '명明'은 큰 기상이니, 총명함과 지혜로움이 비추지 않는 곳이 없다. '찰察'은 세밀한 공부이니, 문리가 자세하여 두루 행해지지 않는 곳이 없다. 어른과 아이가 그 차례를 따른다는 것은 부모 섬기는 것을 미루어 나아간 것이고, 위와 아래가 다스려진다는 것은 하늘과 땅 섬기는 것을 미루어 나아간 것이다. 어른과 아이, 존귀한 자와 비천한 자가 하나라도 그 차례를 따르지 않음이 없으면 사람의 도가 극진해진다. 그 효孝를 지극히 하면 삼광三光[17]이 온전하고 추위와 더위가 균형을 이루어 하늘의 도가 맑고 밝으며, 산천과 귀신도 편안하지 않음이

---

에는 『동자문집董子文集』과 『춘추번로春秋繁露』 등을 저술하였다.

16 상경통의常經通義: 임금과 신하는 하늘과 땅처럼 분명한 신분이다. 임금은 높고 귀하며 신하는 낮고 천하다. 귀한 사람이 천한 사람을 부리고, 천한 사람이 귀한 사람을 섬기는 것은 천지의 상경常經이고, 고금의 통의通義이다.

17 삼광三光: 해와 달과 별을 말한다.

없고, 새와 짐승, 물고기와 자라들에 이르기까지 모두 편안하고 땅의 도가 편안해질 것이다. 이른바 신명은 바로 조화의 공용이다. 하늘과 땅을 섬겨 이와 같음에 이르면 어찌 자신만만하게 그 위에 있는 것 같고, 그 좌우에 있는 것 같지 않겠는가? 이 또한 옛날 현명한 임금이 부모를 이처럼 섬겼다는 것이니, 후세의 천자 된 자가 마땅히 취하여 본받아야 한다.

惟其爲天之經也, 所以事父孝, 故事天明. 惟其爲地之義也, 所以事母孝, 故事地察. 明字氣象大, 聰明睿智, 無所不照. 察則工夫細, 文理密察, 無所不周. 長幼順, 蓋就事父母推之, 上下治, 蓋就事天地推之. 長幼尊卑無一不順其序, 則人道盡矣. 極其孝, 則三光全, 寒暑平, 而天道清矣, 山川鬼神亦莫不寧, 鳥獸魚鼈咸若, 而地道寧矣. 所謂神明者, 卽造化之功用也. 事天地而至於如此, 豈不洋洋如在其上, 如在其左右乎? 此亦昔者明王之事如此, 後之爲天子者所宜取法也.

반드시 존경해야 할 분이 아버지라는 것은 효로 아버지와 어머니를 섬긴다는 두 구절로 인한 것이다. 반드시 우선시해야 할 사람이 형이라는 것은 어른과 아이가 차례를 따른다는 한 구절로 인한 것이다. 누군들 부모가 없겠는가? 모두 효도할 수 있다. 누군들 형과 어른이 없겠는가? 모두 공경할 수 있다. 또 미루어 올라가면 부모와 형제를 섬기는 데에만 그러할 뿐 아니라, 종묘를 받들고 선조를 섬기는 데까지도 그렇지 않음이 없을 것이다. 다만 모름지기 나의 입신의 도리를 다할 뿐이다.

必有尊也, 言有父也, 因事父事母孝二句. 必有先也, 言有兄也, 因長幼順一句. 誰無父母? 皆可爲孝. 誰無兄長? 皆可爲悌. 又推而上之, 不特事父兄爲然, 至於奉宗廟事先祖, 亦莫不然, 但須盡吾立身之道而已.

몸을 닦고 행동을 삼가는 것은 바로 부모를 섬기는 시작과 끝이니 여기에서 벗어나지 않는다. 그러므로 자식 된 자는 한 번 발을 옮길 때에도 감히 부모를 잊지 않으며, 한 번 말을 할 때에도 감히 부모를 잊지 않으니, 오직 말 한 마디나 행동 하나의 잘못이 그 부모를 욕되게 할까 두렵기 때문이다. 만약 그 종묘를 섬기는 데 공경을 지극히 하면 그 신이 나타나는 것을 더욱 볼 수 있다. 그러나 사실은 모두 나의 효도와 공경에 대한 한결같은 생각을 스스로 확충하여 그 지극함에 이르면 그 그윽함으로는 신명과 통하고 그 드러남으로는 사해에서 빛나 통하지 않은 곳이 없게 된다. 그러므로 『시경』「문왕유성」의 시를 인용하여 찬미한 것이다. 아! 그러나 이 도는 인 · 효 · 성 · 경이 지극한 이가 아니면 어찌 여기에 참여하여 알 수 있겠는가?[18] 하늘과 사람의 도는 밝도다! 느껴서 반응하는 이치가 은미하도다! 이 장을 읽는 자는 반드시 깊이 생각하여 묵묵히 이해해야 할 것이다.

脩身愼行, 此是事親之始終, 不出於此. 故爲人子, 一擧足而不敢忘父母, 一出言而不敢忘父母, 惟恐一言一行之玷, 以辱其親. 若其事宗廟致敬, 其彰著尤可見. 其實皆自充吾一念之孝悌, 而至其極, 則其幽也可以通於神明, 其顯也可以光于四海, 其無所不通. 故引「文王有聲」之詩以贊之. 嗚呼是道非仁孝誠敬之至, 豈足以與於此哉? 天人之道昭矣! 感應之理微矣! 讀是章者, 必有以深體而默識之.

이상은 전의 10장이다. 천자의 효를 풀이한 것이다. [주자가 말했다.

---

18 도는…이겠는가: "이것을 안다면 저절로 이치가 밝지 않음이 없고 정성이 이르지 않음이 없으니, 천하를 다스리는 것이 참으로 어렵지 않을 것이다.能知此, 則自然理無不明, 誠無不格, 於治天下眞不爲難矣." 『주자어류』 25권, 「논어論語」7, 12조목.

"격언이 되었다."][19]

右傳之十章. 釋天子之孝. [朱子曰: "有格言焉."]

19 이상은…되었다: "이 한 절은 천자의 효를 해석한 것으로 격언이 되니, 마땅히 전의 10장이 되어야 한다.[어떤 사람은 마땅히 12장이 되어야 한다고 말한다.]此一節釋天子之孝, 有格言焉, 當爲傳之十章.[或云宜爲十二章]" 『문연각 사고전서』 vol.182, 『효경간오孝經刊誤』, 109쪽.

# 전11장 傳之十一章

공자께서 말씀하셨다. "군자는 효로 어버이를 섬기기에 충성을 임금에게 옮길 수 있고,[1] 공경으로 형을 섬기기에 공순恭順함을 어른에게 옮길 수 있고,[2] 도리로 집안을 다스리기에 다스림을 관청에 옮길 수 있다.[3] 이러한 까닭으로 행실이 안에서 이루어져 명성이 후세에 전해진다."[4] ["장長"은 상성이다. "행行"은 거성이다.]

**子曰: "君子之事親孝, 故忠可移於君; 事兄悌, 故順可移於長; 居**

1 군자는…있고: "현종이 말했다. '효도로 임금을 섬기면 충성이 된다.'玄宗曰: '以孝事君則忠.'" 『문연각 사고전서』 vol.182, 『효경지해孝經指解』, 99쪽.

2 공경으로…있고: "현종이 말했다. '공경으로 어른을 섬기면 공순함이 된다.'玄宗曰: '以敬事長則順.' 사마광이 말했다. '어른은 경사대부를 말하니 자기 위에 있는 사람이다.'司馬光曰: '長謂卿士大夫, 凡在已上者也.'" 『문연각 사고전서』 vol.182, 『효경지해孝經指解』, 99쪽.

3 도리로…있다: "현종이 말했다. '군자가 거처하는 곳은 교화되기에 관리가 되어서도 잘 다스릴 수 있다.'玄宗曰: '君子所居則化, 故可移於官也.' 사마광이 말했다. '『서경』「주서」에서 '효도와 공경이니 효도하고 형제간에 우애하여 능히 정사를 시행하라.'司馬光曰: '『書』云: '孝恭, 惟孝, 友于兄弟, 克施有政.''" 『문연각 사고전서』 vol.182, 『효경지해孝經指解』, 99쪽.

4 이러한…전해진다: "현종이 말했다. '안으로 위 삼덕을 닦으면 명성이 후대에 저절로 전해질 것이다.'玄宗曰: '修上三德於內, 名自傳於後代'" 『문연각 사고전서』 vol.182, 『효경지해孝經指解』, 99쪽.

家理, 故治可移於官. 是以行成於內, 而名立於後世矣." ["長", 上聲. "行", 去聲.]

명성은 군자가 숭상하는 것이 아니다. 또 공자께서 "군자는 죽은 뒤에도 명성이 일컬어지지 않을까 근심한다"[5]라고 하였으나, 성인이 어찌 사람에게 명성을 좋아하게 가르쳤겠는가? 명성은 사실의 손님이니[6] 그 (선을 행한) 사실이 있으면 반드시 그 명성이 있다. 만약 죽은 뒤에도 명성이 일컬어지지 않는다면 이는 그 몸이 죽을 때까지 선을 행한 사실이 없다는 것이다. 그러므로 군자는 그것을 싫어한다. 만약 그 명성이 일컬어지지 않을까 근심한다면 항상 그 사실이 지극하지 못함을 두려워하여 부지런히 힘써야 좋을 것이다.

名, 非君子所尚也. 又曰: "君子疾沒世而名不稱焉." 聖人豈教人以好名哉? 名者, 實之賓, 有其實者必有其名. 苟沒世而名不見稱, 則是終其身無爲善之實矣. 是以君子疾之. 苟疾其名之不稱, 當常恐其實之不至而孜孜勉焉, 可也.

부자가 여기에서 그 뜻을 넓혀 『효경』에서 말한 입신立身과 양명揚名의 뜻을 끝맺었다. 그 뜻은 군자가 어버이를 섬기는 데 진실로 그 효도를 지극히 하니, 효도로 임금을 섬기면 충성이 되므로 충성을 임금에게 옮길 수 있고, 형을 섬기는 데 진실로 공경을 지극히 하니, 공경으로 어른을 섬기면 공순恭順함이 되므로 공순함을 어른에게 옮길 수 있고,[7] 집을 다스

5 『논어』「위령공」 19장.

6 『장자』「소요유」 2장.

7 군자가…있고: "두세 살 먹은 어린아이도 자기 어버이를 사랑할 줄 모르는 이가 없고,

릴 때 그 도리를 지극히 하니 효도하고 형제간에 우애하여 집안의 정사를 행하므로 다스림을 관청에 옮길 수 있다. 임금을 섬기는 것은 어버이를 섬기는 것을 미루어 행한다. 어른을 섬기는 것은 형을 섬기는 것을 미루어 행한다. 관청을 다스리는 것은 집안을 다스리는 것을 미루어 행한다. 뿌리가 견고한 것은 잎이 반드시 무성하다. 근원이 깊은 것은 흐름이 반드시 길다. 기름진 것은 광채가 반드시 빛난다. 이러한 까닭으로 효도와 공경의 행실이 안에서 이루어지면, 충성과 공순의 도가 밖에서 드러난다. 군자는 내실을 힘쓰니 비록 명성을 구하지는 않을지라도 마을과 고을에서 그 효도를 칭찬하고, 형제와 친척이 그 자애로움을 칭찬하고, 동료들이 그 공경함을 칭찬하고, 뜻을 같이하는 벗들이 그 어짊을 칭찬하고, 알고 지내는 이들이 그 신뢰를 칭찬한다면 칭찬이 그 당시에 무성할 뿐만이 아니라, 또한 명성이 후세에까지 전해진다.

夫子於此廣其義，以終經言立身揚名之旨．謂爲君子者之於事親，苟極其孝矣，以孝事君則忠，故忠可移於君；事兄苟極其悌矣，以敬事長則順，故順可移於長；居家苟極其理矣，惟孝友于兄弟，克施有政，故治可移於官．事君者，事親之推也．事長者，事兄之推也．居官者，居家之推也．根固者葉必茂．源深者流必長．膏沃者光必燁．是以孝悌之行成於內，忠順之道達於外．君子務實，雖不求名，而州閭鄉黨稱其孝，兄弟親戚稱其慈，僚友稱其悌，執友稱其仁，交遊稱其信，不惟譽藹於一時，而且名立於後世矣．

순임금은 미천한 신분이었고 또 완고한 아버지, 어리석은 어머니, 오만

---

장성하여 자기의 형을 공경할 줄 모르는 이가 없다.孩提之童無不知愛其親者，及其長也，無不知敬其兄也.” 『맹자』「진심 상」15장.

한 아우 사이에서 살았지만 능히 효도로 화합시켰다. 이러한 까닭으로 요임금이 이것을 듣고, 사악四岳[8]이 그를 천거하고, 천하 사람들이 임금으로 삼고, 온 세상이 스승으로 삼았으니, (그 이유가) 어찌 다른 데 있겠는가? 효제일 따름이다.[9] 이른바 '부모를 드러낸다'[10]는 것이 어찌 이보다 더한 것이 있겠는가?

舜在側微, 又處頑父 · 嚚母 · 傲弟之間, 而能和以孝道. 是以帝堯聞之, 四岳擧之, 天下君之, 萬世師之, 豈有他哉? 孝悌而已矣. 所謂以顯父母者, 豈有過於此哉?

이상은 전의 11장이다. 입신양명과 선비의 효도를 풀이했다.[11]

右傳之十一章. 釋立身揚名及士之孝.

---

8 사악四岳: 요임금 시대에 사방 제후의 우두머리로 관직명을 말한다. 사악 제후의 일을 맡아보던 의화羲和의 네 아들 희중羲仲 · 희숙羲叔 · 화중和仲 · 화숙和叔을 말하기도 한다.

9 효제일 따름이다: "효제라는 것은 그 인을 행하는 근본이다.孝弟也者, 其爲仁之本與." 『논어』「학이」 2장.

10 『효경』 1장.

11 이상은…풀이했다: "이 한 절은 입신양명立身揚名과 선비의 효를 해석한 것으로 전의 11장이다.[어떤 사람은 마땅히 9장이 되어야 한다고 말한다.]此一節釋立身揚名及士之孝, 傳之十一章也. [或云宜爲九章.]" 『문연각 사고전서』 vol.182, 『효경간오孝經刊誤』, 109쪽.

# 전12장 傳之十二章

공자께서 말씀하셨다. "규문閨門[1] 안에는 예가 갖추어져 있다.[2] 엄한 아버지와 엄한 형,[3] 처자와 신첩은 마치 나라의 백성이나 집안 일군과 같다."[4]

---

1 규문閨門: 한 가정이나 집안에서 부녀자가 거처하는 곳이다. 규는 본래 궁중의 작은 문을 가리켜서 말한 것이다.

2 규문…있다: "사마광이 말했다. '궁중의 문 가운데 그 작은 것을 규閨라고 한다. 예라는 것은 천하를 다스리는 법도이다. 규문의 안에는 그 다스림이 매우 좁지만 천하를 다스리는 법도가 이것에 의거한다.' 司馬光曰: '宮中之門, 其小者謂之閨. 禮者, 所以治天下之法也. 閨門之內, 其治至狹, 然而治天下之法擧在是矣.'" 『문연각 사고전서』 vol.182, 『효경지해孝經指解』, 99쪽.

3 엄한…형: "사마광이 말했다. '임금을 섬기고 어른을 섬기는 예이다.' 司馬光曰: '事君事長之禮也'" 『문연각 사고전서』 vol.182, 『효경지해孝經指解』, 99쪽.

4 처자와…같다: "사마광이 말했다. '도역은 말을 기르는 하인이다. 처자는 백성과 같고, 신첩은 말을 기르는 하인과 같으니 반드시 그 도리로 다스린 이후에야 상하가 서로 편안하다. 당나라 명황 시대에 고문을 배척하고 훼손하며 논의하는 자들이 「규문」 1장을 비루하고 세속적이어서 행할 수 없는 것으로 여겼다. 『역경』 가인괘家人卦 「단전」에 '집안을 바르게 해야 천하가 안정된다'라고 했다. 『시경』 「대아 · 황의」에서 '나의 아내에게 모범이 되어 형제에까지 그 덕이 미치는 집과 나라를 다스렸다'라고 했다. 이 장에서 말하는 것과 더불어 무엇이 다르겠는가!' 司馬光曰: '徒役, 皀牧. 妻子猶百姓, 臣妾猶皀牧, 御之必以其道, 然後上下相安. 唐明皇時, 議者排毁古文, 以「閨門」一章為鄙俗不可行. 『易』曰: '正家而天下定.' 『詩』云, '刑于寡妻, 至於兄弟, 以御於家邦

子曰: "閨門之內, 具禮矣乎. 嚴[5]父嚴兄, 妻子臣妾, 猶百姓徒役也."

이곳은 앞 장을 근거하여 말한 것이다. 앞 장은 집을 다스리는 도를 한 나라에 미루어 나아간 것이고, 이 장은 또 나라 다스리는 도를 한 집안에 시행해 나아간 것이다. 대체로 규문 안에는 은혜가 항상 의로움을 가리지만, 나라를 다스리는 도에 이르면 의로움으로 은혜를 단절한다. 「전傳」을 지은 자의 뜻은 규문 안에서 은혜에 익숙하고 사랑을 믿어 쉽게 친애하고 가까이하는 사사로움으로 흘러갈 것을 두려워했다. 그러므로 비록 규문 안에 처할지라도 한 나라를 다스리는 도리가 실제로 갖추어져 있다고 말한 것이다. 엄한 아버지에게는 임금의 도가 있고, 엄한 형에게는 어른의 도가 있고, 처자와 신첩은 바로 백성과 부역하는 일꾼이다. 이 도를 가정에 시행하면 의로움이 사사로움을 제재할 수 있어서 존비 · 내외가 정연하게 조리가 있을 것이다. 이것이 실제로 나라를 다스리는 중요한 도이다.

此因上章言, 以治家之道而推之於一國, 此章又以治國之道而施之於一家. 蓋閨門之內, 恩常掩義, 至於治國之道, 則以義而斷恩. 傳者之意, 恐其閨門之內狎恩恃愛, 易以流於親愛昵比之私. 故謂雖處閨門之內, 一國之理實具焉. 嚴父有君之道, 嚴兄有長之道, 妻子臣妾卽百姓徒役也. 以此施之, 則義有以制私, 尊卑內外整整然其有條理矣. 此實治國之要道也.

---

.' 與此章所言何以異哉!'" 『문연각 사고전서』 vol.182, 『효경지해孝經指解』, 99쪽.

5 엄嚴: 엄격하다는 의미로 쓰이지만, 존경의 의미를 포함한다.

이상은 전12장이다.[6] [주자가 말하였다. "이것은 앞 장의 '세 곳에 옮길 수 있다'라는 것을 근거하여 말한 것이다. 엄격한 아버지는 효도하고, 엄격한 형은 공경하고, 처자와 신첩은 관청을 다스린다. 어떤 사람은 10장이 되어야 마땅하다고 말한다."]

右傳之十二章. [朱子曰: "此因上章三可移而言. 嚴父孝也, 嚴兄弟也, 妻子臣妾官也, 或云宜爲十章."]

6 이상은 전12장이다: "무릇 24자는 『금문효경』에는 없고 『고문효경』에는 전10장 뒤 11장 앞에 있다.凡二十四字, 今文無, 古文在傳十章之後, 十一章之前." 『문연각 사고전서』 vol.182, 『효경정본孝經定本』, 139쪽.

# 전13장 傳之十三章

증자가 말하였다. "자애하는 것,[1] 공경하는 것,[2] 어버이를 편안하게 하는 것,[3] 명성을 드날리는 것[4]에 대해서는 제가 가르침을 받았습니다.[5] 감히 묻습니다. '아버지의 명命을 그저 따르기만[6] 하는 것을 효라 할 수 있습니까?'"[7]["夫"는 음이 부이다. "령令"은 거성이다. 『금문효경』에는 "참參"이

1 자애하는 것: "사마광이 말했다. '봉양할 때에 그 즐거움을 지극히 하는 것을 말한다. 자慈는 또한 애愛이다. 『예기』「내칙」에 '맛있는 음식으로 부모를 사랑한다고 말한다.'司馬光曰: '謂養致其樂. 慈亦愛也. 內則曰慈以旨甘.'" 『문연각 사고전서』 vol.182, 『효경지해孝經指解』, 99쪽.

2 공경하는 것: "사마광이 말했다. '거처할 때에 그 공경을 지극히 하는 것을 말한다.'司馬光曰 '謂居致其恭.'" 『문연각 사고전서』 vol.182, 『효경지해孝經指解』, 99쪽.

3 어버이를…것: "사마광이 말했다. '다툼과 형벌을 가까이 하지 않는다.'司馬光曰: '不近兵刑.'" 『문연각 사고전서』 vol.182, 『효경지해孝經指解』, 99쪽.

4 명성을 드날리는 것: "사마광이 말했다. '몸을 세워 도를 행한다.'司馬光曰: '立身行道.'" 『문연각 사고전서』 vol.182, 『효경지해孝經指解』, 99쪽.

5 제가…받았습니다: "사마광이 말했다. '네 가지는 위의 공자의 말씀을 모두 포함한다.' 司馬光曰: '四者包攝上孔子之言'" 『문연각 사고전서』 vol.182, 『효경지해孝經指解』, 99쪽.

6 아버지의…따르기만: 자식이 아버지의 옳고 그름을 따지지 않고 무조건 따르는 것을 말한다.

7 감히…있습니까?: "현종이 말했다. '아버지를 섬길 때에 아버지의 잘못을 숨기고 간하지 않으며, 또 공경하여 어기지 않기에 의심하여 물은 것이다.'玄宗曰: '事父有隱無犯

"칙則"으로 되어 있고, "문問" 아래에 『금문효경』에는 "자子"자가 있다.]

**曾子曰: "若夫慈愛 · 恭敬 · 安親 · 揚名, 參聞命矣. 敢問從父之令, 可謂孝乎?" ["夫", 音扶. "令"去聲. 今文作"則". "問"下, 今文有"子"字.]**

부자께서 증자에게 효를 가르쳤는데 증자가 효의 위대함을 한 번 감탄하고, 이어서 효에 더할 것이 없냐고 묻자, 부자께서 모두 자세히 말씀하셨다. 효의 처음과 끝[8]은 갖추어졌으나, 부모님께 은미하게 간하는 한 가지 일은 언급하지 않았다. 그래서 증자가 이에 부자께서 이미 말하신 것을 모두 포함하여 "자애하는 것, 공경하는 것, 어버이를 편안하게 하는 것, 명성을 날리는 것 등의 이러한 도는 이미 부자의 가르침을 받았습니다. 감히 묻습니다. '자식 된 자가 한결같이 순종하는 것을 효로 삼아야 합니까? 그렇다면 부모께서 명령하시면 옳고 그름을 묻지 말고 모두 따라야만 효가 되는 것입니까?'"라고 말했다. 이것은 증자의 좋은 물음이다. 자애는 봉양할 때에 그 즐거움을 지극히 하는 것이고, 공경은 거처할 때에 공경을 지극히 하는 것이고, 어버이를 편안하게 하는 것은 싸움과 형벌을 가까이하지 않는 것이고, 명성을 드날리는 것은 "몸을 세워 도를 행하여 후세에까지 명성을 드날리는 것"[9]과 같은 종류이다.

---

, 又敬不違, 故疑而問之.' 사마광이 말했다. '명령을 들으면 따르며, 옳고 그름을 따지지 않는다.'司馬光曰: '聞令則從, 不恤是非.'" 『문연각 사고전서』 vol.182, 『효경지해孝經指解』, 99쪽.

8 효의 처음과 끝: "몸은 부모에게 받은 것이니 함부로 훼손하지 않는 것이 효의 시작이고, 몸을 세워 도를 행하여 명성을 후세에까지 드날려 부모를 드러나게 하는 것이 효의 마지막이다.身體髮膚, 受之父母, 不敢毁傷, 孝之始也. 立身行道, 揚名於後世, 以顯父母, 孝之終也." 『효경』「개종명의」.

9 몸을…것: 『효경』 1장.

夫子教曾子以孝，曾子一歎孝之大，次問無以加於孝，夫子皆詳告之．孝之始終備矣，惟幾諫一節言之未及，曾子於是包攝夫子之所已言者，謂若夫慈愛·恭敬·安親·揚名，凡此之道則旣得聞夫子之敎命矣．敢問爲人子者一以順從爲孝，然則父母有命令，將不問可否而悉從之，然後可以爲孝乎？此曾子之善問也．慈愛如養致其樂，恭敬如居致其敬，安親不近兵刑，揚名如"立身行道，揚名於後世"之類．

공자께서 말씀하셨다. "이것이 무슨 말인가! 이것이 무슨 말인가![10] 옛날에 천자가 간쟁하는 신하 일곱을 두면 아무리 도가 없을지라도 그 천하를 잃지 않고,[11] 제후가 간쟁하는 신하 다섯을 두면 아무리 도가 없을지라도 그 나라를 잃지 않고, 대부가 간쟁하는 신하 셋을 두면 아무리 도가 없을지라도 그 집안을 잃지 않고,[12] 선비가 간쟁하는 벗을 두면 명성이 떠나지

---

10 이것이…말인가: "현종이 말했다. '잘못이 있어도 따르는 것은 아버지의 불의를 이루게 하는 것이니 이치에 옳지 않기에 다시 물은 것이다.'玄宗曰: '有非而從, 成父不義, 理所不可, 故再言之.'" 『문연각 사고전서』 vol.182, 『효경지해孝經指解』, 99쪽.

11 옛날에…않고: "사마광이 말했다. '천하가 지극히 크고 임금이 맡은 일이 지극히 막중하다. 그러므로 반드시 간쟁을 잘하는 사람이 7명이 된 이후에야 실수가 없을 것이다.'司馬光曰: '天下至大, 萬機至重. 故必有能爭者及七人, 然後能無失也.'" 『문연각 사고전서』 vol.182, 『효경지해孝經指解』, 99쪽.

12 제후가…않고: "현종이 말했다. '제후 이하는 두 개씩 숫자를 줄이는데 존비의 차이 때문이다. 쟁爭은 간하는 것을 말한다. 도가 없을지라도 간쟁하는 신하가 있으면 끝내 천하를 잃고 국가를 잃는데 이르지 않는다는 말이다.'玄宗曰: '降殺以兩, 尊卑之差. 爭謂諫也. 言雖無道為有爭臣, 則終不至失天下亡家國也.'" 『문연각 사고전서』 vol.182, 『효경지해孝經指解』, 99쪽. "정백鄭伯이 자산에게 6읍과 조복朝服을 하사하자 자산이 사양하며 '위로부터 아래로 내려오면서 둘씩 줄어드는 것이 예입니다'라고 말했다.'子産辭邑曰 '自上以下 降殺以兩 禮也'" 『춘추좌씨전』 양공 26년.

않고,[13] 아버지가 간쟁하는 자식을 두면 몸이 불의에 빠지지 않았다.[14] 그러므로 불의를 당하면 자식이 아버지에게 간쟁하지 않아서는 안 되고, 신하가 임금에게 간쟁하지 않아서는 안 된다.[15] 그러므로 불의를 당하면 간쟁하는 것이니, 아버지의 명령을 따르는 것이 또 어찌 효가 될 수 있겠는가?"[16] ["여與"는 평성이다. "쟁爭"은 쟁諍과 같다. "리離" · "령令"은 모두 거성이다. "焉"은 어於와 건虔의 반절음이다.]

**子曰: "是何言與! 是何言與! 昔者天子有爭臣七人, 雖無道, 不失其天下. 諸侯有爭臣五人, 雖無道, 不失其國. 大夫有爭臣三人, 雖無道, 不失其家. 士有爭友, 則身不離於令[17]名. 父有爭子, 則身不陷於不義. 故當不義, 則子不可以不爭於父, 臣不可以不爭於君. 故當不義則**

---

13 선비가…않고: "현종이 말했다. '령令은 좋다는 뜻이다. 유익한 세 부류의 벗은 충고를 받아들이기에 그 좋은 명성을 잃지 않는다는 말이다.'玄宗曰: '令善也. 益者三友, 言受忠告故不失其善名.' 사마광이 말했다. '선비는 신하가 없으므로 친구가 간쟁한다.'司馬光曰: '士無臣, 故以友爭.'" 『문연각 사고전서』 vol.182, 『효경지해孝經指解』, 99쪽.

14 아버지가…않는다: "현종이 말했다. '아버지가 잘못하면 간쟁하기에 불의에 빠지는 것을 면한다.'玄宗曰: '父失則諫, 故免陷於不義.' 사마광이 말했다. '위아래를 통틀어 말한 것이다.'司馬光曰: '通上下而言之'" 『문연각 사고전서』 vol.182, 『효경지해孝經指解』, 99쪽.

15 그러므로…된다: "현종이 말했다. '간쟁하지 않으면 충효가 아니다.'玄宗曰: 不爭則非忠孝." 『문연각 사고전서』 vol.182, 『효경지해孝經指解』, 99쪽.

16 그러므로…있겠는가: "범조우가 말했다. '아버지에게 잘못이 있으면 자식은 간쟁하지 않으면 안 된다. 간쟁하는 것이 효도이다. 임금에게 잘못이 있으면 신하는 간쟁하지 않으면 안 된다. 간쟁하는 것이 충성이다. 자신이 간쟁하지 않으면 아버지가 불의에 빠져 몸을 잃게 된다. 신하가 간쟁하지 않으면 임금이 무도함에 빠져 나라를 잃게 된다.'范祖禹曰: '父有過, 子不可以不爭. 爭, 所以為孝也. 君有過, 臣不可以不爭. 爭, 所以為忠也. 子不爭則陷父於不義, 至於亡身. 臣不爭, 則陷君於無道, 至於失國.'" 『문연각 사고전서』 vol.182, 『효경지해孝經指解』, 99~100쪽.

17 령令: 선善과 같은 의미이다.

爭之, 從父之令又焉得爲孝乎?" ["與", 平聲. "爭", 諍同. "離"·"令", 並去聲. "焉", 於虔反.]

(자식이 아버지의) 잘못을 보고도 따르기만 하면 아버지가 옳지 못한 일을 하게 하는 것이니 효를 해쳐 이치에 옳지 않다. 그러므로 부자께서 이것이 무슨 말인가라고 거듭 말씀하시어 경계한 것이다. 아버지의 명령을 따르는 것을 효로 삼는다는 것이 무슨 말이냐는 것은 교훈으로 삼을 수 없다는 것을 이른다. 증자는 본래 아버지의 명령을 따르는 것으로 질문하였는데, 부자께서는 또 그 범위를 미루어 넓히시어 천자로부터 서인에까지 이르렀다. 신하와 자식이 임금과 아버지의 허물을 보고서 모두 구차히 따르기만 하고 간쟁하지 않아서는 안 된다.[18] 그러므로 옛날에 천자가 반드시 간쟁하는 신하 일곱을 두면 아무리 도가 없을지라도 천하를 잃지 않고, 제후가 반드시 간하는 신하 다섯을 두면 아무리 도가 없을지라도 나라를 잃지 않고, 대부가 반드시 간하는 신하 셋을 두면 아무리 도가 없을지라도 집안을 잃지 않았다.

見非而從, 成父不義, 有害於孝, 理所不可. 夫子故重言"是何言與"以戒之. 謂以從父之令爲孝, 是何等言, 不可以訓也. 曾子本以從父之令爲問, 夫子又推而廣之, 自天子至於庶人. 爲臣子者見君父之過, 皆不可以苟順而不諫諍. 故昔者, 天子必有爭臣七人, 則雖無道, 亦可以不失其天下; 諸侯必有諍臣五人, 則雖無道, 亦可以不失其國; 大夫必

18 신하와…된다: 은나라 마지막 왕인 주왕紂王의 폭정에 대하여 바른 정치를 하게 간했던 어진 세 사람이 있는데 미자微子와 기자箕子와 비간比干이다. 미자는 주왕에게 간했으나 듣지 않자 주왕의 곁을 떠났다. 기자는 간했으나 주왕이 듣지 않자 미친 척하고 살았다. 비간은 간하다가 주왕의 노여움을 사 죽임을 당하여 간이 꺼내졌다.

有諍臣三人，則雖無道，亦可以不失其家.

천자는 천하를 소유하는데 세상은 넓고도 넓으며 수없이 많은 일들이 있다. 잘하면 수많은 백성이 그 복福을 받지만 잘못하면 종묘사직이 그 화禍를 받는다. 그러므로 반드시 간쟁하는 신하를 두어 허물을 구제하게 한 뒤에야 좋다. 옛날에는 비방誹謗의 나무를 세우고 감간敢諫의 북을 설치하여[19] 크게 언로를 열어 널리 충성되고 유익한 말을 모았으니, 간쟁하는 신하가 어찌 일곱 사람뿐이었겠는가? 부자께서 우선 간략하게 말씀하신 것일 뿐이다. 천자의 다음이 제후가 되고 또 제후의 다음이 대부가 되니, 나라는 천하보다 작아서 그 일이 반드시 간략하기에 다섯 사람이면 되고, 집은 나라보다도 작아서 그 일이 더욱 간략하기에 세 사람이면 된다. 그러나 사실은 간관은 많을수록 좋으니 숫자에 구애받을 필요가 없다. 아래로 사士에 이르면 신하가 없고, 아직 대부가 되지 않았다면 가家가 없으니, 가진 것은 몸이고 의뢰할 사람은 친구뿐이다. 사가 벗으로 간쟁하게 하면 명성이 떠나지 않고, 아버지가 자식으로 간쟁하게 하면, 불의不義에 빠지지 않는다.

天子有天下，四海之大，萬幾之繁. 善則億兆蒙其福，不善則宗社受

---

19 비방誹謗의…설치하여: "옛날에 천자가 조회를 할 때 공경公卿들이 바르게 간하고 박사들이 시로 읊었다. 악관들이 경계하고 스승들이 읊고 서인들이 말을 전했다. 사관들이 그 잘못을 기록했고 선재膳宰가 음식을 거두면서 오히려 만족스럽지 않게 여겼다. 그러므로 요임금은 감히 간언하는 북을 설치하였고, 순임금은 그릇된 정치를 꾸짖는 나무를 세웠다. 탕왕은 사직인을 두었고 무왕은 계신도를 세웠다. 털끝만큼의 허물이라도 없애려고 이미 구비했던 것이다.古者天子聽朝，公卿正諫，博士誦詩. 瞽箴師誦，庶人傳語. 史書其過，宰徹其膳，猶以爲未足也. 故堯置敢諫之鼓，舜立誹謗之木. 湯有司直之人，武王立戒愼之鞀. 過若豪氂，而旣已備之也." 『회남자』「주술훈主術訓」.

其禍. 故必有諫諍之臣以救其過而後可. 古者立誹謗之木, 設敢諫之鼓, 大開言路, 廣集忠益, 諍臣豈止七人而已哉! 夫子姑約而言之耳. 若次於天子爲諸侯, 又次於諸侯爲大夫, 國小於天下, 其事必簡, 故五人而可. 家小於國, 其事又簡, 故三人而可. 其實諫不厭多, 非必以數拘也. 下至於士則無臣, 未爲大夫則無家, 所有者身, 所賴者友. 故士以友諍, 則身不離其令名, 父以子諍, 則身不陷於不義.

사람의 큰 도리에는 다섯 가지가 있으니, 군신과 부자가 으뜸이고 붕우가 그 끝에 자리한다. 군신과 붕우는 모두 남과 남이 만난 것이지만 오직 부모와 자식만은 하늘이 정해 준 친자관계이다. 신하로서 그 임금을 진심으로 사랑하는 자는 도로 임금을 섬기다가 안 되면 그친다.[20] 벗으로서 그 벗을 진심으로 사랑하는 자는 충고하여 잘 인도하다가도 안 되면 그친다.[21] 자식이 아버지를 그만둘 수 있는 의리가 없다. 그러므로 "임금에게 허물이 있으면 간쟁하고 세 번 간쟁하여 듣지 않으면 떠나며, 어버이에게 허물이 있으면 간쟁하고 세 번 간쟁하여 듣지 않으면 울부짖으며 따른다"[22]라고 하였다. 또 "부모를 섬기되 부드럽게 간언하고, 자신의 뜻이 받아들여지지 않더라도, 더욱 공경하여 어기지 말고 힘들어도 원망하지 말고, 공경을 일으키고 효도를 일으켜 기뻐하시면 다시 간언하라"[23]라고 하였다. 정성을 쌓아 감동시켜 반드시 어버이가 따른 뒤에 그만두어야 한다. 이것은 사람의 자식으로 어버이를 사랑하는 지극함이니 끝내 지극한

---

20 신하로서…그친다: 『논어』「선지」 22장. "所謂大臣者, 以道事君, 不可則止."

21 벗으로서…그친다: 『논어』「안여」 23장. "忠告而善道之, 不可則止, 毋自辱焉."

22 임금에게…따른다: 『맹자』「만장 하」 9장. "君有大過則諫, 反覆之而不聽, 則易位." "君有過則諫, 反覆之而不聽, 則去."

23 부모를…간언하라: 『논어』「이인」 18장.

선善으로 돌아오게 하려는 것이다. 또한 신하나 벗으로서는 할 수 있는 것이 아니다.

人之大倫有五, 君臣 · 父子, 爲之首, 而朋友居其末. 君臣 · 朋友皆以人合, 惟父子爲天屬之親. 臣之忠愛其君者, 以道事君, 不可則止. 友之忠愛其友者, 忠告而善道之, 亦不可則止. 若子之於父, 無可止之義. 故曰, 君有過則諫, 三諫而不聽則去; 親有過則諫, 三諫而不聽, 則號泣而隨之. 又曰: "事父母幾諫, 見志不從, 又敬不違, 勞而不怨. 起敬起孝, 悅則復諫." 積誠以感動之, 必其從而後已. 此則人子愛親之至, 終欲其歸於至善. 又有非臣與友之所得爲者,

사士 이하는 비록 서인이나 천자 · 제후 · 대부 · 사의 자식은 똑같이 자식이 되고 똑같이 아버지를 사랑한다. 아버지에게 허물이 있으면 자식은 반드시 부드럽게 간언할 것이요, 간쟁하는 신하와 간쟁하는 벗에게 핑계대서는 안 된다. 부자께서 총괄해서 말씀하시길 "그러므로 불의를 당하면 자식이 아버지에게 간쟁하지 않아서는 안 되며, 신하가 임금에게 간쟁하지 않아서는 안 된다"라고 했는데 부모와 자식을 먼저 말하고 임금과 신하를 뒤에 말한 것은 그 뜻이 깊다. 또 "그러므로 불의를 당하면 간쟁할 것이니, 아버지의 명령을 따르는 것이 또 어찌 효가 될 수 있겠는가"라고 하여 한 장의 뜻을 끝맺어 "이것이 무슨 말인가"의 의미를 끝으로 말하였다.

自士以下, 雖謂庶人, 然天子 · 諸侯 · 大夫 · 士之子均爲子也, 均愛父也. 父若有過, 子必幾諫, 無諉之諍臣 · 諍友可也. 夫子是以總言之, 曰: "故當不義, 則子不可以弗爭於父, 臣不可以弗爭於君." 先父子而後君臣, 其旨深矣. 又曰: "故當不義則爭之, 從父之令又焉得爲孝乎?"

所以結一章之旨, 而終言"是何言與"之義也.

쟁爭은 마땅히 쟁諍의 뜻을 따라야 하니 크게 간쟁하는 것이다. 간쟁하였으나 받아들이지 않으면 범안犯顏[24]하고, 의로움으로 간쟁하여도 듣지 않으면 그치지 않는 것이다.

爭, 義當從諍, 諫之大者. 諫而不入, 則犯顏, 引義以爭之, 不聽則不止也.

이상은 전13장이다.[25] [주자가 말하였다. "경문을 해석하지 않고, 별도로 하나의 의로움을 밝힌 것이다."]

右傳之十三章. [朱子曰: "不解經而別發一義."]

---

24 범안犯顏: 임금이 싫은 얼굴색을 하더라도 관계하지 않고 바른말로 간쟁한다는 의미이다.

25 이상은 전13장이다: "무릇 143자는 『효경』 가운데 다섯 가지 효의 뜻을 밝혀 천자와 제후와 대부와 사와 서인에게 모두 허물이 있다면 간언하고 비단 순종하지 않을 따름이라는 것을 말했다. 凡百四十三字, 廣經中五孝之義, 言天子諸侯卿大夫士庶人, 皆當有過, 則諫非徒從順而已." 『문연각 사고전서』 vol.182, 『효경정본孝經定本』, 137쪽.

# 전14장 傳之十四章

공자께서 말씀하셨다. "효자가 어버이 상을 당했을 때는[1] 곡哭을 길게 늘이지 않으며,[2] 예를 행할 때는 얼굴 모양이 보이지 않게 하며,[3] 말을 할 때는 꾸미지 않으며,[4] 좋은 옷을 입어도 편안하지 않으며,[5] 음악을 들어도 즐겁지 않으며,[6] 맛있는 음식을 먹어도 달지 않으니,[7] 이것은 부모의 죽음

---

1 효자가…때는: "현종이 말했다. '부모님께서 살아 계실 때의 섬김에 대해서는 이미 충분히 말했지만 돌아가셨을 때의 섬김은 아직 드러나지 않았기 때문에 이 장을 만드신 것이다.'玄宗曰: '生事已畢, 死事未見, 故發此章.'" 『문연각 사고전서』 vol.182, 『효경지해孝經指解』, 100쪽.

2 곡哭을…않으며: "현종이 말했다. '기운이 떨어져 곡소리를 섬세하거나 자세하게 하지 못하는 것이다.' 玄宗曰: '氣竭而息, 聲不委曲.' 사마광이 말했다. '애偯는 소리의 여운이 조용한 것이다.' 司馬光曰: '偯, 聲餘從容也.'" 『문연각 사고전서』 vol.182, 『효경지해孝經指解』, 100쪽.

3 예를…않게 하며: "현종이 말했다. '이마를 땅에 조아리고 얼굴 모양이 보이지 않게 한다.'玄宗曰: '觸地無容.'" 『문연각 사고전서』 vol.182, 『효경지해孝經指解』, 100쪽.

4 말을…않으며: "현종이 말했다. '꾸미지 않는다.' 玄宗曰: '不為文飾.' 사마광이 말했다. '모두 마음속의 우환이니 밖을 꾸밀 필요가 없다.' 司馬光曰: '皆内憂, 不假外飾.'" 『문연각 사고전서』 vol.182, 『효경지해孝經指解』, 100쪽.

5 좋은…않으며: "현종이 말했다. '아름답게 꾸미는 것이 편안하지 않아서 최마복을 입는다.'玄宗曰: '不安美飾, 故服衰麻.'" 『문연각 사고전서』 vol.182, 『효경지해孝經指解』, 100쪽.

6 음악을…않으며: "현종이 말했다. '슬퍼함이 마음속에 있어서 즐겁지 않다.'玄宗曰:

을 슬퍼하는 정이다."[8] ["偯"는 어於와 개豈의 반절음이다. "不樂"의 "樂" 음이 락洛이다.]

**子曰: "孝子之喪親, 哭不偯, 禮無容, 言不文, 服美不安, 聞樂不樂, 食旨不甘, 此哀戚之情." ["偯", 於豈反. "不樂"音洛.]**

군자에게 세 가지 즐거움[9]이 있는데, 부모가 모두 생존해 계시는 것이 그 첫 번째이니 인간의 지극한 즐거움이 이보다 더 큰 것은 없다. 하루아침에 불행히 돌아가시어 나의 큰 즐거움이 어그러진다면 어찌 크게 슬프지 않겠는가? 나의 한 몸은 부모님이 낳아주신 것이니 본래 같은 몸이다. 생사를 갑자기 달리하여 골육이 서로 갈라진다면 어찌 크게 애통하지 않겠는가? 부자께서 이에 효자가 어버이 상을 당했을 때를 거듭 말씀하셨다.

*君子有三樂, 父母俱存居其首, 則人間至樂無有大於此者矣. 一旦不*

---

'悲哀在心, 故不樂也.'" 『문연각 사고전서』 vol.182, 『효경지해孝經指解』, 100쪽.

7 맛있는…않으니: "현종이 말했다. '지旨는 맛이 좋다는 말이다. 맛있는 것을 먹어도 달지 않다. 그러므로 거친 밥을 먹고 물을 마신다.'玄宗曰: '旨, 美也. 不甘美味, 故疏食飮水.' 사마광이 말했다. '감甘은 좋은 맛이다.'司馬光曰, '甘, 美味也.'" 『문연각 사고전서』 vol.182, 『효경지해孝經指解』, 100쪽.

8 이것은…정이다: "현종이 말했다. '위의 6구를 말한다.'玄宗曰: '謂上六句.' 사마광이 말했다. '이것은 모두 백성들이 본래 가지고 있는 정이지, 성인이 억지로 하게 한 것이 아니다.'司馬光曰: '此皆民自有之情, 非聖人強之.'" 『문연각 사고전서』 vol.182, 『효경지해孝經指解』, 100쪽.

9 군자…즐거움: "군자에게는 세 가지 즐거움이 있는데, 천하에 왕 노릇 하는 것은 여기에 끼지 않는다. 부모가 모두 생존해 계시고 형제가 무고한 것이 첫 번째 즐거움이요, 위로는 하늘에 부끄럽지 않고 아래로는 사람에게 부끄럽지 않은 것이 두 번째 즐거움이요, 천하의 영재를 얻어서 교육하는 것이 세 번째 즐거움이다.君子有三樂, 而王天下不與存焉. 父母俱存, 兄弟無故, 一樂也; 仰不愧於天, 俯不怍於人, 二樂也; 得天下英才而敎育之, 三樂也." 『맹자』 「진심 상」 20장.

幸而死, 乖吾之大樂, 豈不爲大哀乎? 吾之一身, 父母生之, 本同體也. 存歿頓異, 骨肉睽離, 寧不爲大痛乎? 夫子於是申言孝子之喪其親也.

애통의 지극함이 소리로 드러나는 것이 곡哭이니, 곡하는 데 소리를 길게 늘이지 않는 것은 기운이 쇠진해서 소상히 할 수 없기 때문이다. 용모에 드러내는 것이 예인데, 예를 행할 때 얼굴을 드러내지 않는 것은 이마로 땅을 조아리며 몸을 웅크리고 있어 얼굴을 보이게 할 수 없기 때문이다. 입에서 나오는 것이 말이니, 말을 할 때 꾸미지 않는 것은 마음의 근심으로 아무 생각이 없어서 꾸밀 수 없기 때문이다. 좋은 옷을 입어도 편안하지 않고, 조화로운 음악을 들어도 즐겁지 않으며, 맛있는 음식을 먹어도 맛나지 않은 것은 다른 이유가 아니라 자식의 마음속에 어버이의 죽음을 생각할 때마다 애통하기 때문이다.[10] 어찌 다시 나의 생명을 헤아리겠는가? 그러므로 거적을 깔고 흙덩이를 베개 삼아 상복을 입고 싸라기 죽을 먹으며 구차하게 천지 사이에 목숨을 연명하는 것만도 이미 과분한데 보고 듣는 것과 몸을 봉양하는 것에 오히려 어찌 마음을 쓰겠는가? 그러므로 부자께서 이렇게 말씀하고서 결론 지어 "이것은 부모의 죽음을 슬퍼하는 정이다"라고 하였다. 대개 이것은 바로 사람의 마음에 고유한 정이지, 성인이 억지로 하게 한 것이 아니라는 것을 말한다.

哀痛之極, 發於聲爲哭, 其哭也不偯, 氣竭而盡, 不能委曲也; 動於貌爲禮, 其禮也無容, 觸地局脊, 不能爲容也; 出於口爲言, 其言也不文,

---

10 좋은… 때문이다: "아버지가 돌아가시고 나서 아버지의 책을 읽지 못하는 것은 아버지의 손때가 여기에 있기 때문이다. 어머니가 돌아가시고 나서 그릇들로 먹지 못하는 것은 어머니의 입김이 여기에 남아있기 때문이다.父沒而不能讀父之書, 手澤存焉爾. 母沒而杯圈不能飮焉, 口澤之氣存焉爾." 『예기』 「옥조玉藻」.

內憂無情, 不能爲文也; 服衣之美, 有所不安, 聞樂之和, 有所不樂, 食味之旨, 有所不甘, 無他, 人子之心念念痛親之死而已, 豈復計吾之生哉? 故寢苫, 枕塊, 服衰麻, 食溢米, 苟延殘喘於天地間, 已爲過矣, 耳目之接, 口體之奉, 尙何心乎? 故夫子言此而結之曰: "此哀戚之情." 蓋謂此乃人心自有之情, 非聖人强之也.

**"삼일 만에 먹는 것은, 백성에게 죽은 사람 때문에 산 사람을 상하게 하지 않고,[11] 몸이 훼손하여 타고나 본성이 소멸하지 않게 가르치려는 것이다.[12] 이것이 성인의 다스림이다."[13] [『금문고경』에는 "야也"자가 있다.]**

**三日而食, 敎民無以死傷生, 毁不滅性, 此聖人之政. [今文有"也"字.]**

『예기』에 "삼년상에는 삼일을 먹지 않는다"[14]고 하였다. 삼일이 지나면 생명을 해치기 때문이다. 삼일이 지나 먹게 한 것은 천하 사람들에게 부모님의 죽음을 슬퍼한 나머지 생명을 해치지 않고, 비록 부모의 죽음을 슬퍼

11 삼일…않고: "사마광이 말했다. '예에 삼년상은 삼일을 먹지 않는다고 하니 삼일이 지나면 생명을 해치기 때문이다.'司馬光曰: '禮, 三年之喪, 三日不食, 過三日則傷生矣.'" 『문연각 사고전서』 vol.182, 『효경지해孝經指解』, 100쪽.

12 몸이…것이다: "사마광이 말했다. 본성이 소멸된다는 것은 몸의 훼손이 심하여 마음이 약해져 그 항상된 본성이 변화하는 것을 말한다.司馬光曰: '滅性謂毁極失志變其常性也.'" 『문연각 사고전서』 vol.182, 『효경지해孝經指解』, 100쪽.

13 이것이…다스림이다: "현종이 말했다. '삼일 동안 먹지 않고 건강을 해칠 정도로 몹시 슬퍼 본성이 소멸하여 죽는 것은 모두 효도를 어그러트리는 것이기에 성인이 예로 만들고 가르침을 베풀어 죽음에까지 이르지 않게 했다.'玄宗曰, '不食三日, 哀毁過情, 滅性而死, 皆虧孝道, 故聖人制禮施教, 不令至於殞滅.' 사마광이 말했다. '정치라는 것은 바른 것이다. 정의로 그 정을 다스린다.'司馬光曰: '政者, 正也. 以正義裁制其情.'" 『문연각 사고전서』 vol.182, 『효경지해孝經指解』, 100쪽.

14 삼년상에는…않는다: 『예기』 「간전間傳」.

하여 몸이 바싹 마르나 그 타고난 본성이 소멸하는 데까지는 이르지 않도록 가르치는 것이다. 타고난 본성은 사람이 하늘에서 받아 생긴 것이다. 타고난 본성에 인이 있고, 인의 발현은 사랑을 주로 하니 사랑은 어버이를 사랑하는 것보다 더 큰 것이 없다. 부모가 생존했을 때 사랑하고 존경하는 것은 타고난 본성에 근본한 것이다. 부모가 죽었을 때 슬퍼하는 것 또한 타고난 본성에 근본한 것이다. 만약 슬퍼하는 것이 지나쳐 생명을 해친다면 이것은 타고난 본성이 없어지는 것이다. 타고난 본성이 없어지면 인류가 멸망한다. 이것은 성인의 정치에 백성이 천명을 세우도록 하기 위함이다.

禮, 三年之喪, 三日不食. 過三日則傷生矣, 所以三日而食者, 謂教天下之人無以哀死而至於傷生, 雖毁瘠而不滅其性. 性者, 人之所受於天以生者也. 性中有仁, 仁之發主於愛, 愛莫大於愛親. 父母存而愛敬之者, 根於性也. 父母歿而哀戚之者, 亦根於性也. 若以哀戚之過而傷生, 是性可滅也. 性可滅, 則生人之類滅矣. 此聖人之爲政所以爲生民立命也.

**상을 치르는 기간이 삼년을 넘지 않는 것[15]은 백성에게 끝이 있다[16]는**

15 상을…것: "현종이 말했다. '삼년상은 천하에 통용하는 예이다. 어리석은 자로 하여금 노력하게 하고 어진 자는 따른다. 효자에게는 목숨이 다할 때까지 잊지 말아야 할 근심이 있으니 성인이 삼년상을 만든 것은 사람들이 끝내는 기한이 있음을 알게 하기 위해서이다.'玄宗曰: '三年之喪, 天下達禮, 使不肖跂及, 賢者俯從. 夫孝子有終身之憂, 聖人以三年為制者, 使人知有終竟之限也.' 사마광이 말했다. '효자에게는 목숨이 다할 때까지 잊지 말아야 할 근심이 있지만 그것을 완수하려고 하면 끝이 없다. 그러므로 성인이 이를 위해서 중도를 세우고 예법을 제정했는데, 자식이 태어나면 삼년 뒤에 부모의 품에서 벗어날 수 있다고 생각했기에 삼년을 천하의 통상通喪으로 여겼다.'司馬光曰: '孝子有終身之憂, 然而遂之, 則是無窮也. 故聖人為之立中制節, 以為子生三年然後免於父母之懷, 故以三年為天下之通喪也.'" 『문연각 사고전서』 vol.182, 『효경지해孝經指解』, 100~101쪽.

것을 보여준 것이다. 관곽棺槨과 의금衣衾을 만들어 시신을 관에 넣으며,[17] 그 보궤簠簋를 진설하고 슬퍼하며,[18] 여자는 가슴을 치고 남자는 뛰면서 곡하고 슬퍼하면서 보내며,[19] 그 묏자리를 점지하여 안장하며,[20] 종묘를 만들어서 귀신을 섬기는 예로 제향하며,[21] 봄과 가을에 제사하여 때

---

16 끝이 있다: 어버이의 죽음을 맞아 그 슬픔을 어찌 다할 수 있겠는가마는 그 슬픔이 끝이 없어 자식된 자의 삶을 제대로 살지 못할까 그 끝이 있음을 제도로 정한 것이다.

17 관곽棺槨과…넣으며: "현종이 말했다. '시신을 둘러싸는 것은 관棺이고 관을 둘러싸는 것이 곽椁이다. 의衣는 염의를 말한다. 금衾은 이불이다. 거擧는 시신을 관에 넣는 것을 말한다.'玄宗曰: '周尸為棺, 周棺為椁. 衣謂斂衣. 衾, 被也. 擧謂擧尸内於棺也.' 사마광이 말했다. '거擧는 시신을 관에 넣는 것이다.'司馬光曰: '擧者, 擧以納諸棺也.'" 『문연각 사고전서』 vol.182, 『효경지해孝經指解』, 101쪽.

18 그 보궤簠簋를…슬퍼하며: "현종이 말했다. '보궤簠簋는 제기이다. 소기素器[장식이 없는 소박한 그릇]로 진설하여 제사지내지만 어버이를 볼 수 없기에 슬픔에 사무친다.'玄宗曰: '簠簋, 祭器也. 陳奠素器而不見親, 故哀慼也.' 사마광이 말했다. '아침저녁으로 제사를 지내는 것을 말한다.'司馬光曰: '謂朝夕奠之.'" 『문연각 사고전서』 vol.182, 『효경지해孝經指解』, 101쪽.

19 여자는…보내며: "현종이 말했다. '남자는 날뛰고 여자는 가슴을 치며 조재[장지葬地로 출발하기 전에(발인하기 전날) 관을 상여에 싣고 제전祭奠을 올리는 것이다.]하여 보낸다.'玄宗曰: '男踊女擗, 祖載送之.' 사마광이 말했다. '조재하여 묘소로 가는 것을 말한다. 벽擗은 가슴을 치는 것이다. 용踊은 날뛰는 것이다. 남자는 날뛰고 여자는 가슴을 친다.'司馬光曰: '謂祖載以之墓也. 擗, 拊心也. 踊, 躍也. 男踊而女擗.'" 『문연각 사고전서』 vol.182, 『효경지해孝經指解』, 101쪽.

20 그 묏자리를…안장하며: "현종이 말했다. '택宅은 묘혈[무덤의 구덩이]이다. 조兆는 영역[묘지의 범위]이다. 장례로써 크게 섬기기에 가려서 점지한다.'玄宗曰: '宅, 墓穴也. 兆, 塋域也. 葬事大, 故卜之.' 사마광이 말했다. '택宅은 총혈이다. 조兆는 묘역이다. 조措는 두는 것이다.'司馬光曰: '宅, 冢穴也. 兆, 墓域也. 措, 置也.'" 『문연각 사고전서』 vol.182, 『효경지해孝經指解』, 101쪽.

21 종묘를…제향하며: "현종이 말했다. '사당을 세워 조부에게 신위를 붙인 뒤에 귀신을 섬기는 예로 제향한다.'玄宗曰: '立廟祔祖之後, 則以鬼禮享之.' 사마광이 말했다. '부모님의 몸을 보내 드리러 갔다가 정신을 영접하여 돌아오니 이를 위해 신주를 세워 그 정신을 보존하여 삼년상을 마치면 사당으로 옮겨 제사하고 비로소 귀신의 예로 섬긴다.'司馬光曰: '送形而往, 迎精而返, 為之立主, 以存其神, 三年喪畢, 遷祭於廟, 始以鬼禮事之.'" 『문연각 사고전서』 vol.182, 『효경지해孝經指解』, 101쪽.

때로 깊이 사모한다.[22]["簠"는 방方과 거矩의 반절음이다. "簋"는, 거居와 유洧의 반절음이다. "擗"은 방房과 익益의 반절음이다. "踊"은 여余와 롱壟의 반절음이다.]

喪不過三年, 示民有終. 爲之棺槨衣衾而擧之; 陳其簠簋而哀戚之; 擗踊哭泣, 哀而送之; 卜其宅兆, 而安措之; 爲之宗廟, 以鬼享之; 春秋祭祀, 以時思之. ["簠", 方矩反. "簋", 居洧反. "擗", 房益反. "踊", 余壟反.]

이것은 또 성인의 정사로부터 상세하게 한 것이다. 어버이가 돌아가셨을 때 효자의 마음에 어찌 끝이 있겠는가? 그러나 생각나는 대로 행동한다면 이것은 절도가 없는 것이다. 그러므로 성인이 그 적절함[中]을 세워 3년을 지나지 않게 만들었다. 이것은 백성들에게 끝이 있음을 보이기 위한 것이다. 어버이가 막 돌아가셨을 때 수의를 입힌 시신을 넣을 관棺을 만들고, 관을 넣을 외곽外槨[23]을 만들고, 수의壽衣[24]를 입히고 이불[衾]로 시체를 덮은 뒤에 시신을 관에 넣는다. 장사지낼 때 그 보궤簠簋[25]를 진설

---

22 봄과…사모한다: "현종이 말했다. '추위와 더위가 변하여 바뀔 때가 되면 감회의 정이 더욱 더해진다. 때때로 제사를 지내 효성스럽고 사모하는 마음을 실천한다.'玄宗曰: '寒暑變移, 益用增感. 以時祭祀, 展其孝思也.' 사마광이 말했다. '봄과 가을은 사계절을 포함한다는 말이다. 효자는 때의 변화에 감응하여 어버이를 생각하기에 모두 제사를 지냈다.'司馬光曰: '言春秋則包四時矣. 孝子感時之變而思親, 故皆有祭.'" 『문연각 사고전서』 vol.182, 『효경지해孝經指解』, 101쪽.

23 외곽外槨: 시신을 넣는 관이 있고, 그 관을 담기 위해 네모나게 나무로 만들어진 궤가 있는데 이것을 곽이라 한다.

24 수의壽衣: 죽은 사람에게 입히는 옷으로 산 사람이 입는 옷과 반대로 입힌다. 음은 양으로 양은 음로 입힌다.

25 보궤簠簋: 제향祭享 때에 기장과 피를 담는 그릇을 말한다. 네모난 보와 둥근 궤가 한 벌을 이룬다.

하고서 소기素器[26]로 제사를 지내지만, 어버이가 계시는 것을 볼 수 없으니 마음이 몹시 아파 슬퍼한다. 조전祖餞[27]할 때 여자는 가슴을 치고 남자는 뛰면서 울부짖고 눈물을 흘리며 어버이가 떠나는 것을 차마 볼 수 없으니 슬퍼하면서 전송餞送[28]한다. 교외에 무덤을 만드는 데 구차히 할 수 없으니 점을 쳐서 자리를 골라 정한다. 총혈塚穴[29]을 택宅이라 하고, 묘역墓域[30]을 조兆라 한다. 반드시 좋은 자리를 구해서 안장하니 이것은 모두 신종愼終[31]의 예이다.

此又自聖人之政而詳之. 人親之亡也, 孝子之心何有限量? 然而遂之, 是無節也. 故聖人爲之立其中, 制不過三年, 所以示民有終極也. 其始死也, 爲之棺以周衣, 槨以周棺, 衣衾以周身, 然後擧而斂之. 其將葬也, 陳其簠簋, 奠以素器, 而不見親之在, 則傷痛而哀戚之. 其祖餞也, 女擗男踊, 號哭涕泣, 而不忍親之去, 則悲哀而往送之. 爲墓於郊, 不可苟也, 則卜之. 塚穴曰宅, 墓域曰兆. 必得吉而安厝之, 此皆愼終之禮也.

집에 사당을 만들 때는 반드시 규칙이 있으니, 그 규칙에 따라 삼년상을 마치고는 신주를 사당으로 옮겨 비로소 귀신을 섬기는 예로 제향한다. 시간이 많이 흘러 추위와 더위가 변하여 바뀔 때가 되면 감회의 정이 더

---

26 소기素器: 장식이 없는 소박한 그릇을 말한다.
27 조전祖餞: 멀리 떠나가는 사람을 전송하는 것을 말한다.
28 전송餞送: 떠나가는 사람을 위해 잔치를 베풀어 보내는 것을 말한다. 전별餞別하여 보낸다는 뜻이다.
29 총혈塚穴: 시체를 묻는 구덩이를 말한다. 묘혈墓穴이라고도 한다.
30 묘역墓域: 묘소로서 경계를 정한 구역을 말한다.
31 신종愼終: 상사喪事를 당했을 때 예절을 정중하게 하는 것을 말한다.

욱 더해지기에 봄과 가을로 제사지내어 때에 의탁하여 사모하였으니 이것이 추원追遠[32]의 예이다. 기일忌日에 이르러 다른 업무를 보지 않는 것은 이른바 군자에게 종신終身의 상喪[33]이 있다는 것이니, 어버이를 생각하는 마음에 과연 어찌 끝이 있겠는가? 이것은 모두 성인의 다스림이니 사람의 정에 따라 예절을 만들어 지나친 자는 억제해 예절에 맞게 하고, 이르지 못한 자는 조금 더 힘써 따르게 한 것이다.

爲廟於家, 必有制也, 則爲之三年喪畢, 遷主於廟, 始以鬼而禮享之. 及其久也, 寒暑變遷, 益用增感, 春秋祭祀, 以寓時思, 此追遠之禮也. 至於忌日不用, 所謂君子有終身之喪, 念親之意果何有窮己哉? 此皆聖人之政, 因人之情爲之節文, 使過之者俯就, 不至者跂及也.

**살아 계실 때는 사랑과 공경으로 섬기고, 돌아가신 뒤에는 슬픔과 설움으로 섬기면, 백성의 근본이 극진해지고, 죽었을 때와 살아 계실 때의 예의가 갖추어져 효자가 어버이를 섬기는 일이 끝나게 된다."[34]**

---

32 추원追遠: 조상의 덕을 추모하여 제사에 정성을 다하는 것을 의미한다.

33 기일忌日…상喪: "군자에게는 죽을 때까지 치러야 하는 상이 있는데, 이는 기일을 말한 것이다. 기일에 다른 일을 하지 않는 것은 상서롭지 않아서가 아니다. 기일에는 내 마음이 한곳으로만 쏠리기 때문에 다른 사사로운 일에 마음을 기울일 수가 없어서이다.君子有終身之喪, 忌日之謂也. 忌日不用, 非不祥也, 言夫日, 志有所至, 而不敢盡其私也." 『예기』「제의」. 평생토록 기일을 만나면 효자는 모든 일을 접어 두고 오직 어버이만을 생각하고 슬퍼하며 상중에 있을 때처럼 처신하기에 기일을 종신지상이라 한다.

34 살아…된다: "현종이 말했다. '사랑과 공경, 슬픔과 설움은 효를 행하는 처음과 끝이다. 죽고 사는 의리를 두루 말하여 효자의 정을 다했다.'玄宗曰: '愛敬哀戚, 孝行之始終也. 備陳死生之義, 以盡孝子之情.' 사마광이 말했다. '무릇 사람이 다른 것들을 이길 수 있는 까닭은 사람의 숫자가 많기 때문이다. 많은 까닭은 성인이 예로 길렀기 때문이다. 무릇 어린이는 어른이 아니면 자라지 못하고, 늙은 사람은 젊은 사람이 아니면 봉양을 받지 못하고, 죽은 사람은 산 사람이 아니면 장사지내지 못한

**生事愛敬, 死事哀戚, 生民之本盡矣, 死生之義備矣, 孝子之事親終矣.**

이것은 또 처음과 끝을 합해서 말하여 『효경』의 뜻을 결말지었다. 효자가 어버이를 섬길 때에 돌아가신 부모 섬기기를 살아 계신 부모 섬기는 것처럼 하고, 장사지내어 계시지 않는 부모 섬기기를 장사지내기 전 시신이 계실 때 섬기는 것처럼 한다. 살아 계실 때는 사랑과 공경함으로 섬기고, 돌아가신 뒤에는 슬픔과 서러움으로 섬긴다. 백성의 도리는 효도와 공경을 근본으로 삼으니 여기에서 극진해진다. 살아 계신 부모를 봉양하고 돌아가신 부모를 보내드리는 것은 그 의리가 크니 여기에서 갖추어진다. 여기에 이르면 효자가 어버이를 섬기는 그 도가 끝이 난다.

此又合始終而言之, 以結一書之旨. 孝子之事親也, 事死如事生, 事亡如事存. 於其生也, 事之以愛敬; 於其死也, 事之以哀戚. 生民之道, 孝悌爲本, 於此盡矣. 養生送死, 其義爲大, 於此備矣. 至此, 則孝子之事親其道終矣.

---

다. 사람의 정은 그 어버이를 사랑하지 않음이 없으나 사랑이 돈독한 것은 아버지와 자식 관계만한 것이 없다. 성인께서 하늘의 본성으로 인해 사람의 정을 따라 이롭게 인도한 것이다. 자애로 아버지를 가르치고 효도로 자식을 가르쳐 어린이가 자라고 노인이 봉양을 받고 죽은 사람이 장사지내질 수 있게 하였다. 이러한 까닭으로 백성이 빨리 죽거나 버려지지 않고, 모두 그 생활을 이루어 나날이 번식하여 손상되지 않을 수 있었다. 그러나 백성에게 손톱 · 어금니 · 깃털 · 털이 없는 데도 스스로 죽어 없어짐을 막을 수 있으니, 반드시 만물의 우두머리가 됐을 것이다. 그러므로 효는 백성이 살아가는 근본이다'司馬光曰: '夫人之所以能勝物者, 以其衆也. 所以衆者, 聖人以禮養之也. 夫幼者非壯則不長, 老者非少則不養, 死者非生則不藏. 人之情, 莫不愛其親. 愛之篤者, 莫若父子. 故聖人因天之性, 順人之情, 而利導之. 教父以慈, 教子以孝. 使幼者得長, 老者得養, 死者得藏. 是以民不夭折棄捐而咸遂其生, 日以繁息而莫能傷. 不然, 民無爪牙羽毛以自衛其殄滅也, 必為物先矣. 故孝者, 生民之本也.'" 『문연각 사고전서』 vol.182, 『효경지해孝經指解』, 101쪽.

○ 사람의 정에는 사랑하는 것이 있어서 사랑은 친한 사람에게 베풀어진다. 동전 한 닢의 송곳이라도 자기 물건으로 보면 반드시 보호하려고 노력한다. 밥 한 그릇의 은혜라도 자기가 은혜로 생각하면 반드시 보답하기를 생각한다. 아버지가 나를 낳아 주시고 어머니가 나를 길러 주셨으니 부모의 덕을 밥 한 그릇의 은혜와 비교하면 어느 것이 작고 어느 것이 큰가? 부모의 몸을 동전 한 닢의 송곳과 비교하면 어느 것이 무겁고 어느 것이 가벼운가? 그런데도 오히려 밥 한 그릇의 은혜에 보답하기를 생각하고, 동전 한 잎의 송곳에 보호하기를 헤아린다면 부모에게 보답하기를 생각하고 부모를 보호하기를 꾀하는 자는 마땅히 마음을 다하고 힘을 다해야 함을 알 것이다.

○ 人之情有所愛, 而所愛施於所親. 一錢之錐, 視爲己物, 必營護之. 一飯之恩, 嘗爲己惠, 必思報之. 父兮生我, 母兮鞠我, 父母之德, 較之一飯之恩, 孰小孰大? 父母之身, 比之一錢之錐, 孰重孰輕? 尚能思報一飯之恩, 營護一錢之錐, 則所以思報父母, 營護父母者, 宜知所盡心而竭力矣.

평소 거처할 때에는 그 공경함을 지극히 하고 봉양할 때는 그 즐거움을 지극히 하는 것이 살아 계실 때 사랑과 공경으로 섬기는 것이다. 상을 당했을 때는 그 슬픔을 지극히 하고 제사를 지낼 때는 그 엄숙함을 지극히 하는 것이 돌아가신 뒤에 슬픔과 설움으로 섬기는 것이다. 대체로 백성이란 어린이는 어른이 아니면 자라지 못하고, 늙은 사람은 젊은 사람이 아니면 봉양을 받지 못하고, 죽은 사람은 산 사람이 아니면 장사지내지 못한다. 사람의 정은 그 어버이를 사랑하지 않음이 없으나 사랑이 돈독한 것은 아버지와 자식 관계만한 것이 없다. 성인께서 하늘의 본성으로 인해 사람의 정을 따라 이롭게 인도한 것이다. 자애로서 아버지를 가르치고 효도로 자식을 가르쳐 어린이가 자라고 노인이 봉양을 받고 죽은 사람이 장사지내질 수 있게 하였다. 이러한 까닭으로 백성이 빨리 죽거나 버려지지 않고, 모두 그 생활을 이루어 나날이 번성하여 손상되지 않을 수 있었다. 그러므로 효는 백성의 근본이다.

居則致其敬, 養則致其樂, 生事愛敬也. 喪則致其哀, 祭則致其嚴, 死事哀戚也. 夫民, 幼者非壯則不長, 老者非少則不養, 死者非生則不藏. 人情莫不愛其親, 愛之篤者, 莫若父子. 聖人因天之性, 順人之情, 而利導之. 教父以慈, 教子以孝, 使幼者得壯, 老者得養, 死者得藏, 是以民不夭折棄捐, 而咸遂其生, 日以蕃息, 而莫能傷. 故孝者, 生民之本也.

옛날에는 들 한복판에서 장사를 지낼 때 섶을 두껍게 입히고,[35] 상을 지내는 기간에 일정한 규칙이 없었는데, 후세에 성인이 적절한 제도를 만들었다. 적절하면 그것을 계승하고, 계승하면 그것을 오래 지키고자 한다. 천하에 적용하여 사람들이 모두 지키니, 이것은 법이 폐해지지 않고 사람이 여한이 없는 까닭이다. 삼베로 지은 상복을 입는 것과 싸라기 죽을 먹는 것과 수척한 안색과 슬프게 통곡하는 것은 모두 사람의 정에서 나온 것이니, 저것에 불안하고 이것에 편안해서이지 성인이 억지로 강요한 것이 아니다. 삼일 만에 먹고 삼년 만에 상복을 벗는 것은 위로 하늘에서 상象을 취하고 아래로 땅에서 법法을 취하여[36] 죽은 사람 때문에 산 사람을

---

35 옛날에는…입히고: "옛날에 장사 지낼 때 섶을 두껍게 입혀 들 가운데에 장사를 지내는데, 봉분을 하지 않고 나무를 심지 않으며 상복을 입는 기간에 일정한 규칙이 없었다.古之葬者, 厚衣之以薪, 葬之中野, 不封不樹, 喪期无數."『주역』「계사 하」.

36 위로…취하여: "위로는 하늘에서 상象을 취하고, 아래로는 땅에서 법法을 취하고, 중간으로는 사람에게서 칙則을 취하였다.上取象於天, 下取法於地, 中取則於人."

해치지 않고, 몸을 훼손하여 타고난 본성을 멸하지 않게 한 것이니 사람의 정으로 인하여 절도를 만든 것이다. 죽음은 사람의 큰 변화이니 시신을 관에 넣고, 슬퍼하며 제사를 지내고, 여자는 가슴을 치고 남자는 뛰며 곡을 하면서 전송하고, 무덤을 만들어 안장하고, 종묘를 세워 향사하고, 때에 따라 생각하여 제사를 지낸다면 사람의 정과 예법이 여기에서 극진해질 것이니 오래 가고 폐해지지 않는 까닭이다.

古者葬之中野, 厚衣之以薪, 喪期無數, 後世聖人爲之中制. 中則欲其可繼也, 繼則欲其可久也. 措之天下, 而人共守之, 此法之所以不廢, 人之所以無憾也. 苴斬之服, 饘粥之食, 顏色之戚, 哭泣之哀, 皆出於人情, 不安於彼而安於此, 非聖人强之也. 三日而食, 三年而除, 上取象於天, 下取法於地, 不以死傷生, 毁不滅性, 因人情而爲之節也. 死者, 人之大變也. 擧而斂之, 哀戚而奠之, 擗踊哭泣而送之, 措之以宅兆, 享之以宗廟, 時思之以祭祀, 情文盡於此矣, 所以常久而不廢也.

삶이 있으면 반드시 죽음이 있고, 시작이 있으면 반드시 끝이 있다. 살아 계실 때 예로 섬기고, 돌아가심에 예로 장사지내고 예로 제사지낸다면 효라고 말할 수 있다. 그러므로 "죽고 사는 의리가 갖추어지고 효자가 어버이 섬기는 일이 끝났다"라고 말한 것이다. 그러나 부자께서 이 책을 비록 증자에게 전했을지라도 다섯 가지 효의 쓰임을 구체적으로 말씀하셨으니 천자로부터 제후 · 경대부 · 사 · 서인에 이르기까지 모두 함께 행해야 할 것이고, 윗사람이 된 자의 덕의 교화가 여기에서 나온다. 그러므로 첫 번째는 선왕에게 지극한 덕과 중요한 도가 있었고, 두 번째는 현명한

---

『예기』「삼년문三年問」.

임금이 효도로 천하를 다스렸고, 세 번째는 현명한 임금이 부모를 효로 섬겼고, 마지막 장에 이르러서 또한 백성에게 죽은 사람 때문에 생명을 해치지 않게 가르쳤고, 또 백성에게 끝이 있다는 것을 보였다. 이는 효가 천지의 도리이고 인도의 근본이어서 진실로 천하와 국가를 소유한 자가 제일 먼저 해야 할 것이기 때문이다. 그러므로 비록 살아계실 때 섬기고, 장사지내고 제사지내는 데는 귀천의 등급이 있어 예법을 어길 수 없을지라도, 오직 삼년상만은 천자로부터 서인에 이르기까지 귀한 사람 천한 사람 할 것 없이 동일하게 하였다. 성인이 백성을 위해서 염려하신 것이 어찌 깊고 원대하지 않겠는가?

夫有生必有死, 有始必有終. 生, 事以禮; 死, 葬以禮, 祭之以禮, 則可謂孝矣. 故曰: "死生之義備矣, 孝子之事親終矣." 然夫子此書, 雖以授曾子, 而備言五孝之用, 則自天子 · 諸侯 · 卿大夫 · 士 · 庶人皆所通行, 而爲人上者又德敎之所自出, 故一則曰先王有至德要道, 二則曰明王 以孝治天下, 三則曰明王事父孝, 事母孝, 至末章則亦曰敎民無以死傷生, 又曰示民有終也. 是則孝者, 天地之經, 人道之本, 誠有天下國家者之所先務也. 故雖生事葬祭, 貴賤有等, 禮不可違, 而獨三年之喪, 自天子達於庶人, 無貴賤, 一也. 聖人之爲生民慮者, 豈不深且遠哉?

재여宰予는 공자 문하에서 직접 공자의 가르침을 받았는데 '일년만 상복을 입고 그쳐야 한다'[37]라고 하였으니 또 제선왕이 상사를 짧게 하는

37 일년만…한다: 『논어』「양화」 21장. "재아가 말했다. '삼년상은 기년期年만 해도 너무 긴 것 같습니다. 군자가 삼년 동안 예를 행하지 않으면 예가 반드시 무너지고, 삼년 동안 음악을 익히지 않으면 음악이 반드시 무너질 것입니다. 묵은 곡식이 다 없어지고 새 곡식이 자라고, 불씨 만드는 나무도 바뀌니 일년이면 그만둘만한 것 같습니다.' 공자께서 말씀하셨다. '쌀밥을 먹고 비단옷을 입는 것이 너는 편안하느냐?' 재

것[38]과 한문제가 날로 달을 바꾼 것[39]을 어찌 괴이하게 여기겠는가? 이후로 관습이 되어 떳떳한 것으로 여겼다. 윗사람 된 자가 이처럼 하였으니 어찌 그 아랫사람을 책망하겠는가? 맹자를 존경하고 믿었던 사람은 오직 등문공 한 사람뿐이었다. 비록 그 부형과 백관들일지라도 모두 하려고 하지 않으면서, "우리 선군도 삼년상을 행하지 않았고, 우리 종국인 노나라 선군도 행하지 않았다"[40]라고 하였으니, 삼년상을 실천할 수 있는 자가 적

---

아가 대답했다. '편안합니다.' 공자께서 말씀하셨다. '너가 편안하면 그렇게 해라. 군자가 상喪에 임할 때 맛있는 것을 먹어도 달지 않고, 음악을 들어도 즐겁지 않고, 거처함에 편안하지 않기에 하지 않는 것이다. 네가 편안하면 그렇게 해라.' 재아가 밖으로 나가자, 공자께서 말씀하셨다. '재아는 인하지 못하구나! 자식이 태어나서 삼년이 지난 뒤에야 부모의 품을 벗어난다. 삼년상은 온 세상의 공통된 상喪인데, 재아는 삼년의 사랑이 그 부모에게 있었는가?'宰我問: '三年之喪, 期已久矣. 君子三年不爲禮, 禮必壞. 三年不爲樂, 樂必崩. 舊穀既沒, 新穀既升, 鑽燧改火, 期可已矣.' 子曰: '食夫稻, 衣夫錦, 於女安乎?' 曰: '安.' '女安則爲之. 夫君子之居喪, 食旨不甘, 聞樂不樂, 居處不安, 故不爲也. 今女安, 則爲之.' 宰我出, 子曰: '予之不仁也! 子生三年, 然後免於父母之懷. 夫三年之喪, 天下之通喪也. 予也有三年之愛於其父母乎?'

38 제선왕이…것: 『맹자』「진심 상」 39장. "제선왕이 상喪을 단축하고자 하였다. 공손추가 말했다. '기년상期年喪이 그만두는 것보다는 나을 것이다.' 맹자가 말했다. '이는 혹자가 그 형의 팔뚝을 비틀거든 그대가 그에게 이르기를 우선 천천히 하라고 말하는 것과 같다. 또한 그에게 효제를 가르칠 뿐이다.' 왕자 중에 그 어머니가 돌아가신 자가 있었는데, 그 스승이 그를 위하여 수 개월의 상喪을 청하니, 공손추가 말했다. '이같은 경우는 어떻습니까?' 맹자가 말했다. '이는 상喪을 마치고자 하여도 될 수 없는 경우이니, 비록 하루를 더하더라도 그만두는 것보다 낫다. (앞에서 말한 것은) 금하는 자가 없는데도 하지 않는 경우를 말한 것이다.'齊宣王欲短喪. 公孫丑曰: '爲朞之喪, 猶愈於已乎?' 孟子曰: '是猶或紾其兄之臂, 子謂之姑徐徐云爾, 亦敎之孝弟而已矣.' 王子有其母死者, 其傅爲之請數月之喪. 公孫丑曰: '若此者何如也?' 曰: '是欲終之而不可得也. 雖加一日愈於已, 謂夫莫之禁而弗爲者也.'

39 한문제가…것: 『한서』 권4, 「문제기文帝紀」. "상례를 빨리 끝내기 위하여 달수를 날수로 바꾸어 계산하여 상례를 치루는 것을 말한다. 한문제는 삼년복상의 제도를 일월제日月制로 바꾸어 하루를 한 달로 계산하여 삼십육일 만에 상복을 벗었다."

40 부형과…않았다: 『맹자』「등문공 상」 2장. "부형父兄과 백관百官이 모두 하고자 하지 않으면서 말했다. '우리의 종주국인 노나라 선군께서도 이것을 행하지 않으셨고,

었다. 등문공만이 유독 맹자의 "어버이 상은 진실로 자신의 힘을 다해야 할 바이다"[41]라는 한 마디 말에 감동되어 많은 의론을 물리치고 힘써 행하였다. 그 뒤에 백관과 유사 중에 감히 슬퍼하지 않는 이가 없었고, 백관의 족인들이 [등문공이 예를] 안다고 이를 만하다고 하였고, 사방에서 와 조문하는 자들까지 크게 기뻐하지 않는 이가 없었다. 사람에게 예를 행하는 떳떳한 본성과 덕을 좋아하는 양심이 있으니 대개 매우 밝아서 사라질 수 없다. 그렇다면 인심을 감동하게 하고 풍속을 도탑게 하는 지극한 덕과 중요한 도 가운데 어찌 효보다 더한 것이 있겠는가?

宰予學於孔門, 親受夫子之敎, 乃曰朞可已矣, 又何怪齊宣王之短喪, 漢文帝之以日易月. 自是而後, 習以爲常. 爲人上者如此, 何以責其下哉? 尊信孟子, 惟一滕文公, 雖其父兄百官皆不欲, 曰: "吾先君莫之行, 吾宗國魯先君亦莫之行." 三年之喪, 能行者寡矣. 文公獨有感於孟

---

우리 선군께서도 또한 행하지 않으셨으니, 그대의 몸에 이르러 이것을 뒤집는 것은 불가합니다. 또 옛 기록에 이르기를 '상례와 제례는 선조를 따르라'라고 하였으니 이것은 '우리가 전수받은 바가 있다.'라는 것입니다.'父兄百官皆不欲, 曰: '吾宗國魯先君莫之行, 吾先君亦莫之行也. 至於子之身而反之, 不可. 且志曰: '喪祭從先祖.' 曰: '吾有所受之也.''"

41 『맹자』「등문공 상」 2장. "맹자가 말했다. '좋지 않은가! 어버이의 상喪은 진실로 자신이 다해야 한다. 증자가 말하기를 '살아서 섬기기를 예로 하고, 죽어서 장례하기를 예로 하고, 제사하기를 예로 하면 효라고 이를 수 있다'고 했으니, 제후의 예는 내가 아직 배우지 않았지만, 일찍이 들었으니 삼년상에 제소齊疏의 상복을 입으며 미음과 죽을 먹음은 천자로부터 서민에 이르기까지 삼대에 공통된 것이다. 연우가 복명復命하여 삼년상을 하기로 정했다.'孟子曰: '不亦善乎! 親喪, 固所自盡也. 曾子曰: '生, 事之以禮, 死, 葬之以禮, 祭之以禮, 可謂孝矣.' 諸侯之禮, 吾未之學也, 雖然, 吾嘗聞之矣. 三年之喪, 齊疏之服, 飦粥之食, 自天子達於庶人, 三代共之. 然友反命, 定爲三年之喪.'" 『논어』「자장」 17장. "증자가 말했다. '내가 부자께 들으니 사람이 스스로 정성을 극진히 하는 것이 없지만 반드시 어버이의 상에는 정성을 다한다고 했다.'曾子曰: '吾聞諸夫子, 人未有自致者也, 必也親喪乎?'"

子"親喪, 固所自盡"之一語, 排羣議而力行之, 然後百官有司莫敢不哀. 百官族人可謂曰知, 至於四方之來弔者, 莫不大悅. 其有禮秉彝好德之良心, 蓋甚昭昭乎不可泯也. 然則感人心, 厚風俗, 至德要道, 何以加於孝哉?

이상은 전의 14장이다. [주자가 말하였다. "또한 『효경』을 해석하지 않고 따로 의리를 일으켰는데 그 말이 더욱 정밀하고 간략하다." 또 살펴보건대 주자의 『효경간오』의 발문에 "내가 예전에 형산衡山 호시랑胡侍郎[42]의 「논어설」을 보았는데 『효경』이 『시경』을 인용하여 경의 본문이 아니라고 의심하여 처음에는 매우 이상하게 여겼으나, 천천히 살펴보니 비로소 호공의 말이 진실이고, 『효경』에 의심스러운 것이 이것뿐이 아니라는 것을 깨달았다. 그래서 편지로 사수沙隨 정가구程可久[43] 어른께 질문하였다. 어르신의 답장에 '근래에 옥산玉山 왕단명汪端明[44]을 만났는데, 그 또한

42 호시랑胡侍郎, 1098~1156: 송나라 건령建寧 숭안崇安 사람이다. 자는 명중明仲이고 치당선생致堂先生으로 불렸으며, 호안국의 조카이다. 선화 2년(1120)에 진사가 되어, 벼슬은 교서랑을 시작으로 예부시랑 겸직학사원에 이르렀다. 시호는 문충文忠이고 저술로는 『논어상설論語詳說』·『독사관견讀史管見』·『비연집斐然集』 등이 있다. 『송원학안』 권41, 「형록학안衡麓學案」에 그의 전기가 실려 있다.

43 정가구程可久: 이름은 형迥으로 호는 사수沙隨이며, 송 나라 영릉寧陵 사람인데, 사수沙隨에 살고 건흥建興 초년의 진사로 벼슬은 진현령進賢令이었고 관직이 상요령上饒令에 이르렀다. 일찍이 가흥嘉興의 문인무덕聞人茂德과 엄릉嚴陵의 유저兪樗에게 수학하였으며, 『고역장구古易章句』 등을 저술하였다.

44 왕단명汪端明, 1118~1176: 왕응진王應辰은 신주信州 옥산玉山 사람으로 초명初名은 양洋이었으며 자는 성석聖錫이다. 사람들은 옥산선생이라 불렀다. 고종 소흥 5년에 진사에 1등으로 급제하였으며 비서성정자를 제수 받았다. 소주疏奏로 인해 진회와 갈등을 빚었으며, 통판건주로 나갔다가 원주·정강부·광주 등지를 떠돌며 생활한지 17년이 되었다. 진회가 죽자 비로소 조정으로 돌아왔다. 벼슬은 이부상서까지 올랐다. 어려서부터 유저喩樗에게 가르침을 받았으며, 여본중·호안국·장식

이 책의 많은 부분이 후대 사람이 견강부회한 데서 온 것이라고 생각한다'라고 하였다. 이에 선배들의 독서가 정밀하고 자세하여 그 논의가 본래 이미 여기에 이르렀다는 것을 알았다. 또한, 나 스스로 논의한 것이 있는데, 전혀 근거 없이 함부로 말한 죄에서 벗어나게 된 것을 다행으로 여겼다. 따라서 다른 책에서 이 『효경』의 뜻을 드러낼 만한 것을 모으고 취하여 따로 외전外傳을 만들고자 하였으나,[45] 감히 하지 못했을 뿐이다. 순희 병오 팔월 십이일에 기록한다.]

右傳之十四章. [朱子曰: "亦不解經, 別發義. 其語尤精約也." 又按朱子『刊誤』跋云: 熹舊見衡山胡侍郎『論語說』, 疑『孝經』引『詩』非經本文, 初甚駭焉, 徐而察之, 始悟胡公之言爲信, 而『孝經』之可疑者不但此也. 因以書質之沙隨程可久丈, 程答書曰: 頃見玉山汪端明, 亦以爲此書多出後人傅會. 於是乃知前輩讀書精審, 固已及此, 又竊自幸有所因述, 而免於鑿空妄言之罪也. 因欲掇取他書之言, 可發此經之旨者, 別爲外傳, 顧未敢耳. 淳熙丙午八月十二日記.]

『효경대의』 [끝마친다.]

孝經大義. [終]

---

· 여조겸 등과 종유從遊하였다. 저서에는 『문정집文貞集』이 있다.

45 따라서…하였으나: 예컨대 겨울에는 따뜻하게 하고 여름에는 시원하게 해드리며, 저녁에는 잠자리를 봐 드리고 아침에는 문안을 드리는 부류는 '사친事親' 앞에 붙였다.

# 효경제가주설 孝經諸家註說

살펴보니, 동정董鼎의 판본 외에도 『효경』의 의미를 밝힌 여러 설이 있는데, 감히 함부로 원본과 섞을 수 없어 별도로 아래와 같이 기록한다.

按董氏本註外, 又或有諸說之發明經義者, 而未敢擅自混入於原本, 別錄如左.

**'우리의 몸은 부모로부터 물려받은 것이니'에서 '마지막으로 지위를 확고히 하는 것에서 끝난다'까지**

**'身體髮膚, 受之父母', 止'終於立身'.**[1]

장서張敍[2]가 말했다. "효도는 공경과 사랑일 뿐이다. 부모를 사랑하는 것은 자신의 몸을 사랑하는 것에서 시작하고, 부모를 공경하는 것은 자신의 몸을 공경하는 것에서 시작한다. 부모를 사랑하고 공경하면서 경솔히 자신의 몸을 훼손하는 사람은 있지 않다. 그러므로 이것을 시작으로 삼았

---

1 경1장: 身體髮膚, 受之父母, 不敢毁傷, 孝之始也. 立身行道, 揚名於後世, 以顯父母, 孝之終也. 夫孝, 始於事親, 中於事君, 終於立身.

2 장서張敍: 『효경정의孝經正義』를 지은 장서張叙를 말한다.

다."[3]

張氏曰: "孝道敬愛而已. 愛親自愛身始, 敬親自敬身始, 未有知愛親敬親, 而輕毁傷其身體者. 故以是爲始."

○ 범조우范祖禹[4]가 말했다. "군자의 행동은 반드시 몸에 근본한다. 우리 몸은 부모님 몸에서 나온 것이니 어찌 공경하지 않을 수 있겠는가? 부모에게 받은 자신의 몸을 사랑하면 감히 그 근본을 잊지 못하고, 그 근본을 잊지 못하면 선하지 않은 행동으로 부모를 욕되게 하지 않는다. 이것이 효의 시작이 되는 까닭이다."[5]

○ 范氏曰: "君子之行, 必本於身. 身也者, 親之枝也, 可不敬乎? 身體髮膚受之於親而愛之, 則不敢忘其本, 不敢忘其本, 則不為不善以辱其親. 此所以為孝之始也."

○ 장서가 말했다. "임시방편으로 지위를 확고히 하여 도를 행하여 명성을 구하려는 것이 아니다. 대개 실상이 있으면 이름이 따라오므로 자신의 이름이 드러나면 부모 또한 드러난다."[6]

○ 張氏曰: "非姑爲是立身行道之事, 以求名也. 盖有實而名隨之, 己之名顯而父母亦顯也."

○ 또 말했다. "입신양명의 도를 다하면 부모를 섬기는 도를 다하지 않

3 효도는…삼았다: 장서張敍, 『효경정의孝經正義』.

4 범조우范祖禹: 『효경지해설孝經指解說』를 지은 범조우范祖禹를 말한다.

5 군자의…까닭이다: 『문연각 사고전서』 vol.182, 『효경지해孝經指解』, 90쪽. 『효경지해孝經指解』에는 "신야자身也者" 앞에 "기왈記曰"이 있다.

6 임시방편으로…드러난다: 장서, 『효경정의孝敬正義』.

음이 없다. 부모를 섬기는 도를 다하면 아버지를 섬기는 마음으로 임금을 섬기는 것 또한 다하지 않음이 없다. 그 순서가 이와 같다. 그러나 또한 (효의 도가) 입신양명에서 끝나는 것은 무엇 때문인가? 입신양명은 매우 어려우나, 배움을 알기 시작할 때부터 입신양명의 일이라 할 수 있다. (효를 실천하는) 도중에 혹시 입신양명 한 가지를 못하면 모든 일이 해이해지기에 평생 공경하고 신중하여 죽은 뒤에야 그만둔다. 이것이 바로 증자가 전전긍긍한 이유이다."[7]

◯ 又曰: "立身之道旣盡, 則事親之道無不盡. 事親之道旣盡, 則資於事父以事君亦無不盡. 其次第如此. 然又以立身終之何也? 蓋立身甚難, 自始知學, 即爲立身之事. 中間或有一節不立, 則萬事凡解, 是以平生敬之愼之, 死而後已. 此曾子所以戰戰兢兢也"

○ 범조우가 말했다. "집에 거처하며 부모를 섬기는 것은 집안에서의 효이고, 밖에 나가 임금을 섬기는 것은 나라에서의 효이다. 입신양명은 세상에서 영원한 효이다. 이 세 가지 도리를 다하는 것이 군자가 덕을 이루는 방법이다."[8]

◯ 范氏曰: "居則事親者, 在家之孝也; 出則事君者, 在邦之孝也. 立身揚名, 永世之孝也. 盡此三道者, 君子所以成德."

### '부모를 사랑하는 자는 감히 다른 사람을 미워하지 않는다'에서 '천자의 효이다'까지

7 입신양명의…이유이다: 장서, 『효경정의孝敬正義』.

8 집에…방법이다: 『문연각 사고전서』 vol.182, 『효경지해孝經指解』, 91쪽. 『효경지해孝經指解』는 "사군자事君者"가 "사장자事長者"로 되어 있다.

'愛親者不敢惡於人', 止'天子之孝'.[9]

진덕수眞德秀[10]가 말했다. "효는 사랑과 공경 두 가지일 뿐이다. 부모를 사랑하는 마음을 미루어 다른 사람을 사랑하여 싫어하고 미워하는 일이 없고, 부모를 공경하는 마음을 미루어 다른 사람을 공경하여 거만하고 쉽게 여기는 일이 없으면 세상사람 모두 내가 사랑하고 공경하는 가운데 있을 것이다. 사랑과 공경은 부모를 섬김에서 다하는 것이지 남을 다스림에서 구하는 것이 아니다. 윗사람이 몸소 실천한 덕과 교화를 아랫사람이 본받으니, 세상사람 모두 자신의 부모를 사랑하고 공경한다. 그 지킴이 어찌 기약되지 않겠는가? 그 베풂이 어찌 넓어지지 않겠는가? 그러므로 여기에서 '천자의 효'라고 말한 것이다."[11]

西山真氏曰: "孝之爲孝, 不出乎愛敬二者而已. 推愛親之心以愛人,

---

9 경1장: 愛親者不敢惡於人, 敬親者不敢慢於人. 愛敬盡於事親, 而德敎加於百姓, 刑于四海, 蓋天子之孝.

10 진덕수眞陳秀, 1178~1235: 송나라 건녕부建寧府 포성浦城 사람이다. 자는 경원景元 또는 희원希元인데, 나중에 경희景希로 고쳤다. 호는 서산西山이고, 시호는 문충文忠이다. 영종寧宗 경원慶元 5년(1199)에 진사進士가 되고, 개희開禧 원년(1205) 박학굉사과博學宏詞科에 합격했다. 이종理宗 때 예부시랑禮部侍郎에 발탁되어 직학사원直學士院에 올랐다. 사미원史彌遠이 그를 꺼려 탄핵을 받고 파직되었다. 나중에 천주泉州와 복주福州의 지주知州를 지냈다. 단평端平 원년(1234)에 입조하여 호부상서戶部尙書에 오르고, 한림학사翰林學士와 지제고知制誥가 되었다. 다음 해 참지정사參知政事에 이르렀는데, 얼마 뒤 죽었다. 강직하기로 유명해 조정에서 명성이 자자했다. 시정時政에 대해 자주 건의했고, 주소奏疏는 수십만 자에 이르렀다. 주자학파朱子學派의 학자로서 그의 『대학연의大學衍義』는 주자의 『대학장구大學章句』에 비견한다는 평을 들었다. 경원당금慶元黨禁 이후 정주程朱의 이학理學이 다시 성행하는 데 크게 공헌했다. 그 밖의 저서로는 『당서고의唐書考疑』와 『독서기讀書記』, 『문장정종文章正宗』, 『서산갑을고西山甲乙稿』, 『서산문집西山文集』 등이 있다.

11 효는…것이다: 『문연각 사고전서』 vol.699, 『소학집주小學集註』 권2, 536쪽.

而無所疾惡, 推敬親之心, 以敬人而無所慢易, 則天下之人皆在吾愛敬中矣此. 愛敬盡於事親, 非求以律人也. 躬行於上而德教自刑於下, 天下之人無不皆愛敬其親矣. 其守豈不約乎? 其施豈不博乎? 故曰此天子之孝."

**'위에 있으면서도 교만하지 않으며 높이 있으면서도 위태롭지 않다'에서 '제후의 효이다'까지**

**'在上不驕, 高而不危', 止'諸侯之孝'.**[12]

범조우가 말했다. "귀한 자리에 있는 사람은 쉽게 교만해지니, 교만하면 반드시 위태롭다. 부유한 사람은 쉽게 채워지니, 채워지면 반드시 전복된다."[13]

范氏曰: "貴者易驕, 驕則必危. 富者易盈, 盈則必覆."

**'선왕의 예법에 맞는 옷이 아니면 감히 입지 않으며'에서 '경대부의 효이다'까지**

**'非先王之法, 服不敢服', 止'卿大夫之孝也'.**[14]

장서가 말했다. "옷은 신분의 무늬이고, 말은 행동의 지표이고, 행동은

---

12 경1장: 在上不驕, 高而不危. 制節謹度, 滿而不溢. 高而不危, 所以長守貴. 滿而不溢, 所以長守富. 富貴不離其身, 然後能保其社稷, 而和其民人, 蓋諸侯之孝.

13 귀한…전복된다: 『문연각 사고전서』 vol.182, 『효경지해孝經指解』, 91쪽.

14 경1장: 非先王之法服不敢服, 非先王之法言不敢道, 非先王之德行不敢行. 是故非法不言, 非道不行. 口無擇言, 身無擇行. 言滿天下無口過, 行滿天下無怨惡. 三者備矣, 然後能守其宗廟, 蓋卿大夫之孝也.

말의 실상이니 모두 삼가지 않을 수 없다."[15]

張氏曰: "服者身之章, 言者行之表, 行者言之實, 皆不可不謹也."

**'아버지를 섬길 때의 사랑하는 마음으로 어머니를 섬기고'에서 '사士의 효이다'까지**

**'資於事父以事母而愛同', 止'士之孝也'.**[16]

장서가 말했다. "부모를 섬길 때 효를 말하고 군주를 섬길 때 충을 말하는 것은 부모와 자식 관계는 타고나는 것이니 부모를 섬기는 마음을 스스로 다하지 않을 수 없기 때문이다. 군주를 섬기는 마음이 부모 섬기기를 스스로 다하는 것과 같지 못할까 항상 두려워하므로 군주는 충으로 말한다."[17]

張氏曰: "事父母言孝, 事君言忠者, 父子天性, 事父之心, 自不能不盡. 君臣義合. 事君之心, 常恐不能如事父之自盡, 故君以忠言."

○ 사마광司馬光[18]이 말했다. "선비는 녹봉과 지위가 있어 제사를 받들고, 서인은 천신薦新을 하지만 제사를 지내지는 않는다."[19]

○ 司馬氏曰: "士有祿位, 以奉祭祀, 庶人薦而不祭."

---

15 옷은…없다: 장서, 『효경정의孝敬正義』.

16 경1장: "資於事父以事母而愛同, 資於事父以事君而敬同. 故母取其愛, 而君取其敬, 兼之者父也. 故以孝事君則忠, 以敬事長則順. 忠·順不失, 以事其上, 然後能保其爵祿, 而守其祭祀, 蓋士之孝也.

17 부모를…말한다: 장서, 『효경정의孝敬正義』.

18 사마광司馬光: 『효경지해孝經指解』를 지은 사마광司馬光을 말한다.

19 선비는…않는다: 『문연각 사고전서』 vol.182, 『효경지해孝經指解』, 92쪽.

‘하늘의 도를 이용하고’에서 ‘서인의 효이다’까지

**‘用天之道’, 止‘庶人之孝也’.**[20]

사마광이 말했다. “선비 이상은 단지 부모를 봉양해야 할 뿐만 아니라 마땅히 입신양명하여 국가를 보전해야 한다.”[21]

司馬氏曰: “自士以上, 非直養而已, 要當立身揚名, 保其家國.”

○ 장서가 말했다. “효도는 한마디로 다할 수 없지만, 한마디 말로 굳이 정의하면 사랑과 공경일 뿐이다. 이것은 천자가 사랑과 공경을 말하는 것에서부터 선비 또한 사랑과 공경을 말하는 것에 이르기까지 제후와 경대부를 포함한 것이니 모두 그 가운데 있다. 천자·제후·경대부·선비는 사랑과 공경을 효로 삼고, 서인은 봉양을 효로 삼는다. 천자에게 세상이 있고, 제후에게 국가가 있고, 경대부에게 가족이 있고, 선비에게 녹봉이 있으니 부모를 봉양할 수 없을까봐 근심하지 않지만 사랑과 공경의 도는 마땅히 다 해야 한다. 서인은 힘이 아니면 봉양할 수 없으니 사랑하고 공경하는 도가 반드시 모두 예에 맞지 않을지라도 다하지 못하는 것을 질책한다. 그러므로 부모를 봉양하는 도는 마땅히 다해야 하는 것이 있다.”[22]

○ 張氏曰: “孝道不可以一言盡, 而可以一言而蔽之者, 愛敬而已. 此於天子言愛敬, 至士亦言愛敬者, 諸侯卿大夫擧而包之, 皆在其中矣. 天子諸侯卿大夫士, 以愛敬爲孝, 庶人以養爲孝. 天子有四海, 諸侯有國, 卿大夫有家, 士有祿, 不患其不能養, 而愛敬之道, 在所當盡, 庶

20 경1장: 用天之道, 因地之利, 謹身節用, 以養父母, 此庶人之孝也.

21 선비…한다: 『문연각 사고전서』 vol.182, 『효경지해孝經指解』, 92쪽.

22 효도는…있다: 장서, 『효경정의孝敬正義』.

人非力則無以養, 愛敬之道, 未必皆中禮, 難盡責之, 故養之之道在所當盡也."

**'그러므로 천자부터 서인에 이르기까지'에서 '않은 사람은 없다'까지**

**'故自天子已下至于庶人', 止'未之有也'.**[23]

진선陳選[24]이 말했다. "부모를 섬기며 처음과 끝이 없으면 재앙이 반드시 그 자신에게 미친다."[25]

陳氏曰: "事親而不能有終有始, 災及其身必矣."

『효경』「원신계」[26]에서 말했다. "천자의 효를 '취就'라고 한다. '취'는 이룬다는 말이다. 천자가 덕을 세상에 베풀어 만물이 처음부터 끝까지 성취함에 이르면 그 부모가 편안해진다. 그러므로 '취就'라고 했다. 제후의 효는 '도度'라고 한다. '도'는 법도이다. 제후가 나라에 있으면서 천자를 보필하니 법도를 위태롭거나 지나치지 않게 하면 그 부모가 편안해진다. 그러므로 '도度'라고 했다. 경대부의 효는 '예譽'라고 한다. '예'는 명성이다. 경대부의 언행은 널리 퍼지니 칭찬을 싫어하거나 멀고 가까운 곳에서 어기는 것이 없으면 그 부모가 편안해진다. 그러므로 '예譽'라고 했다. 선비의 효는 '구究'라고 한다. '구'는 밝게 살핀다는 뜻이다. 선비는 처음 조정에 나아갈 때 부모와 작별하고 벼슬에 오르니 아버지를 대하는 마음으로 임

---

23 경1장: 故自天子已下至于庶人, 孝無終始, 而患不及者, 未之有也.

24 진선陳選: 명나라 진선을 말하는데, 주희朱熹가 제자 유자징劉子澄에게 편찬하게 한 소학에 주해를 달아 『소학집주小學集註』를 지었다.

25 부모를…미친다: 『문연각 사고전서』 vol.699, 『소학집주小學集註』, 536쪽.

26 『효경』「원신계」: 후한後漢 때의 위서緯書이다.

금을 섬기는 예를 살필 수 있으면 그 부모가 편안해진다. 그러므로 '구究'라고 했다. 서인의 효는 '축畜'이라고 한다. '축'은 함축한다는 뜻이다. 서인은 정을 품고 복을 받으니 몸소 밭을 갈고 힘껏 경작하여 덕을 쌓으면 그 부모가 편안해진다. 그러므로 '축畜'이라고 했다."

◯ 援神契曰: "天子孝曰就. 就之為言成也. 天子德被天下澤, 及萬物始終成就, 則其親獲安. 故曰就也. 諸侯孝曰度. 度者法也. 諸侯居國能奉天子, 法度得不危溢, 則其親獲安. 故曰度也. 卿大夫孝曰譽. 譽之為言名也. 卿大夫言行布滿, 能無惡稱譽達遐邇, 則其親獲安. 故曰譽也. 士孝曰究. 究者以明審為義. 士始升朝辭親入仕, 能審資父事君之禮, 則其親獲安. 故曰究也. 庶人孝曰畜. 畜者含畜而為義. 庶人含情受福, 躬耕力作以畜其德, 則其親獲安. 故曰畜也."

**'풍습과 습속을 바꿀 때 음악보다 좋은 것이 없다'에서 '이것을 가리켜 긴요한 도要道라고 한다'까지**

**'移風易俗, 莫善於樂', 止 '此之謂要道'.**[27]

구준丘濬[28]이 말했다. "임금이 백성을 다스리는 도는 한두 가지가 아니지만 가장 긴요한 것은 예와 악보다 좋은 것이 없다. 예로 윗사람을 편안

27 전2장: 移風易俗, 莫善於樂. 安上治民, 莫善於禮. 禮者, 敬而已矣. 故敬其父則子悅, 敬其兄則弟悅, 敬其君則臣悅, 敬一人而千萬人悅, 所敬者寡而悅者衆, 此之謂要道.

28 구준丘濬, 1420~1495: 구준은 명明 나라의 유학자이자 정치가이다. 자는 중심仲深이고, 호는 심암深菴 또는 경산瓊山이다. 시호謚號는 문장文莊이다. 효종孝宗 때 예부 상서禮部尙書로 문연각태학사文淵閣大學士를 겸하여 정무에 참여하였다. 저서로는 『대학연의보大學衍義補』, 『가례의절家禮儀節』, 『주자학적朱子學的』 등이 있다.

하게 하고 백성을 다스리는 것은 사람들이 모두 알지만, 악으로 풍속과 습속을 바꾸는 것은 대부분 의심하는데 어째서인가? 예의 용도는 백성들이 날마다 쓰는 법도로 하루라도 없을 수 없으니 예가 없으면 어지럽다. 악은 성음聲音을 사용하여 반드시 길게 읊는 것에 의지하여 이루어지고, 악기로 연주하고, 예를 바탕으로 사용한다. 시골 마을에서 항상 들을 수 있는 것이 아니니 그것으로 풍속과 습속을 바꾸고자 하는 것 또한 어렵지 않겠는가? 악에는 근본이 있고 문채가 있으며, 사람의 마음에서 나와 사람의 소리에 드러난 이후에 악기와 조화를 이루어 음악이 된다. 성인의 말씀은 근본을 논할 뿐이니 예의 근본은 공경에 있고, 악의 근본은 조화에 있다. 공경이 서면 예가 되니 윗사람을 편안하게 하고 백성을 다스리는 것은 이것에 있다. 조화를 이루면 악이 되니 풍속과 습속을 바꾸는 것은 이것에 있다. 『효경』은 이장의 첫머리에 '백성에게 친애를 가르치는 데는 효보다 좋은 것이 없고 백성에게 예절과 순종을 가르치는 데는 공경보다 좋은 것이 없다'라고 하였는데 여기에 그것을 이었다. 하지만 예보다 악을 먼저 하여 예의 아래에 악을 묶어 '예는 공경일 뿐이다'라고 했으니 악의 조화를 말하지 않았지만 조화의 뜻이 말 밖으로 넘쳐흐른다. 아래 문장에서 말했던 '부모를 공경하고, 형을 공경하고, 군주를 공경하는 것'이 예의 공경이다. 자식이 기뻐하고 아우가 기뻐하고 신하가 기뻐하는 것은 악의 조화이다. 한 사람을 공경하면 천만인이 기뻐하는데 어찌 윗사람을 편안하게 하고 백성을 다스리며 풍속과 습속을 변화시키는 효험이 아니겠는가? 이것으로 보면 예와 악 두 가지는 서로 작용하니 함께 있어야 하고 서로 없어서는 안 된다. 이것이 진실로 세상의 긴요한 도이다. 저 구구한 자들은 다스림을 구하면서 성음聲音과 그릇의 수를 따지는 말단을 본받으니 어찌 그 핵심을 알겠는가?"[29]

瓊山丘氏曰: "人君為治之道, 非止一端, 而其最要者, 莫善於禮與樂. 禮之安上治民, 人皆知之, 若夫樂之移風易俗, 人多疑焉何也? 蓋禮之為用, 民生日用彝倫, 不能一日無者, 無禮則亂矣. 樂以聲音為用, 必依永以成之, 假器以宣之, 資禮以用之, 有非田里閭巷間所得常聞也, 而欲以之移風易俗不亦難哉? 夫樂有本有文, 出於人心而形於人聲, 然後諧協於器, 以為樂聖人之論, 論其本耳. 禮之本在敬, 樂之本在和. 敬立則為禮, 所以安上治民者在是矣. 和同則為樂, 所以移風易俗者在是矣. 故孝經此章首, 以教民親愛, 莫善於孝, 教民禮順莫善於弟為言, 而繼之以此. 然不先禮而先樂, 而於禮之下, 即繫之, 曰禮者敬而已矣, 不言樂之和, 而和之意自溢於言外, 下文所謂敬其父, 敬其兄, 敬其君者禮之敬也. 子之悅弟之悅臣之悅者, 樂之和也. 敬一人而千萬人悅, 豈非安上治民而移風易俗之效哉? 由是觀之, 禮樂二者, 交相為用, 可相有而不可相無. 是誠治天下之要道也. 彼區區求其治, 效於聲音器數之末, 豈知要者哉?"

### '그렇기 때문에 어버이가 살아 계실 때에는 편안하시고'에서 '사방의 나라들이 따른다'까지

**'夫然故生, 則親安之', 止 '四國順之'.**[30]

---

29 임금이…알겠는가: 『문연각 사고전서』 vol.712, 『대학연의보大學衍義補』 권37, 461쪽.

30 전4장: 夫然故生則親安之, 祭則鬼享之. 是以天下和平, 災害不生, 禍亂不作. 故明王之以孝治天下如此. 『詩』云: '有覺德行, 四國順之.'

진덕수가 말했다. "이 장은 또한 부모를 사랑하는 마음을 미룬 것이다. 다른 사람을 사랑하는 마음으로 다른 사람을 사랑하면 다른 사람 또한 사랑한다. 그러므로 천자가 만국의 기뻐하는 마음을 얻으면 제후와 대부 또한 각각 백성의 기뻐하는 마음을 얻는다. 백성의 마음이 기쁘면 부모의 마음 또한 기쁘다. 받들어 봉양하면 부모가 편안하고, 제사를 지내면 귀신이 흠향하니 유명幽明에 두 이치가 있지 않다. 그 효험이 세상에 미치면 화평하여 재앙과 불행이 일어나지 않을 것이다. 사람이 화목하면 곧 하늘과 땅의 조화도 또한 반응한다. 처음에는 부모를 사랑하는 마음을 미루어 남에게 미치고, 마지막에는 남을 사랑하는 복을 누려 부모에게 미치게 하니, '효로 천하를 다스린다'는 것이다. 이같이 후세의 군주는 그 백성을 포학하게 다스렸는데, 원한을 맺거나 재앙을 쌓아 그 부모를 위태롭게 하고 종묘에까지 영향이 미치게 했다. 그런 뒤에야 성인의 말씀이 진실로 백세의 밝은 귀감인 것을 알게 된다."[31]

西山眞氏曰: "此章亦推愛親之心, 以愛人之意能愛人, 則人亦愛之故天子則得萬國之歡心, 諸侯大夫亦各得其臣民之歡心. 人心歡悅, 則親心亦為之歡悅. 以奉養則親安, 以祭祀則鬼享, 幽明無二致也. 其效至於天下, 和平而無灾禍之興. 盖人和則天地之和亦應. 其始推愛親之心以及人, 其終享愛人之福以及親, 所謂孝治天下也. 如此後世人君, 盖有暴虐其民, 結怨稔禍, 至於危其親以及宗廟者. 然後知聖人之言眞百世之蓍龜也."

**'효는 아버지를 존중하는 것보다 중요한 것이 없고'에서 '주공周公이 바**

---

31 이…된다: 『문연각 사고전서』 vol.704, 『대학연의大學衍義』 권6, 550쪽.

로 그렇게 한 사람이다'까지

**'孝莫大於嚴父', 止'周公其人也'.**[32]

『의례』주석에서 말했다. "만물은 건乾에서 비롯하고 인륜은 아버지에서 비롯하니 하늘이 된다. 효행의 큼은 아버지를 존중하는 것보다 큰 것이 없다."

儀禮註云: "萬物資始於乾, 人倫資父為天, 故孝行之大. 莫有大於尊嚴其父也."

주자가 말했다. "'효는 아버지를 존중하는 것보다 큰 것이 없고, 아버지를 존중하는 것은 하늘에 배향하는 것보다 큰 것이 없다'고 했는데, 만약 이와 같다면 모름지기 무왕이나 주공같아야만 비로소 효의 도를 다할 수 있다. 그렇다면 보통 사람은 모두 효의 도를 다할 방법이 없으니, 어찌 사람의 참람하고 어지러운 마음을 일깨우는가?"[33]

朱子曰: "'孝莫大於嚴父, 嚴父莫大於配天' 倘如此, 則須是如武王周公方能盡孝道, 尋常人都無分盡孝道也, 豈不啓人僭亂之心?"

**'옛날에 주공이 후직后稷에게 교사郊祀를 지내어'에서 '상제에게 배향하였다'까지**

**'昔者周公郊祀后稷', 止'以配上帝'.**[34]

---

32 전5장: 孝莫大於嚴父, 嚴父莫大於配天, 則周公其人也.

33 효는…일깨우는가?: 『주자어류朱子語類』 권22, 「효경孝經」, 2조목.

34 전5장: 昔者, 周公郊祀后稷以配天, 宗祀文王於明堂, 以配上帝.

구준이 말했다. “옛날에 성인은 하늘을 존경하면서 멀리했으므로 교외에서 제사를 지내고 할아버지에게 배향하고, 친애하면서 가까이 했으므로 명당에서 제사 지내고 아버지에게 배향했다. 일 년 동안 두 번의 제사가 있는데, 정월 초하루 일양一陽이 처음 생겨나는 달에 태단泰壇에서 하늘에 제사를 지내고, 할아버지가 공이 있으면 함께 배향한다. 또한 음력 구월 온갖 곡식이 다 익은 후 명당에서 상제에게 제사를 재내고, 아버지가 덕이 있으면 함께 제물을 바친다. 교제郊祭를 하늘과 연관 지어 말한 것은 존중하기 때문이다. 존중하여 제사를 지내고 그 정성을 미루어 제단을 쌓고 사당을 세우지 않았는데, 그 형체 때문에 ‘하늘’이라 칭한다. 할아버지로 하늘에 배향하는 것은 또한 할아버지를 존중하기 때문이다. 명당을 상제와 연관 지어 말한 것은 친애하기 때문이다. 친애하여 제사를 지내고 예를 반드시 갖추어 사당은 세우지만 단을 쌓지 않았는데, 그 주재主宰 때문에 ‘상제上帝’라 칭한다. 아버지로 상제에 배향하는 것 또한 아버지를 친애하기 때문이다.”[35]

瓊山丘氏曰: “古者聖人之於天, 尊而遠之, 故祀於郊而配以祖, 親而近之, 故祀於明堂而配以父. 蓋一歲之間而有二祭, 既於歲首一陽初生之月祭天於泰壇, 而以祖之有功者配祀. 又於季秋萬寶告成之後, 祀帝於明堂, 而以宗之有德者配食. 郊而曰天所以尊之也. 尊之則祀之, 推以其誠, 故壇而不屋, 以其形體稱之曰天, 配天以祖亦所以尊祖也. 明堂而曰帝所以親之也. 親之則祀之, 必備其禮, 故屋而不壇, 以其主宰稱之曰帝, 配帝以父亦所以親父也.”

---

35 옛날에… 때문이다: 『문연각 사고전서』 vol.712, 『대학연의보大學衍義補』 권57, 672쪽.

**‘공자께서 말씀하시길 “아버지와 자식의 도는 타고난 본성이고”’에서 ‘패례悖禮라고 한다’까지**

**‘子曰父子之道天性’, 止‘謂之悖禮’.**[36]

진덕수가 말했다. “부모는 나를 낳아 주신 분이다. 나는 부모를 계승하는 사람이니 타고난 은혜보다 무엇이 더 크겠는가? 군주가 신하를 대하는 것과 아버지가 자식을 대하는 것은 다스리고 가르치기 위한 것이니, 내가 그들에게 입은 두터운 은혜보다 무엇이 더 무겁겠는가? 임금과 어버이를 함께 말한 것은 부자와 군신의 의리가 같음을 보이기 위해서이다. 그러나 아래 문장에 오직 부모만 말한 것은 타고난 본성의 가장 절실함을 가리킨 것이니, 어버이를 사랑하고 공경하면 군주를 사랑하고 공경함을 알게 된다.”[37]

西山眞氏曰: “父母生我者也. 我則嗣續乎父母者, 天性之恩, 孰大焉. 君之臨臣, 父之臨子, 所以治而教之也, 其厚乎我, 孰重焉. 合君親而並言, 以見父子君臣其義一也. 下文獨言親者蓋指天性之最切者, 知愛敬乎親, 則知愛敬乎君矣.”

○ 범조우가 말했다. “군자는 부모를 사랑한 것으로 다른 사람을 사랑하니 이것을 순한 덕이라 하며, 부모를 공경한 이후에 다른 사람을 공경하니 이것을 순한 예라 한다. 만일 혹 이것을 반대로 하면 패역이 되어 효

---

36 전6장: 子曰: “父子之道, 天性, 君臣之義. 父母生之, 續莫大焉. 君親臨之, 厚莫重焉. 不愛其親而愛他人者, 謂之悖德. 不敬其親而敬他人者, 謂之悖禮.”

37 부모는…된다: 『문연각 사고전서』 vol.705, 『서산독서기西山讀書記』 권11, 313쪽.

도하는 것이 아니다."[38]

○ 范氏曰: "君子愛親而後, 推以愛人, 是之謂順德. 敬親而後, 推以敬人, 夫是之謂順禮. 苟或反此, 則爲悖逆而非所以爲孝矣."

**'뭇 사람들과 있어도 다투지 않는다'에서 '뭇 사람들과 있으면서 다투면 다치게 된다'까지**

**'在醜不爭', 止'在醜而爭則兵'.**[39]

진선이 말했다. "추는 같은 무리이다. 병은 무기로 서로 겨누는 것을 말한다."[40]

陳氏曰: "醜同類, 兵謂以兵刃相加."

**'공자께서 말씀하셨다. "다섯 가지 형벌이 삼천 종류이지만, 죄는 불효보다 큰 것이 없다."'**

**'子曰, 五刑之屬三千, 而罪莫大於不孝'.**[41]

진선이 말했다. "형벌은 악을 처벌하기 위한 것이다. 악은 불효보다 큰

---

38 군자는…아니다: 『문연각 사고전서』 vol.182, 『효경지해孝經指解』, 96쪽. 『돈효록』의 문장은 『효경지해孝經指解』의 "君子愛親而後愛人, 推愛親之心以及人也, 夫是之謂順德. 敬親而後敬人, 推敬親之心以及人也, 夫是之謂順禮. 若夫有愛心, 而不知愛親, 乃以愛人. 是心也無自而生焉. 有敬心而不知敬親, 乃以敬人, 是心也亦無自而生焉. 無自而生者無本也, 故謂之悖. 自內而出者順也, 自外而入者, 逆也, 不親而施之他人, 是不知己之所由生也."와 조금 다르다.

39 전7장: 在醜不爭. 居上而驕則亡, 爲下而亂則刑, 在醜而爭則兵.

40 추는…말한다: 『문연각 사고전서』 vol.699, 『소학집주小學集註』 권2, 537쪽.

41 전8장: 子曰: "五刑之屬三千, 而罪莫大於不孝."

것이 없기에 죄 또한 불효보다 큰 것이 없다."[42]

陳氏曰: "刑所以罰惡. 惡莫大於不孝, 故罪亦莫大於不孝."

**'공자께서 말씀하셨다. "옛날에 현명한 임금은 아버지를 효로 섬겼기에"'에서 '복종하지 않는 이가 없다'까지**

**'子曰, 昔者, 明王事父孝', 止 '無思不服'.**[43]

진덕수가 말했다. "부모는 자식의 하늘과 땅이고, 하늘과 땅은 사람의 부모이니 그 실상은 하나이다. 그러므로 아버지를 효도로 섬기면 하늘을 섬기는 이치가 밝아지고, 어머니를 효도로 섬기면 땅을 섬기는 이치가 분명해진다. 밝아지고 분명해진다는 것은 밝고 뚜렷이 드러나 마음으로 깊이 깨닫는 것이다. '아버지는 나를 낳으시고 어머니는 나를 기르신다'[44]라는 것은 자식의 하늘과 땅임을 말한다. '위대하구나 건원乾元이여! 만물이 이것에 의지해 시작한다'[45]와 '지극하구나 곤원坤元이여! 만물이 이것에 의지해 생겨난다'[46]라는 것은 사람의 부모를 말한 것이다. 부모를 섬기는 도는 다른 것이 아니라 부모가 나에게 주신 것을 온전히 하는 것뿐이다. 그러므로 악정자춘樂正子春이 말했다. '하늘이 낳고 땅이 기르는 것 중에 오직 사람만이 귀하니 부모가 온전히 낳아 주셨으면 자식이 온전히 지켜

---

42 형벌은…없다: 『문연각 사고전서』 vol.699, 『소학집주小學集註』 권2, 537쪽.

43 전10장: 子曰: "昔者明王事父孝, 故事天明; 事母孝, 故事地察; 長幼順, 故上下治. 天地明察, 神明彰矣. 故雖天子必有尊也, 言有父也; 必有先也, 言有兄也; 宗廟致敬, 不忘親也; 脩身愼行, 恐辱先也. 宗廟致敬, 鬼神著矣. 孝悌之至, 通於神明, 光于四海, 無所不通. 『詩』云: '自西自東, 自南自北, 無思不服.'"

44 아버지는…기르신다: 『사자소학四字小學』.

45 위대하구나…시작한다: 『주역』 건괘乾卦 「단전」.

46 지극하구나…생겨난다: 『주역』 곤괘坤卦 「단전」.

돌아가야 효라 이를 수 있다. 그 몸을 상하지 않고 몸을 욕되게 하지 않아야만 온전히 했다고 말할 수 있다."[47][48]

西山眞氏曰: "父母者子之天地, 天地者人之父母, 其實一也. 故事父孝則事天之理明, 事母孝則事地之理察. 明察云者, 謂昭然顯著, 洞悟於心也. 夫'父兮生我, 母兮育我', 此所謂子之天地也. '大哉乾元, 萬物資始', '至哉坤元, 萬物資生', 此所謂人之父母也. 事父母之道無他, 全其所以與我者而已. 故樂正子春曰: '天之所生, 地之所養, 惟人爲大, 父母全而生之, 子全而歸之, 可謂孝矣.' 不虧其體, 不辱其身, 可謂全矣."

그러므로 '한 걸음 발을 뗄 때도 감히 부모를 잊지 않고, 한마디 말할 때도 감히 부모를 잊지 않는다'[49]라고 하였으니, 자식이 실천해야 하는 효에는 이보다 큰 것이 없다. 그러므로 하늘과 땅을 섬기는 도에 또한 어찌 이것과 다름이 있겠는가? 사람에게 이 몸이 있으면 이 마음이 있고, 이 마음이 있으면 이 본성이 있으니 이것은 하늘과 땅이 나에게 부여한 것이다. 오상五常과 온갖 선萬善은 본래 온전히 갖추어져 있으니 조금이라도 어긋나면 이것은 부여받은 것을 업신여긴 것이다. 그러므로 맹자가 '그 마음을 보존하고 그 본성을 기른다. 이로써 하늘을 섬긴다'[50]라고 했다. 성

---

47 『예기』「제의祭儀」.

48 부모는…있다: 『문연각 사고전서』 vol.704, 『대학연의大學衍義』 권6, 551쪽. 『대학연의大學衍義』에는 "악정자춘樂正子春"이 "악정자樂正子"로, "유인위대惟人爲大"가 "무인위애無人爲大"로 되어 있다.

49 한…않는다: 『예기』「제의祭儀」.

50 그…섬긴다: 『맹자』「진심 상」.

· 탕[51]이 '하늘의 밝은 명命을 돌아보며 살핀다'[52]라고 한 것은 바로 눈 깜빡하고 한숨 쉬는 사이라도 보존하지 못할까 두려워한 것이니 하늘을 섬기는 것이 아니다. 문왕이 '오르내리면서 상제의 좌우에 있다'[53]라고 한 것은 바로 한 발짝 걸음을 옮기는 사이라도 혹 어길까 두려워한 것이니 하늘을 섬기는 것이 아니다. 여기에 나아가 살펴보면 부모를 섬기는 것과 천지를 섬기는 것에 어찌 두 가지 길이 있겠는가? 천하의 도는 오묘하여 헤아릴 수 없으니 '신神'이라 하고, 드러나서 속일 수 없으니 '명明'이라 한다.[54]

故一舉足, 而不敢忘父母, 一出言, 而不敢忘父母, 人子之孝未有大於此者. 然則事天地之道, 亦豈有異是乎? 夫人有此身, 則有此心, 有此心則有此性, 此天地之所與我者也. 五常萬善, 本來全具, 一毫有虧, 是嫚其所與矣. 故孟子曰: 存其心, 養其性, 所以事天也. 成湯所以顧諟天之明命者, 正恐瞬息之不存, 非所以事天也. 文王所以陟降在帝左右者, 正恐跬步之或違非所以事天也. 卽是而觀, 事父母事天地, 豈有二道乎? 天下之道, 其妙而不可測者謂之神, 顯而不可欺者謂之明.

내가 하늘의 밝음을 섬기고 땅의 분명함을 섬기면 천지신명이 위에서 모두 살필 것이니 밝게 드러나 가릴 수 없다. 즉 아래 문장은 신명의 뜻과 통한다. 장유는 형제를 가리켜 말한다. 공자가 이미 효를 말씀하셨고 아

---

51 성·탕: 중국 은殷 나라의 초대 임금으로 탕왕을 말한다.

52 하늘의…살핀다: 『서경』「태갑太甲」.

53 오르내리면서…있다: 『시경』「대아 · 문왕文王」.

54 그러므로…한다: 『문연각 사고전서』 vol.704, 『대학연의大學衍義』 권6, 551쪽. 『대학연의大學衍義』에서는 "일거一擧"와 "일출一出"이 "일거壹擧"와 "일출壹出"로 되어 있다.

울러 제를 말씀하셨다. 비록 천자가 고귀하더라도 존중해야 할 사람은 아버지고 우선시해야 할 사람은 형이다. 그러나 '종묘에 공경을 다하는 것' 이하는 오지 효로 말할 따름이지 애초에 제를 언급한 것은 아니다. 대개 효제는 하나의 마음에서 나오니 효가 이미 이르면 제 또한 이른다. 하늘과 사람은 하나의 이치이기에 신명에 통하면 온 천하 또한 밝아진다. 이것은 대개 효와 제의 지극한 공효를 미루어 말한 것이니 임금이 된 자는 마땅히 깊이 체득해야 한다.[55]

吾之事天明事地察, 則天地神明所以鑒臨在上者, 昭著而不可揜. 卽下文通乎神明之義也. 長幼指兄弟而言. 孔子旣言孝又兼言弟. 故謂雖天子之貴, 所尊者父, 而所先者兄. 然宗廟致敬以下, 則惟言孝而已, 未始及於弟也. 盖孝弟一心, 孝旣至, 則弟亦至矣. 天人一理通乎神明, 則亦光乎四海矣. 此盖推言孝弟之極功, 爲人君者所當深體也.

**'공자께서 말씀하셨다. "이것이 무슨 말인가!"'에서 '어찌 효가 될 수 있겠는가?'까지**

**'子曰, 是何言與', 止'又焉得爲孝乎'.**[56]

진선이 말했다. "아버지에게 간쟁하는 자식이 있는 것은 상하의 관계를 모두 말한 것이다. 의롭지 못한 것은 도가 없는 것이다. 자식이 간쟁하지 않으면 아버지를 불의에 빠트리는 것이고, 신하가 섬기지 않으면 임금을

55 내가…한다: 『문연각 사고전서』 vol.704, 『대학연의大學衍義』 권6, 551쪽.

56 전13장: 子曰: "是何言與! 是何言與! 昔者天子有爭臣七人, 雖無道, 不失其天下. 諸侯有爭臣五人, 雖無道, 不失其國. 大夫有爭臣三人, 雖無道, 不失其家. 士有爭友, 則身不離於令名. 父有爭子, 則身不陷於不義. 故當不義, 則子不可以不爭於父, 臣不可以不爭於君. 故當不義則爭之, 從父之令又焉得爲孝乎?"

무도함에 빠트린다."[57]

陳氏曰: "父有争子, 通上下言, 不義即無道也. 子不爭, 則陷父於不義, 臣不事則陷君於無道."

○ 주자가 말했다. "효는 단지 윗사람을 사랑하는 것에서 미루어 가면, 부모를 사랑하는 것이 지극하지 않음이 없을 것이다. 무릇 증자가 효에 대하여 사소한 것까지 물었는데, '아버지의 명령을 따르기만 하는 것을 효라 할 수 있습니까?'라고 물었다. 부모에게 잘못이 있어, 자신이 마땅히 간쟁해야 할 것이면 간쟁하는 것도 사랑을 미룬 것이다. 내가 부모를 사랑하면 그 명령을 따르기만 한다고 말해서는 안 된다."[58]

○ 朱子曰: "孝只是從愛上推去. 凡所以愛父母者, 無不盡其至. 曾子問孝至末梢, 却問 '子從父之令可以為孝乎?' 盖父母有過, 已所當諍, 諍之亦是愛之所推, 不成道我受父母, 姑從其令."

---

57 아버지에게…빠트린다: 『문연각 사고전서』 vol.699, 『소학집주小學集註』권2, 544쪽. 『소학집주』에는 "자부쟁子不爭" 앞에 "범씨왈范氏曰"이 있다. 범조우의 의견은 『문연각 사고전서』 vol.182, 『효경지해孝經指解』, 100쪽 참고.

58 효는…된다: 『주자어류』 권115, 12조목. 『돈효록』의 글은 『주자어류』의 "孝只是從愛上推去. 凡所以愛父母者, 無不盡其至不然, 則曾子問孝至末梢, 却問' 子從父之令可以為孝乎?' 盖父母有過, 已所當諍, 諍之亦是愛之所推, 不成道我愛父母, 姑從其令."과 조금 다르다.

# 敦孝錄

卷 2

## 孝 義

# 효의 의미 孝義

## 총론總論

**공자께서 말씀하셨다. "효는 덕의 시작이다."[1] 『가어』**

**孔子曰: "孝, 德之始也." 家語.**

왕씨가 말했다. "효는 덕의 근본이고 시작임을 말한 것이다."

王氏曰: "言孝者德之本始也."

**○ 『대학』에서 말했다. "자식됨은 효에서 그친다."[2]**

**○ 大學曰: "爲人子止於孝."**

주자가 말했다. "'지止'는 마땅히 도달해야 할 곳이니 곧 지극한 선함이 있는 곳이다."[3]

---

1 효는…시작이다: 『공자가어孔子家語』「제자행弟子行」.

2 자식됨은…그친다: 『대학장구』 전3장.

3 '지止'는…곳이다: 『대학장구』 경1장.

○ 호병문胡炳文[4]이 말했다. "효는 사람이 마땅히 도달해야 할 것으로 이것보다 큰 것은 없다."[5]

○ 진덕수陳德秀[6]가 말했다. "대학의 도는 지극한 선함에 그치는 데 있다. '지'는 반드시 이것에 그쳐서 옮기지 않는 것을 말한다. 조금이라도 이르지 않으면 아들의 효와 아버지의 자애로움에 도달했다고 말할 수 없으니 모두 지극한 것에 도달함을 마땅히 그쳐야 할 것으로 삼은 것이다."[7]

朱子曰: "止者, 所當止之地, 卽至善之所在也." ○ 胡氏曰: "孝者人所當止莫大於此." ○ 西山眞氏曰: "大學之道在止於至善. 止云者必至

---

4 호병문胡炳文, 1250~1333: 원나라 휘주徽州 무원婺源 사람이다. 자는 중호仲虎고, 호는 운봉雲峰이다. 어려서부터 배우기를 좋아했으며, 강녕교유江寧教諭 등을 지냈다. 주희朱熹의 종손宗孫에게 『주역』과 『서경』을 배워 주자학에 심취했으며, 특히 『주역』에 뛰어났다. 신주信州 도일서원道一書院 산장山長을 지내고, 난계주학정蘭溪州學正이 되었는데, 나가지 않았다. 저서에 『주역본의통석周易本義通釋』, 『서집해書集解』, 『춘추집해春秋集解』, 『예서찬술禮書纂述』, 『사서통四書通』, 『대학지장도大學指掌圖』, 『오경회의五經會義』, 『이아운어爾雅韻語』 등이 있다.

5 효는…없다: 『대학장구대전大學章句大全』 전3장.

6 진덕수陳德秀, 1178~1235: 송나라 건녕부建寧府 포성浦城 사람이다. 자는 경원景元 또는 희원希元인데, 나중에 경희景希로 고쳐 불렀다. 호는 서산西山이고, 시호는 문충文忠이다. 영종寧宗 경원慶元 5년(1199) 진사進士가 되고, 개희開禧 원년(1205) 박학굉사과博學宏詞科에 합격했다. 이종理宗 때 예부시랑禮部侍郎에 발탁되어 직학사원直學士院에 올랐다. 사미원史彌遠이 그를 꺼려 탄핵을 받고 파직되었다. 나중에 천주泉州와 복주福州의 지주知州를 지냈다. 단평端平 원년(1234) 입조하여 호부상서戶部尙書에 오르고, 한림학사翰林學士와 지제고知制誥가 되었다. 다음 해 참지정사參知政事에 이르렀는데, 얼마 뒤 죽었다. 강직하기로 유명해 조정에서 명성이 자자했다. 시정時政에 대해 자주 건의했고, 주소奏疏는 수십만 자에 이르렀다. 주자학파朱子學派의 학자로서 그가 지은 『대학연의大學衍義』는 『대학장구大學章句』에 비견한다는 평을 들었다. 경원당금慶元黨禁 이후 정주程朱의 이학理學이 다시 성행하는 데 크게 공헌했다. 그 밖의 저서로는 『당서고의唐書考疑』와 『독서기讀書記』, 『문장정종文章正宗』, 『서산갑을고西山甲乙稿』, 『서산문집西山文集』 등이 있다.

7 대학의…것이다: 『문연각 사고전서』 vol.704, 『대학연의大學衍義』 권6, 547쪽.

於是而不遷之謂也. 有一毫未至, 不可以言止子之孝父之慈, 皆以極至爲當止之地."

○ 구범舅犯[8]이 말했다. "망명한 사람은 보배로 삼을 것이 없으니, 어버이를 사랑하는 것을 보배로 삼는다."[9] 『대학』

○ 舅犯曰: "亡人無以為寶, 仁親以為寶. 大學

주자가 말했다. "구범은 진문공의 외삼촌인 호언으로, 자는 자범이다. '망인'은 문공이 당시에 공자公子로 망명을 와서 밖에 있었던 것을 의미한다. '인'은 사랑이니, 일이 『예기』 「단궁」편에 보인다."[10]

朱子曰: "舅犯, 晉文公舅狐偃, 字子犯也. 亡人, 文公時爲公子, 亡在外也. 仁. 愛也, 事見檀弓."

○ 어떤 이가 물었다. "효를 하늘의 벼리라고 하는 것은 무엇 때문입니까?" 이천伊川 선생이 말했다. "하늘에 근본을 둔 것은 위와 친하니 가볍고 맑은 것이 이런 것들이다. 땅에 근본을 둔 것은 아래와 친하니 무겁고 탁한 것이 이런 것들이다. 천지의 일정함은 늘 근본으로 돌아가지 않는 것이 없

---

8 구범舅犯: 춘추 시대 진晉나라 사람이다. 성은 호狐이고 이름은 언偃이다. 자는 자범子犯 또는 구범舅犯 · 咎犯이다. 호돌狐突의 아들로, 진나라의 공자 중이重耳(진문공)의 장인이다. 대부大夫가 되어 중이를 따라 19년 동안 함께 망명 생활을 했다. 주양왕周襄王 16년 중이를 도와 귀국하여 중이가 왕위에 오르니, 그가 진문공晉文公이다. 상군좌上軍佐에 임명되었다. 나중에 진문공이 주周 왕실의 내란을 평정하고 패자霸者가 되었을 때 그의 지략이 큰 도움이 되었다. 성복城濮 전투에서 형 호모狐毛와 함께 초나라 군대를 격파했다.

9 망명한…삼는다: 『대학장구』 전10장.

10 구범은…보인다: 『대학장구』 전10장.

다. 사람의 효 또한 근본으로 돌아가는 것이다."[11] 『이정전서』

○ 或問: "孝, 天之經, 何也?" 伊川先生曰: "本乎天者親上, 輕清者是也. 本乎地者親下, 重濁者是也. 天地之常, 莫不反本. 人之孝, 亦反本之謂也." 二程全書

○ 주자가 말했다. "도가 천하에 있는 것은 그 실제는 타고난 본성에 근원하며, 군신 · 부자 · 형제 · 부부 · 붕우의 사이에서 행해진다."[12] 『주자대전』

○ 朱子曰: "道之在天下, 其實原於天命之性, 而行於君臣父子兄弟夫婦朋友之閒." 朱子大全

○ 또 말했다. "아들이 되어서는 반드시 효를 실천하는 것은 이와 같이 함부로 말할 수 있는 것이 아니니, 대개 자식이 되어 효도하지 않을 수 없다."[13] 『주자어류』

○ 又曰: "爲子而必孝, 非是謾說如此, 蓋爲子不可以不孝也." 朱子語類

○ 장남헌張南軒[14] 선생이 말했다. "효제는 천하가 따라야 하는 덕이니,

11 하늘에…것이다: 『문연각 사고전서』 vol.698, 『이정외서二程外書』 권11, 329쪽.

12 도가…행해진다: 『문연각 사고전서』 vol.720, 『어찬주자전서御撰朱子全書』 권6, 134쪽.

13 아들이…없다: 『주자어류』 18권 92조목.

14 장남헌張南軒, 1133~1180: 남송의 성리학자인 장식張栻으로, 자는 경부敬夫 · 흠부欽夫 또는 낙재樂齋, 호는 남헌이다. 주희 · 여조겸呂祖謙과 함께 '남송삼현南宋三賢'으로 불린다. 일찍이 승상을 지내고 위국공魏國公에 봉해진 장준張浚의 아들이다. 호굉胡宏에게 수학하였다. 저서로는 『역설易說』, 『논어해論語解』, 『맹자설孟

사람들이 효제를 일으키면 온갖 선한 것들이 자라나고 인간의 도가 세워지게 된다. 비유하면 물에 근원이 있고 나무에 뿌리가 있으면 그 생명이 다함이 없는 것과 같다."[15] 『장남헌집』

○ 南軒張先生曰: "孝悌者, 天下之順德, 人而興於孝悌, 則萬善類長, 人道之所由立也. 譬如水有源, 木有根, 則其生無窮矣." 張南軒集

○ 『춘추번로』에서 말했다. "하늘은 효제로 살아가게 하니, 효제가 없으면 살아가는 방법을 잊어버린다."[16]

○ 春秋繁露曰: "天生之以孝弟, 無孝弟, 則忘其所以生."

○ 『춘추좌전』에서 말했다. "효와 공경함은 길한 덕이다."[17]

○ 春秋左傳曰: "孝敬爲吉德."

○ 『한서』에서 말했다. "효제는 천하 사람들이 크게 따라야 하는 것이다."[18] 『전한서』

○ 漢書曰: "孝弟天下之大順." 前漢書

○ 설문청薛文清[19]이 말했다. "성인의 덕은 효보다 큰 것이 없다. 그러

---

子說』, 『남헌집南軒集』 등이 있다.

15 효제는…같다: 『문연각 사고전서』 vol.1167, 『남헌집南軒集』 권9, 502쪽.

16 하늘은…잊어버린다: 『춘추번로春秋繁露』 권6 「입원신立元神」 제19.

17 효와…덕이다: 『춘추좌전』 「노문공 하」 18년. 『춘추좌전』에는 "효경충신위길덕孝敬忠信爲吉德"으로 되어 있다.

18 효제는…것이다: 『전한서前漢書』 권4 「문제기文帝記」.

19 설문청薛文淸, 1389~1464: 설선薛瑄으로 자는 덕온德溫, 호는 경헌敬軒, 시호는 문청文淸이다. 저서로 『독서록讀書錄』, 『설문청집薛文淸集』 등이 있다.

므로 『서경』 첫 부분에서 순은 화합하여 효했다고 말한 것이다."[20] 설문청 『독서록』

○ 薛文淸公曰: "聖人之德, 莫大於孝, 故書首稱舜克諧以孝." 薛文淸讀書錄

○ 부현傅玄[21]이 말했다. "효자는 백세의 종주이고, 인한 사람은 천하의 명命이니, 효의 도를 행할 수 있음은 군자의 의표이다."[22] 『진서』

○ 傅玄曰: "孝子, 百世之宗, 仁人, 天下之命. 有能行孝之道, 君子之儀表也." 晉書

○ 안백자가 효제에 대해 깨우쳐주면서 말했다. "다만 생각해보면, 나의 몸은 무엇을 따라 생겼는가? 부모는 무엇을 따라가는가? 새로운 가지가 이미 생겨나면 오래된 뿌리는 마르게 된다. 콩과 물로 하는 봉양[23]으로 기쁘게 해드렸지만 어떻게 보답할 수 있을까를 생각하면 효심으로 저절로 애통해진다." 『작비암일찬』

○ 顔伯子孝弟醒語曰: "但念得身從何來, 父母從何往. 新枝旣起, 舊本爲枯. 菽水承歡, 何能報答, 則孝心自然疼痛." 昨非菴日纂

---

20 성인의…것이다: 『문연각 사고전서』 vol.711, 『독서속록讀書續錄』 권9, 805쪽.

21 부현傅玄, 217~278: 중국 남북조시대 진晉 나라의 문신 · 학자이다. 위魏 나라 때 낭중郞中이 되어 『위서魏書』 편찬에 참여하고, 진 나라 때 사마교위司馬校尉 등을 지낸 뒤 벼슬에서 물러난 후에는 저술에 힘썼다.

22 효자는…의표이다: 『진서晉書』 권33 「열전列傳」 제3.

23 콩과…봉양: 콩과 물과 같은 것으로 봉양한다는 뜻으로 가난한 중에도 부모를 봉양하는 일을 말한다.

○ 정선鄭瑄[24]이 말했다. "효와 우애는 음식 · 의복과 같아서 하루라도 부족하면 생명의 위태로움을 근심하게 된다. 다른 덕목은 비단과 구슬과 같아서 있으면 볼만한 아름다움을 갖추게 되고, 없더라도 또한 해로움이 심하지는 않다. 오늘날 사람들은 모든 일이 잘되기를 바라지만 부모와 자식 그리고 형제간에는 모두 특별히 생각하지 않으니, 비유하면 나무의 뿌리가 이미 마른 것과 같다. 비단을 잘라 꽃을 만들면 며칠은 보기에 좋다."

○ 昨非菴鄭瑄曰: "孝友如飮食衣服, 一日不足便有性命之憂. 其他如錦綺珠玉, 有之足備觀美, 無之亦不甚害. 今人事事要好, 却于父子兄弟間, 都不加意, 譬如樹木根本已枯. 雖剪綵爲花能有幾日好看."

○ 유빈柳玭[25]이 말했다. "효제충신은 음식에 비유하면 염장과 같다." 『당서』

○ 柳玭曰: "孝悌忠信, 譬諸食, 則猶鹽醬也." 唐書

○ 정선이 말했다. "태액지의 절벽에 대나무 수십 그루가 있었는데, 순이 서로 교차하여 빽빽한 것이 서로 두르고 있는 것 같았다. 명황이 여러 왕과 대나무 사이를 걷다가 그들에게 일러 말했다. '세상에 부모 형제 사이에도 오히려 다른 마음과 다른 뜻이 있는데, 이 대나무는 종宗과 본本이 서로 소원하지 않다. 두 가지 마음을 품고 있는 사람은 이것을 귀감삼

---

24 정선鄭瑄: 명明 의종毅宗 때 사람으로 이름은 선瑄이며, 자가 한봉漢奉이다. 벼슬은 응천 순무應天巡撫를 지냈다. 저서 『작비암일찬昨非庵日纂』은 1 · 2 · 3집으로서 총 20류로 나누어져 있다.

25 유빈柳玭, 800~895: 유빈은 당나라 말기의 관원이다. 유작柳綽의 손자이며, 유중영柳仲郢의 자식이다. 『가훈』을 지어 자제들에게 교훈을 주었다.

아 대나무의 의로움이라 불러야 할 것이다.'"

○ 昨非菴鄭瑄曰: "太液池岸有竹數十叢, 牙筍交加密密如繞, 明皇與諸王閒步竹間因謂曰, '人世父子兄弟, 尙有離心離意, 此竹宗本不相疏, 人有懷貳者, 此可爲鑑因呼爲竹義.'"

○ 사람이 태어나 효제를 실천하지 않는 것은 뿌리가 무른 담과 같고, 가을 낙엽이 바람과 비를 견뎌내지 못하는 것과 같아서 떨어지지 않으면 무너진다. 그에게 다시 무엇을 묻겠는가. 『작비암일찬』

○ 人生不從孝弟起, 根如脆墻, 秋葉不耐風雨, 非落則圮矣. 他復何問. 昨非菴日纂

○ 장제현張齊賢[26]이 아뢴 열 가지 계책[27] 중 네 번째에서 말했다. "효제를 돈독히 하라."[28] 『송명신언행록』

○ 張齊賢陳十策四曰: "敦孝弟." 宋名臣言行錄

---

26 장제현張齊賢, 942~1014: 장제현은 북송北宋 초기의 명재상으로 자는 사량師亮이고 시호는 문정文定이다. 진사시에 급제하고 벼슬이 동중서문하평장사同中書門下平章事에 이르렀으며 죽은 뒤에 사도司徒에 추증되었다. 저서로는 『서록해제書錄解題』, 『낙양진신구문기洛陽搢紳舊聞記』 등이 있다.

27 장제현…계책: 장제현이 송나라 태조에게 진언한 열 가지 계책은 다음과 같다. "첫째는 병주幷州와 분주汾州를 낮추고, 둘째는 백성을 부유하게 하고, 셋째는 제후를 봉하고, 넷째는 효제를 돈독하게하고, 다섯째는 현인을 등용하고, 여섯째는 태학을 건립하고, 일곱째는 적전籍田을 두고, 여덟째는 좋은 관리를 선발하고, 아홉째는 간악한 이를 징벌하고, 열째는 집안에 본보기가 된다.一下幷汾, 二富民, 三封建, 四敦孝悌, 五擧賢, 六太學, 七籍田, 八選良吏, 九懲姦, 十恤刑內." 『문연각 사고전서』 vol.449, 『송명신언행록전집宋名臣言行錄前集』 권1, 17쪽.

28 효제를…하라: 『문연각 사고전서』 vol.449, 『송명신언행록전집宋名臣言行錄前集』 권1, 17쪽.

# 낳고 길러주고 가르쳐 주신 은혜
## 生育教誨之恩

『시』「육아」편에서 말했다. "슬프고 슬프구나, 부모님이여. 나를 낳으시느라 고생하셨네."[1] 「소아」 아래에 인용된 것도 같다.

詩蓼莪篇曰: "哀哀父母, 生我劬勞." 小雅 下同

슬프고 슬프도다 부모님이여, 나를 낳고 길러주시느라 얼마나 고생하셨는가![2]

哀哀父母, 生我勞悴.

아버지 나를 낳으시고, 어머니 나를 길러 주시니, 나를 어루만지고 나를 길러주시며, 나를 자라게 하고 나를 키워주시며, 나를 돌아보고 나를 다시 돌아보시며, 출입할 때 나를 가슴 속에 두시니, 그 은덕을 갚고자 하니, 하늘처럼 다함이 없도다.[3]

---

1 슬프고…고생하셨네: 『시경』「소아 · 육아蓼莪」.

2 슬프고…고생하셨는가: 『시경』「소아 · 육아」.

3 아버지…없도다: 『시경』「소아 · 육아」.

**父兮生我, 母兮鞠我, 拊我畜我, 長我育我, 顧我復我, 出入腹我 欲報之德, 昊天罔極.**

주자가 말했다. "'생生'은 그 기氣에 근본하는 것이다. '국鞠'과 '축畜'은 모두 기른다는 뜻이다. '부拊'는 어루만지는 것을 뜻하고, '육育'은 길러줌을 말한다. '고顧'는 돌아봄이며, '복復'은 반복함이며, '복腹'은 품는 것이다. '망罔'은 없음을 의미하고, '극極'은 다함이 없음을 뜻한다."[4] 부모의 은혜가 이와 같으니 덕으로 보답하고자 한다면, 그 은혜의 큼이 하늘과 같아서 다함이 없으니 어떻게 보답해야 할지 알지 못함을 말한 것이다.

○ 사방득謝枋得[5]이 말했다. "이 장은 부모가 자식을 사랑하는 마음을 형용한 것이 지극하다. '생아生我'는 하늘이 만물을 낳는 것과 같은 뜻이다. '국아鞠我'는 땅이 만물을 기르는 것과 같은 의미다. '부拊'는 자식의 몸을 어루만지고, 그 피부를 살피고, 그 부스럼을 걱정하는 것을 가리킨다. '휵畜'은 들어가고 나감을 삼가고, 기거하는 것을 잘 살피고, 집의 깊숙한 곳에 있으면 감히 함부로 하지 못하게 하는 것이다. 문밖에서는 오직 질병에 걸릴까 걱정한다. '장長'은 남풍이 만물을 기르는 것과 같이 신

4 생生…뜻한다: 『시경집전』 「소아 · 육아」.

5 사방득謝枋得, 1226~1289: 사방득의 자는 군직君直이고, 호는 첩산疊山이다. 장시성江西省 사람으로 문절文節선생이라고도 한다. 기개가 있고 직언直言을 잘하는 것으로 알려져, 보유寶祐 연간(1253~1258)에 진사進士로 추대되었으나 사퇴하였다. 당시 송나라는 이미 국운이 기울어 원군元軍의 침공을 받았으므로, 그는 송조宋朝의 회복에 필사적으로 노력하였으나 성공하지 못하고, 복건성福建省 건양建陽으로 망명하였다. 뒷날 원나라 조정의 부름을 받고 강제로 북경北京으로 끌려갔으나, 두 조정을 섬길 수 없다고 거절하고 단식하여 죽었다. 문집에는 『첩산집疊山集』 16권과, 저서에 『문장궤범文章軌範』 7권이 있다. 『문장궤범』은 당 · 송唐 · 宋의 명문名文을 수록한 것으로, 문장을 배우는 사람의 입문서로 널리 읽혔다.

체를 조화롭게 하고 혈기를 보양하여, 밤낮으로 장대하게 성장하기를 바라는 것이다. '육育'은 『역』에서 '덕을 기른다育德'라고 말한 것과 같다. 맹자는 천하의 영재를 교육하고, 그 덕성을 함양하고, 그 지기志氣를 발현하게 하고, 그 총명함을 개도하여 밤낮으로 그가 성인成人이 되기를 바랐다. '고顧'는 부모가 가는데 아이가 따라오지 않으면 돌아보는 것을 말한다. '복復'은 아이가 가는 데 부모가 따라가지 못하면 쫓아가서 부르는 것을 말한다. '복腹'은 품 안에 감싸는 것을 말한다. 부모가 갈 곳이 있으면 문을 나가며 그 자식을 안고서 차마 놔두지 못하고, 부모가 밖에서 돌아와 이미 문으로 들어오면 그 자식을 안고서 놔두지 못한다. 사람은 아홉 글자의 의미를 깊이 생각하여 반드시 부모의 은혜를 잊지 않아야 한다."[6]

朱子曰: "生者, 本其氣也. 鞠 · 畜, 皆養也. 拊, 拊循也. 育, 覆育也. 顧, 旋視也. 復, 反覆也. 腹, 懷抱也. 罔, 無. 極, 窮也. 言父母之恩如此, 欲報之以德, 而其恩之大, 如天無窮, 不知所以爲報也." ○ 疊山謝氏曰: "此章形容父母愛子之心, 盡之矣. '生我', 如天之生物也. '鞠我', 如地之養物也. '拊'者, 撫摩其身, 體察其肥, 瘠憂其疥癬也. '畜'者, 謹其出入, 察其起居, 蔵之堂奥之中, 不敢縱之. 門庭之外, 惟恐其疾病也. '長'者, 如南風之長養萬物, 調和其身體, 滋養其血氣, 日夜望其長大. '育'者, 如易曰: '育德'. 孟子教育英才, 涵養其德性, 發舒其志氣, 開導其聰明, 日夜望其成人也. '顧'者, 父母行而兒不隨, 則回顧之也. '復'者, 兒行而父母不隨, 則追喚之也. '腹'者, 懷抱於腹間也. 父母有所往, 將出門懷抱其子而未忍捨, 父母自外歸既入門懷抱其子而未肯置. 人能深思九字之義, 必不忘父母之恩矣."

---

6 이 장은…한다: 『문연각 사고전서』 vol. 718~719, 『어정효경연의御定孝經衍義』 권7.

○ 『시경』「소완」편에서 말했다. "언덕 가운데 있는 콩을 서민들이 거두어 가듯, 나비의 애벌레를 나나니벌이 데리고 가서 키우네. 그대도 아들을 잘 가르쳐 좋은 것을 닮도록 하라."[7]

○ 小宛篇曰: "中原有菽, 庶民采之. 螟蛉有子, 蜾蠃負之. 教誨爾子, 式穀似之."

주자가 말했다. "'명령螟蛉'은 뽕나무 위의 작은 푸른 벌레이다. '과라蜾蠃'는 땅벌이다. 뽕나무 벌레를 취하여 나무구멍 속에 업어다 두면 칠일 만에 부화하여 그 새끼가 된다. 명령이 새끼가 있으면 과라가 업어 가서 잘못된 것을 가르쳐 똑같이 만들 수 있음을 흥興[8]했다. 네 아들을 잘 가르치면 선善으로 똑같게 할 수 있다."[9]

朱子曰: "螟蛉, 桑上小青虫也. 蜾蠃, 土蜂也. 取桑虫負之於木空中, 七日而化爲其子. 螟蛉有子則蜾蠃負之, 以興不似者可教而似也. 教誨爾子, 則用善而似之可也."

○ 진덕수가 말했다. "사람은 부모가 아니면 어찌 몸이 있을 수 있겠는가? 부모가 아이를 낳는 것은 대부분 어렵게 임신하여 구사일생으로 죽음을 면하고, 삼년간 젖을 먹으니 어머니의 고혈을 먹는 것이다. 끌어 안아 보호하고, 나날이 장성하기를 바라니, 마치 금옥을 아끼는 것과 같고, 성명性命을 보호하는 것과 같다. 자애로운 까마귀는 돌이켜 늙은 어미 새

7 언덕…닮도록하라: 『시경』「소아 · 소완小宛」.
8 『시경』의 내용을 분류하는 방법으로 육의六義가 있다. 시의 성질에 따라 풍風, 아雅, 송頌으로 나누고, 시의 서술방식에 따라 부賦, 비比, 흥興으로 나눈다.
9 '명령螟蛉'은…있다: 『시경집전』「소아 · 소완」.

를 먹이니, 오히려 은혜를 보답할 줄 아는데, 사람이 효를 하지 않는다면 까마귀만도 못한 것이다."[10] 『진서산집』

○ 西山眞氏曰: "人非父母, 豈有此身? 父母生兒, 多少艱辛妊娠, 將免九死一生, 乳哺三年, 飲母膏血. 攜持保抱, 日望長成, 如惜金珠, 如護性命. 慈烏反哺, 猶知報恩, 人而不孝烏雀不若." 眞西山集

○ 양정복楊貞復[11]의 『논독효경論讀孝經』에서 말했다. "매일 이른 새벽에 묵묵히 앉아 눈을 감고 자신의 현재로부터 가만히 생각하여, 어린 시절 부모를 사랑하던 때를 돌이켜보면 광경이 어떠한가? 또 거슬러 올라가 생각해보면, 이제 막 태어나 울음을 터뜨리던 때의 광경이 어떠한가? 또 더 거슬러 올라가 생각해보면, 어머니 뱃속에 있을 때, 어머니가 숨을 내쉬면 또한 내쉬고, 어머니가 숨을 들이마시면 또한 들이마시던 때의 광경은 어떠한가? 오늘에 이르러 감정과 생각을 모두 잊고, 다만 하나의 기로 면면히 이어져 있어 갑자기 저절로 기쁨이 생겨난다. 그런 후에 장차 몸소 행해야 할 것을 생각하게 된다. 효성스러운 증자가 공자를 모시며 곁에 있을 때 무한히 공경하고, 무한히 사랑하고 즐거워했다." 『작비암일찬』

---

10 사람은…것이다: 『문연각 사고전서』 vol.1174, 『서산문집西山文集』 권40, 626쪽.

11 양정복楊貞復, 1547~1599: 양기원은 자가 정복貞復이고, 호가 복소復所이며, 귀선歸善 사람이다. 명나라 말기의 문학가로 나여방羅汝芳의 제자이다. 만력萬曆 5년(1577년)에 진사가 되었고 사부좌시랑吏部左侍郎의 관직을 여러 번 역임하였다. 시호는 문의文懿이다. 양기원은 이학理學으로 저명했지만 배움은 선禪을 꺼리지 않았으며, 도교서적에 대해서도 또한 두루 섭렵하였다. 『대학』의 3강령인 명덕 · 친민 · 지어지선과 효 · 제 · 자를 중시하였다. 저서로는 『남중논학존사고南中論學存笥稿』 4권, 『증학편證學篇』, 『증도서의證道書義』, 『양자학해楊子學解』, 『남중논학존사고南中論學存笥稿』 외 다수가 있다.

○ 楊貞復論讀孝經曰: "每日清晨, 黙坐閉目, 存想從自身現今年歲, 回想孩提愛親時, 光景如何. 又逆想, 下胎一聲啼叫時, 光景如何. 又逆想, 在母腹中, 母呼亦呼, 母吸亦吸時, 光景何如. 到此情識俱忘, 只有綿綿一氣, 忽然自生歡喜. 然後將身想作個行. 孝的曾子侍立在孔子之側, 無限恭敬, 無限愛樂." 昨非菴日纂

○ 사방득謝枋得이 장인숙張仁叔을 위해 「영암기寧菴記」를 쓰면서 말했다. "장인숙이 눈물을 흘리면서 나에게 말했다. 나는 어려서 『시경』 「소아 · 육아」편의 시를 암송했는데, 그 시에서 말하는 진정한 슬픔을 알지 못하다가 지금에서야 알게 되었다. 자식이 태어날 수 있었던 것은 부모가 힘들게 고생했기 때문이다. 내가 갓난아이였을 때 부모의 품에서 젖을 먹은 것은 삼 년인데, 젖은 부모의 피다. 젖의 넘침과 마름은 음식의 많고 적음을 말미암으니 수고스러움이 이루 말할 수 없다. 내가 어린아이였을 때 부모는 기뻐하며 말하기를 '우리 아이다'라고 한다. 어루만져 살이 쪘는지 말랐는지를 살펴 기뻐하고 근심했으며, 기를 때는 굶주리는지 배부른지를 살펴 먹이고 마시게 한다. 내가 걸을 수 있게 되어서야 손잡고 이끄는 것에서 벗어났다. 키울 때는 오직 몸이 장성하지 않음을 걱정할 뿐이고, 교육시킬 때는 덕성이 불민할까 걱정했다. 부모님이 갈 때 내가 따라오지 않으면 돌아보시기를 잃어버린 것이 있는 것과 같이 한다. 내가 갈 때 부모님이 따라오시지 못하면 되돌아와 잃어버린 것이 있는 듯이 한다. 외출할 때, 나를 품에 안고 말하기를, '나는 외출하니 너는 집안에 있으면서 높은 곳에 오르거나 깊은 곳에 가지 말라'라고 한다. 돌아와서는 나를 안고서 말씀하시기를, '내가 돌아 왔다. 너는 집에 있으면서 반드시 사람들이 굶주림과 배부름 그리고 추위와 따뜻함을 생각하지 않게 하라'

라고 말씀하셨다. 내가 점점 장성하여 배움을 알게 되니 부모님의 마음이 조금 느슨해졌다. 장성해서는 아내가 없을까 걱정하고, 이미 결혼해서는 자손이 많지 않음을 걱정하신다. 내가 가난하여 먹고 사느라 분주하게 되어, 집을 떠나게 되면 삼가야 할 것을 경계시키고, 오랫동안 객지생활을 하면 속히 돌아오기를 원하셨다. 꿈속에서 내가 고생하는지 편안한지를 생각하시고, 멀리 있는지 가까이 있는지를 점쳐보시고, 문에 기대어 바라보시고 까치 소리를 듣고서 기뻐하셨다. 정신은 항상 수고스럽고, 간담은 항상 불안하다. 내가 태어난 이래로 나의 부모님의 마음이 하루도 편안하지 못한 것은 나 때문이다. 그러므로 옛사람들은 태어남을 수고스러운 것으로 여기고, 늙음을 기쁜 것으로 여기고, 죽음을 휴식으로 여겼다. 나의 부모님은 늙으셨지만, 아직 편안하지 못하니, 지금 쉴 수 있겠는가! 그 마음 또한 조금이라도 편안할 수 있겠는가! 『시』에서 말하기를 '그 은혜를 갚고자 해도 하늘같이 끝이 없다'[12]라고 하니, 결국 나의 생에 부모님의 은덕에 보답할 수 없을 것이다. 말하면 애통하고, 생각하면 괴롭다."[13] 『사첩산집』

○ 謝疊山爲張仁叔作寧菴記略曰: "張仁叔垂涕洟, 而告某曰, 予幼誦蓼莪詩, 未知其情之真惻, 今知之矣. 子之生, 親之所以劬瘁也. 予爲赤子, 飲乳於親之懷者三年, 乳皆親之血也. 乳之盈涸, 由飲食之豐約, 勞苦不可言. 予爲孩提, 親喜曰, 吾有兒矣. 拊之則察其肥瘠而欣憂, 畜之則候其飢飽而飲食, 予能行, 可以免其提攜矣. 長之則惟恐其氣體之不壯, 育之則惟恐其德性之不敏. 親行而予不隨, 顧之如有遺. 吾行而

12 그 은혜를…없다: 『시경』「소아 · 육아」.

13 장인숙張仁叔…괴롭다: 『문연각 사고전서』 vol.1184, 『첩산집疊山集』 권3, 876~877쪽.

親不隨, 復之如有失. 其出也, 腹我而語之曰, 吾行矣, 汝在家, 毋登高而臨深也. 其入也, 腹我而語之曰, 吾歸矣, 汝在家, 必無人念而饑飽寒煥也. 予漸長知學, 親心可以少寬矣. 憂其長而未有室也, 旣有室, 憂其子孫未能衆多也. 予爲貧, 衣食奔走, 離家則戒之謹愼, 久客則願其速歸. 夢想其勞逸, 卜占其遠邇, 倚門閭而望, 聽烏鵲而喜. 精神常役役, 肝膽常懸懸也. 自予有生以來, 吾親之心, 無一日得寧者以予. 故古之人以生爲勞, 以老爲逸, 以死爲息. 吾親老而未嘗佚, 今其息乎! 其心亦可以少寧乎. 詩曰 '欲報之德, 昊天罔極', 終吾生無以報吾親. 言之則痛切, 思之則悶絶." 謝疊山集

○ 소철蘇轍[14]이 말했다. "노자가 말하기를 '자애롭기에 용기가 있다'[15]라고 하고, 혹자가 말하기를 '자애로우면 어찌 용기 있을 수 있는가'라고 했다. 말하기를 '부모는 자식을 깊이 사랑하기에 자식의 일을 심사숙고한다. 진실로 깊이 사랑하고 정미하게 생각한다. 그러므로 자식이 해로움을 피하는 것을 신속하게 하고 이로움을 취하는 것을 과감하게 하면 이것은 자애가 용감하게 한 것이다. 부모가 다른 사람보다 현명해서가 아니라 형세가 반드시 이르게 하는 바가 있기 때문이다. 내가 어려서부터 책을 읽었는데 부모가 자식에게 경계해야 하는 것은 다 말하지 못할까 두려워하며 정성스럽게 말하고, (자식이) 받아들이지 않을까 두려워하며 정성껏 말하는 것을 보았다. 아! 이것이 부모의 마음이다. 스승은 제자를 법도로

14 소철蘇轍, 1039~1112: 중국 북송의 문신으로 자는 자유子由이며, 호는 영빈潁濱이다. 소식蘇軾의 동생으로 형과 함께 진사에 급제(1057)한 뒤 중서사인中書舍人 · 호부시랑戶部侍郎 · 한림학사 · 문하시랑 등을 역임했다. 고문古文학자이며 당송 8대가의 한 사람이다.

15 자애롭기에…있다: 『도덕경道德經』 67장.

가르친다. 현명한 자는 인도하고, 현명하지 못한 자는 억지로 하지 않는다. 군주는 신하에게 호령하고 경계하게 하여, 능력 있는 자는 관직을 주고 능력 없는 자는 취하지 않는다. 신하는 군주가 받아들이면 간언하고, 그렇지 않으면 떠난다. 자식은 부모에게 은미하게 간언하고 감히 드러내 놓고 간언하지 않으니, 모두 예가 있는 것이다. 부모는 (자식이) 비록 불초하더라도 어찌 자식을 버리겠는가? 이처럼 알고 있는 것을 말하고, 마음에 남은 것이 없는 이후에 그친다. 부모는 자식에게 있어서 인륜의 지극함이다. 비록 현명하지 못하더라도 그 자식을 위해 말할 때는 반드시 진실하고 또 최선을 다하니 하물며 현명한 자식에게 있어서는 어떠하겠는가?"[16] 『소영빈집』

○ 蘇氏轍曰: "老子曰, '慈, 故能勇', 或曰, 慈則安能勇'. 曰, 父母之於子也, 愛之深, 故其為之慮事也. 精以深愛而行精慮, 故其為之避害也速而就利也果, 此慈之所以能勇也, 非父母之賢於人, 勢有所必至矣. 轍少而讀書, 見父母之戒其子者, 諄諄乎. 惟恐其不盡也, 惻惻乎, 惟恐其不入也. 嗚呼! 此父母之心也哉. 師之於弟子也, 為之規矩以授之. 賢者引之, 不賢者不彊也. 君之於臣也, 為之號令以戒之, 能者與之, 不能者不取也. 臣之於君也, 可則諫, 否則去. 子之於父也, 以幾諫不敢顯, 皆有禮存焉. 父母雖不肖, 豈有棄子者哉. 是以盡其有以告之, 無憾而後止. 故父母之於子, 人倫之極也. 雖其不賢, 及其為子言也, 必忠且盡, 而况其賢乎." 蘇穎濱集

○ 설문청이 말했다. "자식이 부모님의 슬하에서 태어났을 때는 어리

16 노자가…어떠하겠는가: 『문연각 사고전서』 vol.1112, 『난성집欒城集』 권25, 270~271쪽.

다. 그 부모가 드나들면서 돌아보고 살피면서도, 오로지 놀랄까, 경기를 일으킬까, 배고플까, 목마를까 걱정한다. 대개 일찍이 잠시도 그 자식의 몸을 잊은 적이 없으며 자식이 편안하기를 바란다. 조금 성장하게 되면, 부모는 가르치고 깨우치고 타이르는데, 효제충신의 도로 보여주고, 시·서·예·악의 도를 도야하게 하여, 한 생각도 자식 가르치는 것을 잊지 않고 자식이 선으로 들어가기를 바란다. 자식이 성장하여 자립하면, 고향에 살 때는 자식이 현명한 행동으로 스스로 드러나기를 바라고, 관에서 벼슬을 하면 자식이 충성스러움과 청렴함으로 스스로 닦기를 바라는 것이 부모의 마음이다. 또 어찌 하루라도 자식 사랑하는 것을 잊고 시종일관 성취하는 바가 있기를 바라겠는가?"[17] 『설경헌집』

○ 薛文清公曰: "人子生於親之膝下, 方其幼也. 其親出入顧復, 惟恐驚之, 癇之, 飢之, 渴之. 蓋未嘗須臾忘其子之身而欲其安也. 及少長也, 其親誨諭諄, 悉示之以孝弟忠信之道, 陶之以詩書禮樂之方, 未嘗一念忘教其子而欲其入於善也. 逮其成立, 處於鄉則欲其子以賢行自著, 仕於官則欲其子以忠廉自修, 是其親之心. 又曷嘗一日忘愛其子, 而欲其始終有所成就哉." 薛敬軒集

○ 오문과吳聞過[18]는 반덕영潘德寧을 위하여 초심당명草心堂銘을 지어 말했다. "천하에 큰 은혜를 입었지만 보답하지 못하는 것이 있다. 무릇 은혜는 낳아 준 것보다 큰 것이 없으니 부모가 자식에게 있어서 이에 해당

---

17 자식이…바라겠는가: 『문연각 사고전서』 vol. 1243, 『경헌문집敬軒文集』 권19, 334쪽.

18 오문과吳聞過: 오해吳海의 자는 조종朝宗이고, 민현閩縣 사람이다. 평생 은거하여 벼슬하지 않았으며, 주돈이·이정二程·장재·주자의 학문을 공부하여 당시에 이름을 날렸다.

한다. 보답은 칭송하는 것보다 큰 것이 없으니 부모에게 있어서 자식이 이에 해당한다. 그러므로 칭송하고자 하나 하지 못하면 보답할 방법을 알지 못한다. 자식의 마음은 이 때문에 날마다 부족하게 여기고 스스로 그만두지 못한다. 고양리의 반덕영은 어려서부터 아버지를 여의고 어머니가 기르고 가르쳐서 이렇게 성장했다. 당堂의 북쪽 창문에 쓴 '조그마한 풀과 같은 자식의 마음草心'[19]은 맹정요孟貞曜[20]의 시에서 취한 것이니, 아침저녁으로 스스로 힘쓰기를 바란다. 나는 시를 지어 그 뜻을 말했다. 무릇 만물의 태어남은 하늘에 근본한다. 사람에게 몸이 있는 것은 부모 때문이다. 하늘에게 어떻게 보답할 것인가 하면 만물은 어찌할 수 없다. 어떻게 부모에게 보답할 것인가 하면 하늘과 같아서 망극할 뿐이다. 봄볕이 따뜻해야 풀이 이내 생겨난다. 싹을 틔우고, 꽃이 피고 새싹이 자라나는 것은 봄볕이 사사로이 그러게 한 것은 아니니, 풀은 지극히 미미하다. 지극히 은미하게 마음에 두고 또한 보답할 것을 생각한다. 나를 기르고 나를 육성하고, 나를 장성하게 하고 나를 자라게 하고, 나를 돌아보고 나를 살피셨다. 출입에 나를 품으셨고, 나의 해로움을 물리치시고, 나에게서 물과 불을 멀리 하셨다. 내가 말할 수 있게 되자 나에게 시를 암송하게 가르쳤고, 내가 걸을 수 있게 되어서는 나의 행동거지를 삼가도록 했으며, 내가 절약하고 부지런하도록 독려했으며, 내가 태만하게 놀지 않게 했다. 나의 아내와 가족이 있게 되니, 또한 모든 마땅함이 갖춰졌다. 은혜

19 조그마한…마음: 맹교孟郊의 시 「유자음遊子吟」에 "한 마디 작은 풀과 같은 자식의 마음으로, 봄의 햇살 같은 어머니 사랑에 보답하기 어려워라.難將寸草心, 報得三春暉."라고 한 것을 인용한 것으로 자식이 어머니의 은공에 보답함을 말한다.

20 맹정요孟貞曜, 751~814: 이름은 맹교孟郊 이며, 당나라 때 시인이다. 맹교가 64세로 죽자 장적張籍이 시호를 '정요선생貞曜先生'이라 할 것을 청한 일이 있다. 『신당서新唐書』 권176, 「방교전孟郊傳」에 보인다.

가 깊지 않음이 없으니 연못보다 깊고, 덕이 두텁지 않음이 없으니 산보다 높다. 하늘은 진실로 하늘이 아니겠는가, 너의 어머니가 곧 하늘이다. 풀은 햇볕에 대해 보답을 생각한다. 하물며 사람은 풀만 같지 못하리오. 맹씨가 말한 것이 있으니, '실로 나의 마음을 알아주는구나'[21]라고 하였다. 풀만도 못하다면, 어찌 금수와 차이가 있겠는가? 봄볕이 빛나고 빛나며, 부모님의 안색이 밝게 펴지네. 술 단지에 맑은 청주가 있으니, 한 잔 따라 장수를 빈다. 하늘이 자애로운 어버이를 살펴보시고, 장수하게 하신다. 장수와 건강을 내려주시고, 늙지 않음을 내려주신다. 온갖 복을 내려주시고, 또한 나의 후예를 선하게 하신다. 어버이 계시는 북당에 망우초忘憂草 있고, 푸른 대나무 무성하네. 누가 이 당에 올라, 나의 명시銘詩를 볼까?"[22] 『오문과집』

○ 吳聞過爲潘德寧作草心堂銘曰: "天下有大恩而不能報者. 夫恩莫大于生之, 親之于子是也. 報莫難于稱之, 子之于親是也. 然求其稱而不可, 不知所以報之, 此人子之心, 所以維日不足而不能自已乎. 高陽里潘德寧, 自幼失怙, 由母鞠育教誨, 爰底於成. 扁堂之北牖曰'草心'取孟貞曜詩語, 朝夕企以自勗. 吾爲詩以道其意. 凡物之生, 實本乎天. 人之有身, 曰父母旃. 天何以報, 物則不克. 何以報親, 如天罔極. 春暉遲遲, 草乃生之, 句萌甲拆, 敷秀榮滋, 春陽匪私,[23] 草也至微. 至微有心, 亦懷報之. 鞠我育我, 長我畜我, 顧我復我. 出入腹我, 屏我烖害, 遠我水火. 自我能言, 教我誦詩, 我能步趨, 慎我威儀, 厲我儉勤, 毋我

21 실로…알아주는구나: 『시경』「패풍 · 녹의」.

22 천하에…펴지네: 『문연각 사고전서』 vol.1217, 『문과재집聞過齋集』 권4, 208쪽.

23 『돈효록』에는 '양춘陽春'으로 되어 있지만, 『문과재집』에 따라 '춘양春陽'으로 수정함.

怠嬉. 我室我家, 亦百其宜. 莫恩匪深, 式深于淵, 莫徳匪厚, 式高于山. 匪天實天, 伊母則然. 草之于暉, 猶或思報. 矧伊人矣, 而不如草. 孟氏有言, 實獲我心. 草則不如, 奚間獸禽. 春陽載熙, 親顔載怡. 壺有清酒, 酌言壽之. 天監慈母, 錫之壽考. 錫以壽考, 錫以難老. 錫之百福, 亦淑我後. 北堂有萱, 菉竹猗猗. 孰登斯堂, 視我銘詩." 吳聞過集

○ 소청紹淸 선사가 담주潭州 흥화사興化寺에 거처하면서 항상 어머니를 위하여 설법하며 어머니의 고생에 보답하였다.『속문헌통고』

○ 紹淸禪師居潭州興化寺, 常爲母說法, 以報劬勞. 續文獻通考.

내가 생각해보건대, 불교가 인륜을 없애는 것이 지극하다. 그러나 인륜에서 도망갈 수 없다. 대개 부모를 사랑하는 마음은 떳떳한 본성에 근거하니, 마치 돌로 억누르지만 죽순이 뚫고 나오며 땅이 불타더라도 풀은 싹을 트는 것과 같다. 비록 설법의 그릇됨을 깨닫지 못하더라도 오히려 낳아주고 길러준 어버이의 은혜에 마땅히 보답해야 함을 알 수 있으니 천리의 실마리가 없어지지 않음을 보게 된다. 그러므로 뒤에 기록한 것은 모두 이러한 예를 본뜬 것이다.

按, 佛敎之滅人倫, 極矣, 然自是逃不得. 蓋愛親之心, 根於彝性, 有若石壓而筍穿, 原燒而草萌. 雖不覺說法之非, 尙能知劬勞之當報, 一端天理可見其不泯. 故庸錄于末後, 皆倣此例.

# 효의 근본
## 孝之本然

『의례소』에서 말했다. "아버지는 자식의 하늘이다."

**儀禮疏曰: "父者, 子之天也."**

○ 『의례』 주석에서 말했다. "만물은 건乾에 의지하여 시작하고, 인륜은 아버지를 근거로 생겨나니 하늘로 여긴다."[1]

**○ 儀禮註曰: 萬物資始於乾, 人倫資父爲天.**

소疏에서 말했다. "'만물이 건에 의지하여 시작한다'라는 것은 『역』에서 '위대하구나 건원이여, 만물이 의지하여 시작한다'라고 말한 것이 이러한 의미이다." 정현이 말했다. "아버지는 자식의 하늘이다."[2] 두예杜預[3]가 주

---

1 만물은…여긴다: 『효경주소孝經注疏』 권5, 「성치聖治」 제9.

2 아버지는…하늘이다: 『의례주소儀禮注疏』 권11, 「상복喪服」 제11.

3 두예杜預, 223~284: 중국 진대晋代의 무장이자 학자로 자는 원개元凱이다. 진 무제武帝의 명을 받아 진남鎭南 대장군으로서 오吳를 멸했다. 사후 정남征南 대장군으로 추증되었다. 경사經史에 주력하고, 저술에 힘쓰는 등 문무에 뛰어나 두정남杜征南·두무고杜武庫로도 불리었다.

석한 『춘추좌전』에서 말했다. "여자는 시집가기 전에는 아버지를 하늘로 삼고, 시집가 출가하면 남편을 하늘로 삼는다."[4] 이것이 '인륜은 아버지를 근거로 하여 생겨나니 하늘로 삼는다'는 것이다.

○ 호관지역의 삼노인 무[5]가 말했다. "아버지는 하늘과 같고, 어머니는 땅과 같고, 자식은 만물과 같다."[6]

疏曰: "'萬物資始於乾者', 易云'大哉乾元, 萬物資始', 是也." 鄭玄曰: "父者, 子之天也." 杜預注左氏傳曰: "'婦人在室, 則天父, 出則天夫.' 是人倫資父爲天也." ○ 壺關三老茂曰: "父者, 猶天, 母者, 猶地, 子, 猶萬物也."

**○ 『시』「백주」편에서 말했다. "어머니는 하늘이시다."[7] 「용풍」**

**○ 詩栢舟篇曰: "母也, 天只." 鄘風[8]**

주자가 말했다. "어머니께서 품어주고 길러준 은혜가 하늘처럼 다함이 없다."[9]

朱子曰: "母, 覆育之恩, 如天罔極."

---

4 여자는…삼는다: 두예杜預, 『춘추좌전주소春秋左傳注疏』 권6, 「환공桓公」 15년.

5 호관壺關: 호관현壺關縣은 상당군上黨郡에 속하고, 무茂는 삼노三老의 이름이니, 그 성姓은 전해지지 않는다. 『한서漢書』「백관표百官表」에 따르면 진秦나라 법法은 10리里마다 1정亭에 1향鄕을 두고 향鄕마다 삼노三老 한 사람을 두어 교화를 관장했으며, 또 향鄕의 삼노三老 한 사람을 뽑아서 현縣의 삼노三老로 삼았다.

6 아버지는…같다: 『전한서前漢書』 권63, 「무오자전武五子傳」 제33.

7 어머니는…하늘이시다: 『시경』「용풍 · 백주栢舟」.

8 『돈효록』에는 '「패풍邶風」'으로 되어 있으나 『시경』에 따라 '「용풍鄘風」'으로 수정한다.

9 어머니는…없다: 『시경집전』「용풍 · 백주」.

○ 『의례전』에서 말했다. "어버이와 자식은 한 몸이다."[10]

○ 儀禮傳曰: "父子一體也."

소疏에서 말했다. "'어버이와 자식은 한 몸이다'라는 것은 자식과 어버이는 같은 뼈와 피로 몸을 구성한다는 뜻이다."

○ 양만리[11]가 말했다. "어머니가 자식 생각에 손가락을 깨물면 그 자식의 마음을 느낀다. 사람의 기는 서로 감응하고 서로 같기에 '빨리하지 않아도 신속하고 행하지 않아도 이른다'[12]라는 것이 다."[13]

○ 『여씨춘추』에서 말했다. "주周나라에 신희申喜라는 사람이 있었는데 어머니께서 실종되었다. 거지가 문 앞에서 노래 부르는 것을 듣고 슬퍼하며 안색마저 변하였다. 문지기에게 일러 노래를 부른 거지를 들어오게 하였다. 그를 만나보고 '무슨 까닭에 당신은 구걸하느냐'라고 물으며 말을 나누어 보니 그의 어머니였다. 부모는 자식에 대해서, 자식은 부모에 대해서 한 몸에서 둘로 나누어진 존재이고 기氣는 같지만 호흡은 따로 한다. 마치 풀에 꽃과 열매가 있는 것과 같고 수목에 뿌리와 속줄기가 있는 것과 같다. 비록 다른 곳에 살더라도 서로 통하고 생각을 드러내지 않더라도 서로 연결되어 있다. 고통과 아픔에서 서로를 구하고 근심과 걱정은 서로 공감하며, 살아 있을 때는 함께 기뻐하고 죽으면 서로 슬퍼하니 이러한 것을 골육의 친밀함이라고 말한다. 신묘함은 생각에서 우러나와

---

10 어버이와…몸이다: 『의례주소』 권11, 「상복喪服」 제11.

11 양만리楊萬里, 1124~1206: 양만리는 중국 남송의 학자이자 시인이다. 자는 정수廷秀이고. 호는 성재誠齋이다. 남송 사대가의 한 사람이다. 저서에 시집 『강호집江湖集』과 『퇴휴집退休集』이 있고, 고전의 주석인 『성재역전誠齋易傳』이 있다.

12 빨리하지…이른다: 『주역』 「계사 상」 9장.

13 어머니가…것이다: 양만리楊萬里, 『성재역전誠齋易傳』 권17, 「계사상繫辭上」.

마음에 감응하고 두 사람의 정기가 서로 통한 것이니, 어찌 말할 필요가 있겠는가?"[14]

疏曰: "父子一體者, 謂子與父骨血同爲體." ○ 楊氏曰: "其母齧指而其子心動. 一人之氣相應相同, 有'不疾而速, 不行而至'者也." ○ 呂氏春秋, "周有申喜者, 亡其母. 有乞人歌於門下而悲之, 動於顏色, 謂門者納乞人之歌者, 自覺而問焉, 曰, 何故而乞, 與之語, 蓋其母也. 故父母之於子也, 子之於父母也, 一體而兩分, 同氣而異息. 若草莽之有華實也, 若樹木之有根心也, 雖異處而相通, 隱志相及, 痛疾相救, 憂思相感, 生則相歡, 死則相哀, 此之謂骨肉之親, 神出於思, 而應乎心, 兩精相對, 豈待言哉."

내가 생각건대, 증자의 어머니가 자신의 왼쪽 팔을 꼬집자 증자도 팔에 통증을 느꼈고[15], 채순蔡順[16]의 어머니가 자신의 손가락을 깨물자 채순의

14 주周나라에…있겠는가: 『여씨춘추呂氏春秋』 권9, 「계추기季秋紀」.

15 증자의…느꼈고: "증자의 효는 어머니와 같은 기로 감응하였다. 증자가 들에 나무하러 나갔는데, 손님이 왔다가 가려고 하자 어머니가 '기다리시면 증삼이 곧 돌아올 것입니다'라고 말하고서 오른쪽 손으로 왼쪽 팔을 비틀었다. 증자는 왼쪽 팔에 통증이 느껴지자 곧바로 달려와 어머니에게 물었다. '팔이 무엇 때문에 아픈 것입니까?' 어머니가 '지금 손님이 왔다 가려고 하자 내가 팔을 비틀어서 너를 불렀을 뿐이다'라고 말했다. 대개 지극한 효는 부모와 더불어 기가 함께 감응하니, 몸에 질병이 있으면 정신이 곧바로 감응한다.曾子之孝, 與母同氣. 曾子出薪於野, 有客至而欲去, 母曰, '願留, 參方到.' 卽以右手搤左臂, 曾子左臂立痛, 卽馳至, 問母, '臂何故痛?' 母曰, '今者客來欲去, 吾搤臂以呼汝耳.' 蓋以至孝與父母同氣, 體有疾病, 精神輒感." 왕충王充, 『논형論衡』 「감허感虛」.

16 채순蔡順, BC 206~AD 8: 채순은 여남汝南 안양安陽 사람으로 자는 군중君仲이다. 한나라 때의 이름난 효자이자 관리이다. 일찍이 부친이 돌아가시고 어머니를 봉양하고 살았다. 어느 날 채순이 나무를 하러 나갔을 때 갑자기 집에 손님이 찾아왔다. 어머니께서 자신의 손가락을 깨물었더니 밖에 있던 채순이 통증을 느끼고 급히 집

마음이 움직였다.[17] 그리고 유검루庾黔婁[18] 등 여러 사람이 부모님의 고통으로 마음이 동요한 일들은 모두 부모와 자식이 한 몸임을 볼 수 있는 것들이다. 효의 감응은 부모님의 질병에 대한 조목과 엮어 함께 보여주었으므로 여기에서 거듭 기록하지 않는다.[19]

按, 曾子母搤臂, 蔡順母噬指心動, 及庾黔婁, 諸人親疾心動等事, 皆可見父子一體. 而俱見孝感, 編親疾條, 此不疊錄.

**○ 맹자가 말했다. "사람이 배우지 않고 할 수 있는 것이 양능이며, 생각하지 않아도 아는 것이 양지다. 어린 아이라도 그 부모를 사랑함을 모르는 자는 없다. 어른이 되어서는 형을 공경함을 모르는 자는 없다. 어버이를 친하게 대하는 것은 인이고, 어른을 공경하는 것은 의이다. 이것은 다른 이유 때문이 아니라 천하의 사람 누구나 인과 의를 가지고 있기 때문이다."[20] 『맹자』**

**○ 孟子曰: "人之所不學而能者, 其良能也, 所不慮而知者, 其良知也. 孩提之童, 無不知愛其親也. 及其長也, 無不知敬其兄也. 親親, 仁**

---

으로 돌아와 어머니의 안부를 물어볼 정도로 효심이 지극했다고 한다. 효자로 유명해져서 태수가 불러 동각제주東閣祭酒로 삼았다. 후에 효렴孝廉으로 천거되었지만 사양했다.

17 채순蔡順…움직였다: 『후한서後漢書』 권69, 「유조순우강유주조열전劉趙淳于江劉周趙列傳」 제29 「주반전周磐傳」 참조.

18 유검루庾黔婁: 남재南齊 사람으로 자는 자정子貞이다. 잔릉孱陵 수령이 되었다가 어느 날 부친이 병환에 걸렸음을 마음으로 느껴 곧바로 벼슬을 버리고 집으로 돌아왔다. 그리고는 아버지 병세의 차도를 알기 위해 대변이 쓰고 단지를 맛보고 매일 저녁마다 북극성에 부친의 병을 자신이 대신하기를 빌었다고 한다. 『남사南史』 권50, 「유검루열전庾黔婁列傳」.

19 『돈효록』 권34, 권35, 권36에 '효감孝感'에 대해 말하고 있다.

20 사람이… 때문이다: 『맹자』 「진심 상」 15장.

也, 敬長, 義也. 無他, 達之天下也." 孟子

주자가 말했다. "'양'은 본연의 선이다. '해제'는 2 · 3세의 사이에 웃을 줄 알고 손을 잡아주고 안아줄 만한 아이이다. 어버이를 사랑하고 어른을 공경함이 이른바 '양지 · 양능'이다. 어버이를 친애하고 어른을 공경함은 비록 한 사람의 사적인 일이지만 천하에 공통되어 같지 않음이 없으니, 이 때문에 인의가 된다."[21]

○ 정이천이 말했다. "양지와 양능은 모두 말미암는 바가 없으니, 이는 하늘에서 나온 것이지 인위에 얽매여있는 것이 아니다."[22]

○ 진덕수가 말했다. "'양'은 본연의 선이다. 선은 본성에서 나오기에 본연의 능能이 있으니 배우기를 기다리지 않아도 능하고, 본연의 지知는 생각을 기다리지 않아도 안다. 살펴보건대, 사람이 어려서는 부모를 사랑하고, 자라서는 형을 공경함을 안다. 부모를 친애하는 마음은 천하에 공통된 것이니 이른바 인이다. 어른을 공경하는 마음은 천하에 공통된 것이니 이른바 의이다. 그렇다면 인의가 어찌 효제 밖에서 나오겠는가? 이러한 이치는 맹자가 여러 차례 말했고, 천하의 후대 사람을 위하여 생각한 것이 절실하다."[23]

○ 구준丘濬[24]이 말했다. "다스리는 도는 인의를 벗어나지 않으니, 인의

---

21 '양'은…된다: 『맹자집주』「진심 상」 15장.

22 양지와…아니다: 『맹자집주』「진심 상」 15장.

23 '양'은…절실하다: 『문연각 사고전서』 vol.704, 『大學衍義』 권5, 546쪽.

24 구준丘濬, 1420~1495: 구준은 명明 나라의 유학자이자 정치가이다. 자는 중심仲深이고, 호는 심암深菴 또는 경산瓊山이다. 시호諡號는 문장文莊이다. 효종孝宗 때 예부 상서禮部尙書로 문연각태학사文淵閣大學士를 겸하여 정무에 참여하였다. 저서로는 『대학연의보大學衍義補』, 『가례의절家禮儀節』, 『주자학적朱子學的』 등이 있다.

는 반드시 효제보다 앞선다. 사람마다 모두 부모를 사랑하는 마음이 있으며, 부모를 사랑하는 까닭이 곧 인이다. 사람마다 모두 어른을 공경하는 마음이 있으니 어른을 공경하는 까닭이 곧 의이다. 부모는 나의 부모이니, 내가 나의 부모를 사랑하는 것은 사적인 것이지만 천하에 공통적이다. 천하의 사람들이 또한 자신의 부모를 사랑하지 않음이 없는 것은 내가 나의 부모를 사랑하는 까닭과 다르지 않다. 설령 한 사람이라도 사랑하지 않음이 있다면 인을 실천하는 것이 아니다. 형은 나의 사적인 윗사람이니, 내가 나의 형을 공경하는 것은 사적인 것이지만 공통된 것이다. 천하의 사람들이 또한 그 자신의 형을 공경하지 않음이 없는 것은 내가 나의 형을 공경하는 까닭과 다르지 않다. 설령 한 사람이라도 공경하지 않음이 있다면 의를 실천하는 것이 아니다. 아! 양심은 한 사람의 사적인 것에서 나오지만 인의는 공통적이다. 천하가 크지만 마음으로 다스리니, 천하의 평화는 그 단서가 여기에 있다."[25]

朱子曰: "良者, 本然之善也. 孩提, 二三歲之間, 知孩笑, 可提抱者也. 愛親敬長, 所謂良知良能者也. 親親敬長, 雖一人之私, 然達之天下無不同者, 所以爲仁義也." ◯ 程子曰: "良知良能, 皆無所由. 乃出於天, 不繫於人." ◯ 西山眞氏曰: "良謂本然之善也. 善出於性, 故有本然之能, 不待學而能, 本然之知, 不待慮而知. 觀人之幼而愛親, 長而敬兄, 則可知矣. 親親之心, 達之天下, 卽所謂仁. 敬長之心, 達之天下, 卽所謂義. 然則仁義豈出於孝弟之外哉. 斯理也, 孟子蓋屢言之, 其爲天下後世, 慮者, 切矣." ◯ 瓊山丘氏曰: "爲治之道, 不外乎仁義, 而仁義必先於孝弟. 蓋人人皆有愛親之心, 所以愛親者, 即仁也. 人人皆有

---

25 다스리는…있다: 『문연각 사고전서』 vol.712, 『대학연의보大學衍義補』 권79, 898쪽.

敬長之心, 所以敬長者, 即義也. 親者, 吾之私親, 吾愛吾之親, 若私也, 然而通之. 天下之人, 亦莫不愛其私親, 與吾之所以愛吾之親者, 無以異. 使有一人之不愛焉, 非所以為仁也. 兄者, 吾之私長, 吾敬吾之兄, 若私也, 然而達之. 天下之人, 亦莫不敬其私兄, 與吾之所以敬吾之兄者, 無不同. 使有一人之不敬焉, 非所以為義也. 噫! 良心出於一人之私, 仁義通之. 天下之大, 因心為治, 天下之平, 其端在此矣."

**○ 주자가 말했다. "부모님을 사랑하고 형을 공경하며, 군주에게 충성을 다하고 어른을 따르는 것, 이것을 '떳떳한 본성'이라 말하니, 자연스럽게 따르는 것이지 억지로 하는 것이 아니다."「소학제사」**

**○ 朱子曰: "愛親敬兄, 忠君弟長, 是曰秉彝, 有順無彊." 小學題辭**

요로饒魯[26]가 말했다. "'병秉'은 잡는다는 뜻이다. '이彝'는 떳떳하다는 뜻이다. 『시』에서 말했다. '사람은 떳떳한 본성을 가지고 있다.'[27] 이것은 사람의 떳떳한 본성을 말한다. '순順'은 자연스럽게 한다는 뜻이다. '강强'은 억지로 시켜서 하는 것을 의미한다. 이것은 부모를 사랑하고 형을 공경하고 군주에게 충성을 다하고 어른을 따르는 것, 이 네 가지는 인간의 선한 행위이며, 그렇게 하는 까닭은 실제로 떳떳한 본성에 근본한다. 이것이 이른바 사람의 떳떳한 본성이다. 오직 이러한 떳떳한 본성은 자연스

---

26 요로饒魯, 1194~1264: 요로의 자는 백여伯輿 또는 중원仲元이며, 시호는 문원文元이다. 쌍봉은 그의 호이고, 강서성江西省 요주饒州 여간餘干 사람이다. 주희의 문인 황간黃榦과 이번李燔에게 배웠으며, 붕래관朋來館과 석동서원石洞書院을 세워 후학을 양성하였다. 저서로는 『요쌍봉강의饒雙峯講義』가 있다.

27 사람은…있다: 『시경』「대아 · 증민」.

러운 것이지 억지로 시켜 하는 것이 아니다."[28]

○ 진덕수가 말했다. "떳떳한 본성을 잡고 있다는 것은 무슨 뜻인가? 혼연하게 천리가 나의 마음속에 갖추어져 있어 다른 사람이 옮기거나 빼앗을 수 없는 것이 꽉 잡고 있는 것과 같기 때문이다."[29]

饒氏曰: "秉, 執也. 彜, 常也. 詩曰 '民之秉彜'. 言人所秉執之常性也. 順者, 因其自然. 强者, 抑之使然也. 此言愛親敬兄忠君弟長, 是四者, 人之善行也, 而其所以然之, 則實根於常性之中, 此所謂民之秉彜也. 惟其有此秉彜之自然, 而非彊之使然也." ○ 西山眞氏曰: "彜而言秉, 何也. 渾然天理具於吾心, 不可移奪, 若秉執然."

**또 말했다. "한 집의 열 개 방에 부모와 자식이 있으면, 부모는 각자 자기 자식을 사랑하고 자식은 각자 자신의 부모에게 효도한다. 그래도 사람들이 혐오스럽게 여기지 않는 것은 본래 이와 같은 것에 부합하기 때문이다. 자애와 효, 이것이 곧 인이다. 각기 자신의 부모를 부모로 여기고 각기 자신의 자식을 자식으로 대하는 것, 이것이 곧 의이다."[30] 『주자어류』**

**○ 又曰: "如一堂有十房父子, 到得父各慈其子, 子各孝其父, 而人不嫌者, 自是合如此也. 其慈, 其孝, 這便是仁. 各親其親, 各子其子, 這便是義." 朱子語類**

---

28 '병秉'은…아니다: 『문연각 사고전서』, vol.699, 『어정소학집주御定小學集註』, 524~525쪽.

29 떳떳한… 때문이다: 『문연각 사고전서』 vol.704, 『대학연의大學衍義』 권5, 535쪽. 『대학연의大學衍義』에는 '천天'자가 '일一'자로 되어 있다.

30 한 집의…의이다: 『주자어류』 권116, 「주자십삼朱子十三」.

# 효의 체
## 孝之體

공자께서 말씀하셨다. "인이란 사람이다. 어버이를 어버이로 대하는 것이 중요하다."[1] 『중용』

孔子曰: "仁者, 人也. 親親爲大." 中庸

주자가 말했다. "'인'은 사람의 몸을 가리켜 말한 것이다. 이러한 삶의 이치를 갖추면 저절로 측은히 슬퍼하고 자애하는 뜻이 있게 되니, 깊이 체득하여 음미해야 알 수 있다."[2]

朱子曰: "人, 指人身而言. 具此生理, 自然便有惻怛慈愛之意, 深體味之, 可見."

○ 『중용』에서 말했다. "간곡하고 지극한 그 인이여!"[3]

○ 中庸曰: "肫肫其仁."

---

1 인이란…중요하다: 『중용장구』 20장.

2 '인'은…있다: 『중용장구』 20장.

3 간곡하고…인이여: 『중용장구』 32장.

주자가 말했다. "'준준'은 정성이 지극한 모양이다."[4] 또 말했다. "'준준기인'이라는 것은 인륜에 있어서 만약 조금의 어질고 후덕한 뜻이 없다면 부자 · 형제는 서로 상관하지 않게 된다."[5]

朱子曰: "'肫肫', 懇至貌." 又曰: "'肫肫其仁'者, 人倫之間, 若無些仁厚意, 則父子兄弟, 不相管攝矣."

**○ 유자가 말했다. "그 사람됨이 효성스럽고 공경스러우면서 윗사람 범하기를 좋아하는 사람은 거의 없다. 윗사람 범하기를 좋아하지 않으면서 난을 일으키기 좋아하는 사람은 있지 않다."[6] 『논어』 아래도 같다.**

**○ 有子曰: "其爲人也孝弟, 而好犯上者, 鮮矣. 不好犯上, 而好作亂者, 未之有也." 論語 下同**

주자가 말했다. "부모를 잘 모시는 것이 효이며, 형과 어른을 잘 모시는 것은 제이다. [진사개陳師凱[7]가 말했다. "깊은 의미는 '선善' 자에 있으니, 모시기를 잘하는 가운데 매우 하기 어려운 일이 있으니 쉽게 말할 수 없다."[8]] '윗사람을 범한다犯上'라는 것은 윗자리에 있는 사람을 범하는 것이다. '선鮮'은 적음을 의미한다. '난을 일으킨다作亂'라는 것은 거스르고 다투는 일이다. 이것은 사람이 효성스럽고 공경스러우면 마음이 화평하고

4 '준준'은…모양이다: 『중용장구』 32장.

5 '준준기인'이라는…된다: 『주자어류』 64권 「중용3」.

6 그 사람됨이…않다: 『논어』 「학이」 2장.

7 진사개陳師凱: 진사개는 원元 나라의 학자로 자는 도용道勇이며, 여산廬山에 은거隱居하여 그 곳을 동회택東匯澤이라 하였다. 저서로는 『상서채전방통尙書蔡傳旁通』이 있다.

8 깊은…없다: 『논어집주대전論語集註大全』 권1, 「학이」.

순하여 윗사람 범하기를 좋아하는 경우가 적어서, 반드시 난을 일으키는 것을 좋아하지 않음을 말한다."[9]

○ 또 말했다. "'그 사람됨이 효제하다'라는 것은 자질이 좋은 사람을 말한다.

○ 물었다. "윗사람을 범하는 사람이란 빨리 걸어 윗사람보다 앞서 가는 자와 같은 부류입니까?" 주자가 대답했다. "그렇다." 물었다. "자식이 부모에게 간언할 때 부모의 노여움을 사기도 하는데 이것은 윗사람을 범하는 것이 아닙니까?" 주자가 대답했다. "그것은 효에 해당하는 일이니 어찌 범하는 것이 되겠는가? 그러나 간언은 또한 '기운을 내리고 얼굴을 온화하게 하며 부드러운 목소리로 간언'하는 것이니 능멸하고 범하는 것이 아니다."[10]

朱子曰: "善事父母爲孝, 善事兄長爲弟. [新安陳氏曰: 深意在善字上. 善事之中, 有無限難能之事, 未易言也.] '犯上', 謂干犯在上之人. '鮮', 少也. '作亂', 則爲悖逆爭鬪之事矣. 此言人能孝弟, 則其心和順, 少好犯上, 必不好作亂也." ○ 又曰: "'其爲人也, 孝弟', 此說資質好底人." ○ 問: "干犯在上之人, 如'疾行先長者'之類?" 朱子曰: "然." 問: "人子之諫父母, 或貽父母之怒, 此不爲干犯否?" 曰: "此是孝裏面事, 安得爲犯? 然諫又自'下氣怡色柔聲以諫', 亦非淩犯也."

**군자는 근본에 힘쓰니 근본이 서면 도가 생긴다. 효제는 인을 실천하는 근본이다.**[11]

---

9 부모를…말한다: 『논어집주』 「학이」 2장.

10 그것은…아니다: 『주자어류』 권20, 「학이편 상」 64조목.

11 군자는…근본이다: 『논어』 「학이」 2장.

君子務本, 本立而道生. 孝弟也者, 其爲仁之本歟.

주자가 말했다. "'무務'는 오로지 힘쓰는 것이다. '본本'은 뿌리와 같은 의미이다. '인仁'은 사랑의 이치이고 마음의 덕이다. '위인爲仁'은 인을 실천하는 것이다. '여與'는 의문사이니, 겸손하게 물러나 감히 단정하여 말하지 않는 것이다. 군자는 모든 일에 오로지 근본에 힘쓴다는 것을 말한 것이다. 근본이 서면 그 도는 저절로 생긴다. 예를 들면, 윗 문장에서 말한 효제는 바로 인을 행하는 근본이니 배우는 사람이 이것에 힘쓰면 인도人道가 이것에서 생긴다."

○ 정이천이 말했다. "효제는 순한 덕이므로 윗사람 범하기를 좋아하지 않는다. 어찌 다시 이치를 거스르고 법도를 어지럽히는 일을 하겠는가? 덕에는 근본이 있으니, 근본이 서면 그 도가 확충되고 커진다. 효제가 집에서 실행된 이후에야 인애가 사물에게 미치니, 이른바 친한 이를 친히 대하고서 백성을 인하게 대한다고 말한 것이다. 그러므로 인을 실천할 때 효제를 근본으로 삼는다." 본성을 논한다면 인이 효제의 근본이다. 혹자가 물었다. "'효제위인지본孝弟爲仁之本', 이것은 효제로 말미암아 인에 이를 수 있다는 것 아닙니까?" 대답했다. "그렇지 않다. 인을 행함은 효제에서 시작하고, 효제는 인의 한 가지 일이다. 인을 행하는 근본이라 하면 옳지만, 인의 근본이라고 하면 틀렸다. 인은 성性이고, 효제는 용用이다. 성에는 단지 인의예지 네 가지만 있을 뿐이니 어찌 효제가 있겠는가? 그러나 인은 사랑을 위주로 하고, 사랑은 친한 이를 사랑하는 것보다 큰 것이 없으므로 '효제는 인을 실천하는 근본이다'라고 말한 것이다."

○ 어떤 사람이 말했다. "정이천은 효제를 인을 행하는 근본으로 생각했으며, 또 말하기를 '성性으로 논하면 인은 효제의 근본이다'라고 했는

데 무슨 말입니까?" 주자가 대답했다. "인은 성性이고 사랑의 이치이다. 그것이 작용하여 드러나면 부모를 모시고 형을 따르며, 백성을 사랑하고 만물을 사랑하게 되니 모두 인을 실천하는 일이다. 이것을 성性의 측면에서 논하면 인은 효제의 근본이라는 것이다. 다만 부모는 내가 나온 바이며, 형은 같은 부모에게서 태어났지만 나보다 앞서므로 부모를 섬기는 것은 효이고 형을 따르는 것은 제弟가 되니, 사랑이 먼저 드러나 더욱 절실한 것이다. 만약 군자가 이것을 마땅히 해야 할 일로 여기고 힘껏 행하여, 행동으로 옮기고 덕이 확립되는데 이르면 부모를 친하게 대하는 것으로부터 백성을 인하게 대하는데 이르게 되고, 백성을 인하게 대하는 것으로부터 만물을 사랑하는데 이르게 된다. 사랑에는 차등이 있고, 베푸는 것은 점차적인 일이 있지만 인을 행하는 도는 낳고 낳아 다함이 없다. 이것이 효제가 인을 행하는 근본이라는 것이다."[12]

○ '근본이 서면 도가 생겨난다'에 대해 물었다. 주자가 대답했다. "이것은 매우 분명하다. 만약 사람이 효하고 제할 수 있다면 점점 한 가족이 화합하며, 친척에게까지 이르고, 옛 친구들에게 이르게 되어, 점점 훤히 알게 된다."[13]

○ 또 말했다. "사람이 만약 효도하지 않으면 저 도리 가운데가 절단되어, 아래에서 다시 생겨나지 않고 계승하여 이어오지 않게 되므로 효제는 인을 실천하는 근본이라 말하는 것이다."[14]

○ 또 말했다. "부모를 사랑하고 형제를 사랑하는 것은 인을 실천하는 근본이다. 마치 물의 흐름은 반드시 첫 번째 웅덩이를 지난 후에 두 번째

---

12 인은…근본이다: 『주자대전』 권67, 「논어혹문설일論語或問說一」.

13 이것은…된다: 『주자어류』 권20, 「논어이論語二」 70조목.

14 사람이…것이다: 『주자어류』 권20, 「논어이論語二」 63조목.

와 세 번째 웅덩이를 지나간다. 먼저 첫 번째 웅덩이를 거치지 않고 두 번째와 세 번째 웅덩이에 이를 수는 없다. 인은 물의 원천이고, 효제는 첫 번째 웅덩이다."[15]

○ 또 말했다. "효제는 물이 흘러가는 곳의 첫 번째 웅덩이고, 백성에게 인하게 대하는 것은 두 번째 웅덩이고, 만물을 사랑하는 것은 세 번째 웅덩이다."[16]

○ 또 말했다. "비유하면 한 알의 조는 움트면 싹이 된다. 인은 한 알의 조이고 효제는 싹이니 인은 효제의 근본이다. 또 예를 들어 나무에 뿌리가 있고, 줄기가 있고, 가지와 잎이 있는 것과 같으니, 부모를 친하게 대하는 것은 뿌리고, 백성을 사랑하는 것은 줄기이고, 만물을 사랑하는 것은 가지와 잎이니, 곧 인을 실천하는 것은 효제를 근본으로 한다."[17]

○ 또 말했다. "효제는 합당한 일이지만 백성을 사랑하고 만물을 사랑하는 것은 효제를 따라 가야할 필요는 없다." 정가학鄭可學[18]이 말했다. "풀과 나무는 뿌리가 있어야 비로소 가지와 잎이 무성하게 되는 것 같습니다." 대답하여 말했다. "진실로 옳다. 다만 뿌리가 있으면 가지와 잎은 자연스럽게 번성한다. 가지와 잎이 번성해야 비로소 뿌리를 배양 할 수 있는 것은 아니다."[19]

○ 정이천 선생이 저에게 '효제는 인을 하는 근본이다'는 구절을 생각하라고 했습니다. 그래서 저는 이렇게 생각했습니다. 사람이 처음 태어나

---

15 부모를…웅덩이다: 『주자어류』 권20, 「논어이論語二」 80조목.

16 인은…웅덩이다: 『주자어류』 권20, 「논어이論語二」 81조목.

17 비유하면…한다: 『주자어류』 권20, 「논어이論語二」 119조목.

18 정가학鄭可學, 1152~1212: 정가학의 자는 자상이며, 복건성福建省 포전莆田 사람이다. 장주지사漳州知事를 지냈고, 저술로는 『춘추박의春秋博議』가 있다.

19 효제는…아니다: 『주자어류』 권20, 「논어이論語二」 76조목.

면서 천지의 중정中正을 받고 오행의 빼어남을 품수하는데, 품수하는 처음에 인은 그 가운데 보존되어 있다. 이미 태어나면, 어려서는 그 어버이를 사랑할 줄 알고, 자라서는 그 형을 공경할 줄 안다. 인의 작용은 여기에서 바깥으로 드러난다. 이러한 때에는 오직 사랑하고 공경할 줄만 알 뿐이니, 애당초 사물에 얽매임이 없었다. 그러나 정욕이 마음에 구멍을 내고 바깥에서 사물이 유혹하면 사물에 얽매이는 마음은 날로 두터워지고 사랑하고 공경하는 마음은 날로 얇아져 본심을 잃고 인도 따라서 사라지고 만다. 그러므로 성인은 '군자는 근본에 힘쓰니, 근본이 확립되면 도가 생긴다. 효제란 인을 행하는 근본이다'라고 가르친 것이다. 인을 닦고 행하는 이는 반드시 효제에 근본을 두기 때문이다. 선생이 말했다. "이렇게 찾고 탐구하는 것이 매우 좋다. 부자는 '어버이를 공경하는 이는 남에게 거만하게 굴지 않는다. 어버이를 사랑하는 이는 남에게 악행을 저지르지 않는다'고 했다. 남에게 거만하게 굴지 않고 악행을 저지르지 않는 것이 바로 효제다. 인을 다하면 이것이 효제를 다하는 것이요, 효제를 다하면 바로 인이다." 또 물었다. "인을 행하면서, 먼저 외물을 사랑하는 것에서부터 미루어 가는 것은 어떻습니까?" 말했다. "어버이를 공경하지 않으면서 남을 공경하는 것을 예를 어긴다고 하고, 어버이를 사랑하지 않으면서 남을 사랑하는 것을 덕을 어긴다고 한다. 그러므로 군자는 '어버이를 친애하고 백성들에게 인하게 대하며, 백성을 인하게 대하고서 만물을 사랑한다'고 하는 것이다. 어버이를 친애하면서 어떻게 백성을 인하게 대하지 않겠는가? 백성을 인하게 대하고서 어떻게 만물을 사랑하지 않겠는가? 만물을 사랑하는 마음으로 미루어서 어버이를 친애한다면 이것은 오히려 묵자의 학설이다."

○ 물었다. "효제는 인을 실천하는 근본이지만 의義와 예禮와 지智의

근본이 무엇인지 모르겠습니다." 주자가 말했다. "다만 효제는 인을 실천하는 근본이고, 의義와 예禮와 지智의 근본도 모두 여기에 있다. 형을 따르고 부모를 섬기는 것을 마땅하게 하는 것은 의를 행하는 근본이다. 부모를 섬기고 형을 따르는 것에 절도와 문식이 있는 것은 예를 행하는 근본이다. 부모를 섬기고 형을 따르는 까닭을 아는 것은 지智의 근본이다."[20]

朱子曰: "'務', 專力也. '本', 猶根也. '仁'者, 愛之理, 心之德也. '爲仁', 猶曰行仁. '與'者, 疑辭, 謙退不敢質言也. 言君子凡事專用力於根本, 根本旣立, 則其道自生. 若上文所謂孝弟, 乃是爲仁之本, 學者務此, 則仁道自此而生也." ○ 程子曰: "孝弟, 順德也, 故不好犯上, 豈復有逆理亂常之事. 德有本, 本立則其道充大. 孝弟行於家, 而後仁愛及於物, 所謂親親而仁民也. 故爲仁以孝弟爲本. 論性, 則以仁爲孝弟之本." 或問: "孝弟爲仁之本, 此是由孝弟可以至仁否?" 曰: "非也. 謂行仁自孝弟始, 孝弟是仁之一事. 謂之行仁之本則可, 謂是仁之本則不可. 蓋仁是性也, 孝弟是用也, 性中只有箇仁義禮智四者而已, 曷嘗有孝弟來. 然仁主於愛, 愛莫大於愛親, 故曰孝弟也者, 其爲仁之本歟!" ○ 或曰: "程子以孝弟為行仁之本, 而又曰論性則以仁為孝弟之本, 何也?" 朱子曰: "仁之爲性, 愛之理也. 其見於用, 則事親從兄, 仁民愛物, 皆其爲之之事也. 此論性而以仁爲孝弟之本者然也. 但親者, 我之所自出, 兄者, 同出而先我, 故事親而孝, 從兄而弟, 乃愛之先見而尤切者, 若君子以此爲務而力行之, 至於行成而德立, 則自親親而仁民, 仁民而愛物, 其愛有差等, 其施有漸次, 而爲仁之道, 生生而不窮矣. 此孝

20 정이천…근본이다: 『주자어류』 권20, 「논어이論語二」 72조목.

弟所以爲行仁之本也." ○ 問"本立道生". 朱子曰: "此甚分明. 如人能孝弟, 漸漸和於一家, 以至親戚, 以至故舊, 漸漸通透." ○ 又曰: "人若不孝, 便是這道理中間斷了, 下面更生不去, 承接不來, 所以說孝弟仁之本." ○ 又曰: "愛親愛兄是行仁之本. 如水之流, 必過第一池, 然後過第二池, 第三池. 未有不先過第一池, 而能及第二第三者. 仁便是水之原, 而孝弟便是第一池." ○ 又曰: "孝弟是水流底第一坎, 仁民是第二坎, 愛物則三坎也." ○ 又曰: "譬如一粒粟, 生出爲苗. 仁是粟, 孝悌是苗, 便是仁爲孝弟之本. 又如木有根, 有幹, 有枝葉, 親親是根, 仁民是幹, 愛物是枝葉, 便是行仁以孝弟爲本." ○ 又曰: "孝弟是合當底事, 不是要仁民愛物方從孝弟做去." 可學云: "如草木之有根, 方始枝葉繁茂." 曰: "固是. 但有本根, 則枝葉自然繁茂. 不是要得枝葉繁茂, 方始去培植本根." ○ 伊川先生教某思孝弟爲仁之本. 某竊謂: 人之初生, 受天地之中, 禀五行之秀, 方其禀受之初, 仁固已存乎其中. 及其旣生也, 幼而無不知愛其親, 長而無不知敬其兄, 而仁之用於是見乎外. 當是時, 唯知愛敬而已, 固未始有事物之累. 及夫情欲竇於中, 事物誘於外, 事物之心日厚, 愛敬之心日薄, 本心失而仁隨喪矣. 故聖人教之曰: '君子務本, 本立而道生. 孝弟也者, 其爲仁之本歟!' 蓋謂修爲其仁者, 必本於孝弟故也. 先生曰: "能如此尋究, 甚好. 夫子曰: '敬親者不敢慢於人, 愛親者不敢惡於人.' 不敢慢於人, 不敢惡於人, 便是孝弟. 盡得仁, 斯盡得孝弟. 盡得孝弟, 便是仁." 又問: "爲仁先從愛物上推來. 如何?" 曰: "不敬其親而敬他人者, 謂之悖禮, 不愛其親而愛他人者, 謂之悖德, 故君子'親親而仁民, 仁民而愛物'. 能親親, 豈不仁民? 能仁民, 豈不愛物? 若以愛物之心推而親親, 却是墨子也." ○ 問: "孝弟爲仁之本, 不知義禮智之本." 朱子曰: "只孝弟是行仁之本, 義禮智之本皆在此. 使其從兄事親得宜者, 行義之本也. 事親從兄有節文者, 行禮之本也. 知事親從兄之所以然者, 智之本也."

○ 맹자가 말했다. "인의 실제는 부모를 섬기는 것이고, 의의 실제는 형을 따르는 것이다."[21] 『맹자』 이하는 같다.

○ 孟子曰: "仁之實, 事親是也. 義之實, 從兄是也." 孟子 下同.

주자가 말했다. "인은 사랑을 위주로 하는데 사랑은 부모를 섬기는 것보다 절실한 것이 없고, 의는 공경을 위주로 하는데 공경은 형을 따르는 것보다 앞선 것이 없다. 그러므로 인의의 도는 그 쓰임은 지극히 넓지만 그 실제는 부모를 섬기고 형을 따르는 사이를 넘지 않는다. 대개 양심의 발현이 가장 절실하고 가깝고 정미하며 실제이다. 유자는 효제가 인을 실천하는 근본으로 여기니 그 뜻 또한 이와 같다."[22]

○ 또 말했다. "저 '실實'자는 명실名實 · 사실事實의 실實이 아니라 바로 화실華實(꽃과 열매)의 실實이다. 인의 실實은 본래 다만 부모를 섬기는 것이며, 미루어서 확장하면, 사람을 사랑하고 만물을 이롭게 하는 것에 인 아닌 것이 없다. 의의 실實은 본래 다만 형을 따르는 것이니, 미루어 확장하면 임금에게 충심을 다하고 윗사람을 공경하는 것에 의 아닌 것이 없다. 부모를 섬기고 형을 따르는 것은 인의의 실實이다. 미루어 확장해 나아가면 인의의 화려한 문채이다."[23]

○ 물었다. "마땅히 해야 할 일은 모두 의인데, 왜 오로지 형을 따르는

---

21 인의…것이다: 『맹자』 「이루 상」 27장.

22 인은…같다: 『맹자집주』 「이루 상」 27장.

23 저…문채이다: 『주자어류』 56권, 「맹자육孟子六」 38조목.

것만을 말하는 것입니까?" 주자가 대답하였다. "형을 따르는 것은 마땅히 해야 할 일 중 가장 먼저 해야 할 것이다." 또 물었다. "부모를 섬기는 것은 어째서 마땅히 해야 할 일이 아니며, 의에 귀속되지 않는 것은 무엇 때문입니까?" 대답하였다. "나와 부모는 한 몸이니, 어찌 마땅히 해야 함과 하지 않음을 논할 수 있겠는가!"[24]

○ 물었다. "부모와 자식 형제는 모두 은혜로서 합하는데, 지금 형을 따르는 것만을 의로 여기는 것은 무엇 때문입니까?" 대답하였다. "형제는 부모와 자식에 비해 이미 다툼이 조금 있기 때문이다."[25]

○ 또 말했다. "부모에게 효는 다시 생각할 것이 없다."[26]

朱子曰: "仁主於愛而愛莫切於事親, 義主於敬而敬莫先於從兄. 故仁義之道, 其用至廣, 而其實不越於事親從兄之間. 蓋良心之發, 最爲切近而精實者. 有子以孝弟爲爲仁之本, 其意亦猶此也." ○ 又曰: "這實字不是名實·事實之實, 正是華實之實. 仁之實, 本只是事親, 推廣之, 愛人利物, 無非是仁. 義之實, 本只是從兄, 推廣之, 忠君弟長, 無非是義. 事親從兄, 便是仁義之實. 推廣出去者, 乃是仁義底華采." ○ 問: "事之當爲者, 皆義也, 如何專以從兄言之?" 朱子曰: "從兄乃事之當爲而最先者." 又問: "事親豈非事之當爲, 而不歸之義, 何也?" 曰: "己與親乃是一體, 豈可論當爲不當爲!" ○ 問: "父子兄弟皆是以恩合, 今以從兄爲義, 何也?" 曰: "以兄弟比父子, 已是爭得些." ○ 又曰: "孝於父母, 更無商量."

24 마땅히…있겠는가: 『주자어류』 56권, 「맹자육孟子六」 42조목.
25 부모와… 때문이다: 『주자어류』 56권, 「맹자육孟子六」 44조목.
26 부모에게…없다: 『주자어류』 권20, 「논어이論語二」 85조목.

지智의 실實은 이 두 가지를 알고 이것을 버리지 않는 것이다. 예禮의 실實은 이 두 가지를 절도에 맞게 조절하고 수식하는 것이요, 악樂의 실實은 이 두 가지를 즐거워하는 것이니, 즐거워하면 이 두 가지의 마음이 생겨난다. 이 두 가지 마음이 생기면 어찌 그만둘 수 있겠는가? 그만둘 수 없는 경지에 이르면 너무 좋아서 자신도 모르는 사이에 발로 뛰고 손으로 춤을 추게 될 것이다.[27]

**智之實, 知斯二者弗去是也. 禮之實, 節文斯二者是也. 樂之實, 樂斯二者, 樂則生矣. 生則惡可已也, 惡可已, 則不知足之蹈之, 手之舞之.**

주자가 말했다. "이 두 가지는 부모를 섬기는 것과 형을 따르는 것을 가리켜 말했다. 알고서 버리지 않는 것은 견해가 명확하고 지킴이 확고한 것이다. '절문節文'은 절도에 맞게 꾸밈을 가하는 것이다. '즐거워하면 생겨난다樂則生'는 것은 조화롭게 따르고 자연스러워 억지로 힘쓰는 것이 없어서 부모를 섬기고 형을 따르는 마음이 유연하게 저절로 생겨나는 것이 마치 초목이 생生에 대한 의지가 있는 것과 같다. 이미 생에 대한 의지가 있으면 초목이 무성하고 가지가 발육됨을 막을 수가 없다. 이것이 이른바 '어찌 그만둘 수 있겠는가'이다. 더욱 성대해지면 손으로 춤을 추고 발로 뛰면서도 스스로 알지 못하는 경지에 이른다."

○ 또 말했다. "이 장은 부모를 섬기고 형을 따르는 것은 양심의 참된 간절함이니, 천하의 도가 모두 여기에서 근원한다. 그러나 반드시 앎이 분명하고 지킴이 견고한 뒤에야 절제가 친밀해지고 즐거움이 깊어진다."[28]

○ "어버이를 섬기고 형을 따른다"라는 단락에 대해 물었다. 대답하여

27 지智의…것이다: 『맹자』 「이루 상」 27장.

28 이 두 가지는…깊어진다: 『맹자집주』 「이루 상」 27장.

말했다. "중요한 곳은 다섯 개의 '실實'자에 있다. 인仁은 '어버이를 친애하고 나서 백성을 사랑하고 만물을 아낀다'[29]는 것이고, 의義는 어른을 어른으로 대하고 귀한 이를 귀하게 대하고 현명한 이를 존경하는 것이다. 그러나 집에 있을 때 백성을 사랑하고 만물을 아끼는 것에는 이를 수 없고, 임금을 섬기지 않을 때 귀한 이를 귀하게 대하는 것에 이를 수 없다. 스승과 벗을 따르지 않을 때는 현명한 이를 존중하는 데 이를 수 없는 것과 같다. 또 모름지기 먼저 부모를 섬기고 형을 좇아 따라 가면 이것이 인의仁義의 실實이다. 백성을 사랑하고 만물을 아끼고, 귀한 이를 귀하게 대하고 현명한 이를 존중하는 것이 인의仁義의 아름다운 꽃이다. 만약 이것을 이해하면 나머지 것도 알게 되니, 그것을 분명하게 이해하여 지키고 변하지 않는 것이 지智의 실實이다. 기쁘게 행한 것이 곧 예禮의 실實이다. 마음에서 저절로 나오며 억지로 하지 않는 것이 곧 악樂의 실實이다."[30]

○ 진덕수가 말했다. "살펴보건대, 이것은 맹자가 인·의·예·지·악의 실實을 말한 것이니 사람들에게 힘써야 하는 곳을 알게 한 것이다. 인의의 도는 위대하지만, 그 절실한 곳은 부모를 섬기고 형을 따르는 데 있다. 이 두 가지는 사람의 양지와 양능으로, 천성天性의 진실함이 여기에서 발현한다. 인의를 실천하려는 자는 오직 이것에 힘을 다할 뿐이다. 그렇지 않으면 유연하고 범범하게 되어 의지할만한 실實이 없게 된다. 진실로 이 두 가지를 알고, 지켜서 버리지 않는 것이 곧 지智의 실實이다. 이 두 가지를 절제하고 꾸며 융성함과 간소함을 적절히 조절하는 것이 곧 예禮의 실實이다. 이 두 가지를 행하면서 즐거워 자연스럽고 태연하고 편안한 마음이 있게 되어 억지로 힘쓰고 교정하지 않아도 하게 되는 것이 곧 악

29 어버이를…아낀다: 『맹자』 「진심 상」 45장.

30 중요한…실實이다: 『주자어류』 56권, 「맹자육孟子六」 37조목.

樂의 실實이다. 대개 천하의 선은 부모를 섬기고 형을 따르는 것을 벗어나지 않는다. 만약 즐거움이 지극하면 마음에 저절로 생의生意가 활짝 펴져 구석구석 이르고 스스로 그만 둘 수 없다. 발로 뛰고 손으로 춤을 추면서도 왜 그런지를 모르고 그렇게 한다. 그러나 깊이 완미하여 실제로 체득하지 않으면 이 맛을 알 수 있겠는가!"[31]

○ 보광輔廣[32]이 말했다. "이미 분명히 알게 되면 자연스럽게 버리지 않게 된다. 마치 사람이 물과 불에 뛰어들어서는 안 된다는 것을 안다면 자연스럽게 뛰어들지 않는 것과 같다. 사람이 이미 부모를 마땅히 사랑해야 하고 형을 마땅히 공경해야 함을 안다면 누가 그 부모를 버리고 사랑하지 않고 그 형을 버리고 공경하지 않겠는가? 사람의 지혜가 외물에 의해 혼미해져 무언가를 분명히 알지 못하면 (진정한) 지혜가 아니다.[33] 부모를 섬기면 저절로 부모를 섬기는 절차와 문식이 있게 되고, 형을 따르는 것 또한 그렇다. 거칠게 말하면, 마치 부모에게 추울 때는 따뜻하게, 더울 때는 시원하게 해드리고 저녁이면 이부자리를 펴 드리며 아침이면 문안드

31 살펴보건대…있겠는가: 『문연각 사고전서』 vol.704, 『대학연의大學衍義』 권12, 615쪽.

32 보광輔廣: 보광의 자는 한경漢卿이고, 호는 잠재潛齋이다. 『문헌통고文獻通考』에 의하면 그의 아버지는 본래 하삭인河朔人인데 남도南渡 후에 수주秀州의 숭덕현崇德縣에 살았다고 한다. 청나라 침계우沈季友가 찬한 『취리시계檇李詩繫』에 의하면 "아버지 규逵가 숭덕崇德에서 광廣을 낳았는데 어려서 염락濂洛의 글을 읽고는 배우고자 하는 뜻을 두어 여조겸呂祖謙에게 수학하였고, 이어 주자를 스승으로 삼았다. 황간黃榦과 함께 '황보黃輔'라고 불렸다. 경원慶元(1195~1200) 초에 위학僞學 사건이 일어나 채원정蔡元定이 귀향 가서 죽자 홀로 주자를 시봉하였다. 여러 동지들과 강학에 전념하였는데 그 당호를 '전이傳貽'라고 하여 학자들이 '전이선생傳貽先生'이라고 불렀으며, 또는 '경원보씨慶源輔氏'라고도 한다. 저서로는 『논어답문論孟答問』, 『육경집해六經集解』, 『시전동자문詩傳童子問』, 『통감집의通鑑集義』가 있다"고 하였다.

33 이미…아니다: 『문연각 사고전서』 vol.718, 『어정효경연의御定孝經衍義』 권5, 65쪽.

리는 것과 천천히 어른을 뒤따르는 것과 같은 것이니, 각각 절차와 이치가 있다.[34] 이와 같으면 예의 실實과 악樂의 의意는 지극히 충만하게 되어 말을 하지 않아도 마음이 저절로 드러나고, 혈맥이 저절로 요동치고, 손이 춤추고 발이 움직이는 것이 모두 저절로 그러하게 된다. 그래서 마음이 억지로 시키는 것을 기다리지 않아도 그렇게 되므로 스스로 알지 못하게 된다.

○ 황중원黃仲元[35]이 말했다. "'생生'자와 '실實'자는 서로 상응하니 '실'은 살아있는 씨앗이다. 이 씨앗은 인간의 몸속에 있으니, 내 몸에서 경험하면, '부모님을 섬기고 형을 따르는 것이 이것이다'라는 것은 근원의 발현하는 곳에 나아가 말한 것이다. '지知는 이것을 떠나지 않는 것이다'라는 것은 몸으로 직접 느끼고 유지하고 보존하는 것을 말한 것이다. '절제하고 문식하는 것이 이것이다'라는 것은 섬세하고 정밀한 것을 말한 것이다. '악樂이 이것이다'라는 것은 성숙하고 결실을 맺는 것에 나아가 말한 것이다. '생겨나면 어찌 그만둘 수 있겠는가'라는 것은 마치 '큰 열매는 먹지 않는다'는 것처럼 선의 단초는 다시 쉼이 없다는 것이다. '발로 뛰고 손으로 춤을 춘다'라는 것은 다만 가지와 줄기가 무성하고 꽃이 피는 것을 형용한 것이니, 완미하고 기뻐하는 곳이다."[36]

---

34 부모를…있다: 『문연각 사고전서』 vol.718, 『어정효경연의御定孝經衍義』 권4, 61쪽.

35 황중원黃仲元, 1231~1312: 황중원의 자는 선보善甫고, 호는 사여四如이며, 남송 흥화군興化軍 보전莆田 사람이다. 황적黃績의 아들이다. 도종度宗 함순咸淳 7년(1271) 진사가 되고, 국자감부國子監簿에 올랐지만 나가지 않았다. 송나라가 망하자 이름을 연淵으로 고치고 자는 천수天叟, 호는 운향노인韻鄉老人이라 하면서 고향에서 학생들을 가르치다가 죽었다. 저서로는 『사여강고四如講稿』와 『경사변의經史辨疑』, 『사여문집四如文集』이 있다.

36 '생生'자와…곳이다: 『문연각 사고전서』 vol.183, 『사여강고四如講稿』 권2, 755~756쪽.

○ 채씨가 말했다. "지智는 그것을 알아서 떠나지 않는 것이니, 예의 절문節文과 더불어 오히려 이것을 지킨다. 즐거움에 이르면 생기生氣가 돌고, 나도 모르게 손이 춤추고 발이 뛰게 되니 곧 변화한 것이다. 이것은 학문의 지극한 공이다."

朱子曰: "斯二者, 指事親從兄而言. 知而弗去, 則見之明而守之固矣. '節文', 謂品節文章. '樂則生矣', 謂和順從容, 無所勉强, 事親從兄之意, 油然自生, 如草木之有生意也. 旣有生意, 則其暢茂條達, 自有不可遏者, 所謂'惡可已'也. 其又盛, 則至於手舞足蹈而不自知矣." ○ 又曰: "此章, 言事親從兄, 良心眞切, 天下之道, 皆原於此. 然必知之明而守之固, 然後節之密而樂之深也." ○ 問"事親·從兄"一段. 曰: "緊要在五箇實字上. 如仁是'親親而仁民愛物', 義是長長而貴貴尊賢. 然在家時, 未便到仁民愛物. 未事君時, 未到貴貴. 未從師友時, 未到尊賢, 且須先從事親從兄上做將去, 這箇便是仁義之實. 仁民愛物, 貴貴尊賢, 便是仁義之英華. 若理會得這箇, 便知得其他, 那分明見得而守定不移, 便是智之實. 行得恰好, 便是禮之實. 由中而出, 無所勉强, 便是樂之實." ○ 西山眞氏曰: "按, 此孟子指言仁義禮智樂之實, 使人知所以用力之地也. 仁義之道大矣, 而其切實處, 止在於事親從兄. 蓋二者, 人之良知良能, 天性之眞於焉發見. 欲爲仁義者, 惟致力乎此而已. 否則悠悠然, 汎汎然, 非可據之實地矣. 眞知斯二者, 守之而不去, 則智之實. 節文斯二者, 適隆殺之宜, 則禮之實. 於斯二者, 行之而樂有從容安適之意, 無勉强矯拂之爲, 則樂之實. 蓋天下之善, 未有出於事親從兄之外者. 苟至於樂, 則方寸之間, 油然自有生意, 敷暢條達, 自不可已. 足之所蹈, 手之所舞, 亦將有不知其然而然者矣. 然非深玩而實體之, 其能識此味乎!" ○ 慶源輔氏曰: "知旣明, 則自然不去. 如人知水火之不可蹈, 則自然不蹈也. 人旣知親之當愛, 兄之當敬, 孰肯捨其親而不愛, 捨其兄而不敬者. 其有不愛不敬者, 蓋其智爲物昏, 而知之不明, 非智矣. 事親自有事親之節文, 從兄亦然, 粗言之, 如溫凊定省 · 徐行後長之類, 各有品節文理. 便是禮之實樂之之意, 至於充盛之極, 則不假言說, 心意自然形見, 血脈自然動盪, 手舞足蹈皆自然而然, 不待心使之然, 故不自知也." ○ 莆田黃氏曰: "生字與實字相應, 實是箇生生種子. 這種子只在人腔殼子裏, 驗之吾身, 事親從兄是. 從源頭發見處說. 知弗去是, 就體認操存處說. 節文是, 就纖悉微密處說. 樂是, 就成熟結果處說. 生惡可已, 如碩果不食, 善端萌蘖, 更無歇時. 足蹈手舞, 只是形容枝幹暢茂, 花蕚敷榮, 可玩可悅處." ○ 蔡氏曰: "智之知而弗去, 與禮之節文, 猶是守之也. 到得樂則生, 而不知手舞足蹈, 則化之矣. 此學問之極功也."

**○ 무릇 사단이 나에게 있는 것을 알고 다 확충하면 비로소 불이 불타는 것과 같고 비로소 샘이 솟아나는 것과 같아서, 진실로 확충하면 족히 사해를 보호하고 진실로 확충하지 못하면 족히 부모도 모시지 못한다.**

**○ 凡有四端於我者, 知皆擴而充之矣, 若火之始然, 泉之始達, 苟能充之, 足以保四海, 苟不充之, 不足以事父母.**

주자가 말했다. "'확擴'은 미루어 넓힌다는 뜻이다. '충充'은 가득 채운다는 의미다. 사단이 나에게 있으며, 곳에 따라 발현하니, 모두 이것에 나아가 확충하고 본연의 역량을 가득 채울 줄 알면, 나날이 새롭고 또 새롭게 하여 스스로 그만두지 못하는 것이다. 이것으로 말미암아 마침내 확충하면 사해가 비록 멀지만, 또한 나의 범위 안에 있게 된다. 그러나 채우지 못하면 비록 지극히 비근한 일일지라도 할 수 없다."

朱子曰: "'擴', 推廣之意. '充', 滿也. 四端在我, 隨處發見, 知皆卽此推廣而充滿其本然之量, 則其日新又新, 將有不能自已者矣. 能由此而遂充之, 則四海雖遠, 亦吾度內. 不能充之, 則雖事之至近, 而不能矣."

○ 증자가 말했다. "인은 효를 인하게 하는 것이다. 예는 효를 실천하는 것이다. 의는 효를 마땅하게 하는 것이다. 신信은 효를 신뢰하는 것이다. 강함은 효를 강력하게 실천하는 것이다. 즐거움은 효를 순순히 따르는 것에서 생겨나고, 형벌은 효에 반하는 것에서 받게 된다. 『예기』「제의」

**○ 曾子曰: "仁者, 仁此者也. 禮者, 履此者也. 義者, 宜此者也. 信者, 信此者也. 强者, 强此者也. 樂自順此生, 刑自反此作." 禮記祭義**

진호陳澔[37]가 말했다. "일곱개의 글자는 모두 효를 말한 것이다."[38] ○ 방각方慤[39]이 말했다. "효는 이미 덕의 근본이므로 인이 효에서 말미암지

---

37 진호陳澔, 1261~1341: 진호는 중국 원元 나라 때의 학자이며, 남강군南康郡 도창都昌 사람으로, 진대유陳大猷의 아들이다. 송宋 나라가 망한 뒤 은거하여 벼슬을 하지 않고 고향에서 유생을 가르쳤다.

38 일곱개의…것이다: 호광胡廣 찬撰, 『예기대전』 권22, 「제법祭法」 제23.

39 방각方慤: 방각은 중국 송宋 나라 시대의 학자로 신안新安 사람이다. 자는 성부性夫이다. 그는 왕안석王安石 · 왕우王雱 부자의 『삼경신의三經新義』(왕안석의 『주례의周禮義』, 왕우의 『시의詩義』 및 『서의書義』)만 해석이 없어서 그 『삼경의三經義』 및 『자설字說』을 가져다 부연하고 설명하여 『예기해禮記解』를 편찬했다. 방각은 이 공로로 상사생上舍生이 되었지만, 그의 해설은 명료하여 주자朱子가 방각과 마희맹馬希孟의 예에 대한 해설은 매우 설득력이 있어 참고할 만하다고 하였으며, 왕안석의 신학新學을 추종했다고 해서 이 책을 무시할 수 없다고 진진손陳振孫은 평가했다. 이 책은 현존하지 않지만, 위식衛湜의 『예기집설禮記集說』에 상당부분 인용되

않으면 족히 인의 덕이 될 수 없다. 예가 효에서 실천되지 않으면 족히 예의 덕이 될 수 없다. 의, 신, 강에 이르러서도 또한 이와 같을 따름이다."[40]

陳氏曰: "七此字, 皆指孝而言也." ○ 方氏曰: "孝旣爲德之本, 故仁非仁於孝, 不足以爲仁之德. 禮非履於孝, 不足以為禮之德. 以至義也, 信也, 強也, 亦若此而已."

**○ 맹자가 말했다. "요순의 도는 효제일 따름이다."[41] 『맹자』**

**○ 孟子曰: 堯舜之道, 孝弟而已矣. 孟子**

진양陳暘[42]이 말했다. "효제는 인간의 양지와 양능으로 자연스러운 본성이다. 요 · 순은 인륜의 지극함으로 또한 이 본성을 따랐을 뿐이다. 어찌 이에 작은 것이라도 더할 수 있겠는가?"[43]

○ 진덕수가 말했다. "세상 사람들은 때때로 요순의 도를 너무 원대하고 고상한 것으로만 이야기하는 실수를 저지른다. 그러므로 맹자가 한마디로 '효제일 뿐이다'라고 말하였는데, 요순의 도가 여기에 그쳤음을 일컬은 것이다. 무릇 어려서는 부모님을 사랑하고, 성장해서는 형을 존경하는 것은 인간 본성과 같은 것이며 요 · 순이 되는 것은 이 본성을 다하는 것

---

어 그 대강을 짐작할 수 있다.

40 효는…따름이다: 위식衛湜 찬撰, 『예기집설禮記集說』 권120.

41 요순의…따름이다: 『맹자』 「고자 하」 2장.

42 진양陳暘, 1064~1128: 진양은 북송 시대의 음악이론가로 중국 고대 여덟 명의 위대한 음악가 중 한 명이다. 진양의 자는 진지晉之이고 북송 희녕熙寧 원년(1068)년에 민청현閩清縣에서 태어났다. 1094년에 과거시험에 합격하여 순창군 절도사를 제수받았으며, 후에 태학박사, 예부시랑禮部侍郎 등을 역임했다. 저서로는 『악서樂書』, 『예기해의禮記解義』, 『맹자해의孟子解義』, 『북교예전北郊禮典』 등이 있다.

43 효제는…있겠는가: 『맹자집주』 「고자 하」 2장.

일 따름이다."[44]

○ 『정씨외서程氏外書』에서 말했다. 포약우 · 유안세 · 유안절 등 몇 사람이 태학에서 와 물었다. "요 · 순의 도는 효와 제뿐이라고 합니다. 요 · 순의 도가 무슨 이유로 효와 제에서만 그치는 것입니까?" 이천이 말했다. "윤돈尹焞[45]을 본적이 있는가?" "없습니다"라고 하자 가서 물어보라고 했다. 여러 사람이 마침내 찾아와 화정和靖을 만나 이것을 묻자 화정이 말했다. "요 · 순의 도가 효제에서 그친다는 것은 효제는 요 · 순이 아니라면 다할 수 없기 때문이다. 겨울에는 따뜻함을 살피고 여름에는 시원함을 챙기고, 아침저녁으로 문안을 살피는 것에서부터 소리 없는 것을 듣고 형체 없는 것을 보는 데까지 이른다. 또한 아버지를 효도로 섬기기에 하늘을 밝음으로 섬기고, 어머니를 효도로 섬기기에 땅을 살핌으로 섬기게 된다. 밝음과 살핌으로 하늘과 땅을 섬기면 신명의 도움이 밝게 나타난다. 곧장 신명에 통하고 사해에 빛남에 이른다. 요 · 순 같은 위대한 성인이 아니라면 이것을 다할 수 없다."[46] 돌아와서 이 말을 이천에게 고하자 이천이 말했다. "참으로 옳다. 설령 내가 설명한다고 해도 이것을 벗어나지 못할 것

---

44 세상…따름이다: 『문연각 사고전서』 vol.704, 『대학연의大學衍義』 권5, 545~533쪽.

45 윤돈尹焞, 1071~1142: 북송 하남河南 사람으로 자는 언명彦明 또는 덕충德充이고, 호는 화정和靖이다. 젊었을 때 정이程頤에게 배웠다. 원우元祐 4년(1089) 거인擧人이 되어 과거에 응시했는데, 시제試題가 원우元祐의 여러 신하를 주살해야 한다는 것을 보고 포기하고 돌아와 다시는 응시하지 않았다. 흠종欽宗 정강靖康 초에 종사도種師道가 천거하여 경사京師에 와 화정처사和靖處士란 호를 하사받았다. 고종高宗 소흥紹興 초에 숭정전설서崇政殿說書와 예부시랑禮部侍郎 겸 시강侍講, 휘유각대제徽猷閣待制 등을 역임했다. 상서하여 금나라와의 화의를 적극 반대하다가 벼슬에서 물러났다. 학문적으로는 내성함양內省涵養을 중시하고 박람博覽을 추구하지 않았다. 저서로는 『논어맹자해論語孟子解』와 『화정집和靖集』, 『문인문답門人問答』이 있다.

46 요 · 순의…나타난다: 『효경』 전10장.

이다."[47]

○ 다른 기록에서 또 말했다. 온주의 포약우는 고을 사람 10여명과 오래도록 이천을 따랐다. 하루는 이천이 그들을 보내어 선생을 뵙게 했다[즉 윤화정]. 포약우 등이 와서 만나자 그들이 물었다. "'요 · 순의 도는 효孝와 제弟일 뿐이다'라고 하는 것은 어째서입니까?" 선생이 말했다. "그대의 불만은 요 · 순만 천도로 간주하고 효제를 인도로 간주하면, 요순의 대도를 알아도 효제를 다할 수 없다는 것 때문이다. 맹자가 '이이而已'라는 글자를 쓴 것이 어떻게 나를 속이는 것이겠는가? 『효경』에는 '아버지를 효로 섬기기에 하늘을 밝음으로 섬기고, 어머니를 효로 섬기기에 땅을 살핌으로 섬긴다'[48]라고 했다. 천지와 부모는 하나의 도리일 뿐이다." 여러 사람이 여전히 의문스러워하자 선생이 말했다. "「곡례」에서 '드러나지 않은 것을 보고, 들리지 않는 것을 듣는다'라고 한 것도 이런 뜻이다." 그러자 여러 사람의 의문이 풀렸고 그들이 돌아와 이천에게 알리자 이천이 말했다. "날더러 설명하라고 해도 이와 같을 뿐이다."[49]

○ 주자가 말했다. "요순의 도는 효제일 따름이다"라는 이 말은 다만 불효하고 우애롭지 못한 것에 대한 말이다. 효제는 곧 요 · 순의 도이며, 불효와 우애롭지 못한 것은 걸 · 주를 가리킨다.[50]

陳氏曰: "孝弟者, 人之良知良能, 自然之性也. 堯舜, 人倫之至, 亦率是性而已. 豈能加毫末於是哉." ○ 西山眞氏曰: "世之言堯舜者, 往往失之過高, 故孟子直以一言斷之, 曰孝弟而已矣, 謂其止於是也. 夫

---

47 포약우 · 유안세 · 유안절…것이다: 『이정외서』 12권.

48 아버지를…섬긴다: 『효경』 전10장.

49 「곡례」에서…뿐이다: 『이정외서二程外書』 12권, 315-316쪽.

50 요순의…가리킨다: 『주자어류』 59권, 「맹자구孟子九」 183조목.

幼而愛親, 長而敬兄, 人性所同, 爲堯舜者, 能盡此性而已." ○ 程氏外書云, 鮑若雨 · 劉安世 · 劉安節數人自太學來謁問: "堯 · 舜之道, 孝弟而已矣. 堯 · 舜之道, 何故止於孝弟?" 伊川曰: "曾見尹焞否." 曰: "未也." 請往問之. 諸公遂來見和靖[51], 以此爲問. 和靖曰: "堯 · 舜之道, 止於孝弟, 孝弟非堯 · 舜不能盡. 自冬溫夏清, 昏定晨省, 以至聽於無聲, 視於無形, 又如事父孝故事天明, 事母孝故事地察, 天地明察, 神明彰矣, 直至通於神明, 光於四海, 非堯 · 舜大聖人, 不能盡此." 復以此語白伊川, 伊川曰: "極是. 縱使某說, 亦不過此." ○ 他錄又云, 溫州鮑若雨, 與鄉人十輩, 久從伊川. 一日, 伊川遣之見先生[卽尹和靖]. 鮑來見, 且問: "'堯 · 舜之道孝弟而已矣', 如何?" 先生曰: "賢邈, 只爲將堯 · 舜做天道, 孝弟做人道, 便見得堯 · 舜道大, 孝弟不能盡也. 孟子下箇而已字, 豈欺我哉? 孝經: '事父孝, 故事天明. 事母孝, 故事地察.' 只爲天地父母只一箇道理." 諸公尙疑焉, 先生曰: "曲禮視於無形, 聽於無聲, 亦是此意也." 諸公釋然, 歸以告伊川. 伊川曰: "敎某說不過如此." ○ 朱子曰: "堯舜之道, 孝弟而已矣." 這只是對那不孝不弟底說. 孝弟便是堯舜之道, 不孝不弟, 便是桀紂.

○ 이천 선생이 말했다. "어떤 사람이 명도 선생에게 '무엇이 도입니까?'라고 묻자 명도 선생은 말했다. '군신, 부자, 형제, 붕우, 부부 사이에서 찾으라.'"[52] 『이정전서』

○ 伊川先生曰: "有人問明道先生: '如何是道?' 明道先生曰: '於君臣父子兄弟朋友夫婦上求.'" 二程全書

51 이 부분의 '정靜'으로 되어 있는 것을 '정靖'으로 수정한다.

52 어떤…찾으라: 『이정외서』 권12.

○ 증자가 말했다. "효는 세워 두면 하늘과 땅에 가득 차고, 펼쳐 두면 사방의 바다에 퍼지고, 후세에 전하면 아침저녁으로 행해지지 않는 때가 없다. 이것을 밀어 동해에 이르게 하면 동해와 수준水準이 같아지고, 이것을 밀어 서해에 이르게 하면 서해와 수준이 같아지고, 이것을 밀어 남해에 이르게 하면 남해와 수준이 같아지고, 이것을 밀어 북해에 이르게 하면 북해와 수준이 같아진다."[53] 『예기』「제의」

○ 曾子曰: "夫孝置之而塞乎天地, 溥之而橫乎四海, 施諸後世而無朝夕. 推而放諸東海而準, 推而放諸西海而準, 推而放諸南海而準, 推而放諸北海而準. 禮記祭義

○ 진호陳澔가 말했다. "'부溥'는 예전에는 부敷(펴다)의 의미로 사용했으며, 지금은 글자 그대로의 의미로 사용한다."[54]

○ 방각方慤이 말했다. "'치置'는 곧게 세운다는 뜻이고, '부溥'는 펼쳐 퍼지게 한다는 의미한다. '시施'는 그 나옴이 무궁하다는 것이고, '추推'는 그 나아감을 그만두지 않는다는 것이고, '방放'은 『맹자』「이루 하」의 '사방의 바다에 이른다'의 '방'과 더불어 같은 뜻이고, '준準'은 사람이 이것을 기준으로 삼는다는 것이다."[55]

○ 육원보陸元輔[56]가 말했다. "효는 같은 것에서 나오기 때문에 미루어

53 효는…같아진다: 『예기』「제의」.

54 '부溥'는…사용한다: 『예기대전』 권23, 「제법祭法」 제23.

55 '치置'는…것이다: 『예기대전』 권23, 「제법祭法」 제23.

56 육원보陸元輔, 1617~1691: 육원보는 청나라 강소江蘇 가정嘉定 사람이다. 자는 익왕翼王이고, 명나라 때 제생諸生이었다. 황순요黃淳耀에게 배웠다. 가정 지역이 청나라 군대에 의해 도륙당할 때 난을 피해 멀리 절동浙東으로 도망갔다. 위태로운 가운데에도 후동증侯峒曾 부자父子의 유고를 보존했다. 강희康熙 연간에 홍박鴻博으로 천거되었다. 시험을 볼 때 고의로 문제가 될 만한 말을 많이 넣어 시험을 주관한

서 사방에 이른다. 만약 이같이 효를 기준으로 삼지 않으면 동류를 배반하고 인륜을 어기는 자이다."

○ 陳氏曰: "'溥', 舊讀為敷, 今如字." ○ 方氏曰: "'置'者, 直而立之, '溥'者, 敷而散之. '施'言其出無窮, '推'言其進不已, '放'與孟子放乎四海之放同, '準'言人以是為準." ○ 陸氏曰: 夫孝出於同然, 故推而放諸四海. 如此即有不準是, 背類反倫者也.

○ 혹자가 인仁과 효孝 중에 어느 것이 더 중요한지 의문을 가지자 연독延篤[57]이 논하여 말했다. 인과 효에 대한 변론을 살피면, 어지럽게 이단의 설들이 경전과 문장을 서로 인용하고, 다시 사실적 증거를 취하니 독실하게 논하고 있다고 할 만하다. 사람에게 이 두 가지는 근원이 같고, 모든 행위를 총괄하여 이끄니 다시 수량[58]의 경중을 재보지 않아도 반드시 전후의 규칙이 정해져 있다. 만약 그 대략을 구분하여 본체에 이름을 짓고자 한다면 효는 부모를 섬기는 데 있고, 인은 만물에게 베푸는 것이다. 만물에게 베풀면 공功이 시대를 구제한다. 부모를 섬기면 덕이 자기에게 돌아가고, 자기에게 돌아가면 일이 적어지고, 시대를 구제하면 공이 많아진다. 이것으로 말미암아 인을 말하면 멀리 있다. 그러나 만물은 미미함에서 출발하여 드러나고, 일은 은미한 것을 말미암아 밝게 된다. 가까

---

사람이 답안을 올리지 못해 파직되어 돌아왔다. 송나라 이후 경학의 발전사에 대해 연구했으며, 납란성덕納蘭性德을 도와 송·원宋·元시대 여러 학자의 설을 찬정纂訂했다. 저서로는 『속경적고續經籍考』와 『십삼경주소류초十三經注疏類鈔』가 있다.

57 연독延篤: 연독은 후한後漢 사람으로 자는 숙견叔堅이며, 남양南陽 사람이다. 경전經傳과 백가百家에 널리 통하여 문장으로 당시에 이름났다. 효렴孝廉으로 천거되어 환제桓帝 때에 경조윤京兆尹이 되었고, 시詩·논論·명銘·서書·응신표應訊表·교령敎令 등 20여 편의 저서가 있다.

58 수량: 1수銖와 1량兩으로 아주 적은 분량을 가리킨다.

이 몸으로 취하면 귀는 듣고 수용하는 작용이 있고, 눈은 관찰하여 보는 밝은 시력이 있고, 발은 멀리 갈 수 있는 노고가 있고, 손은 꾸미고 지키는 공이 있다. 공이 비록 밖으로 드러나더라도 근본은 마음이다. 멀리 사물에서 취하면, 초목의 생겨남은 싹에서 시작하여 만연하는 데서 끝난다. 가지와 잎이 무성하고, 꽃이 번성하여, 말단이 비록 번성하지만 그것을 이룬 것은 뿌리이다. 인한 사람에게 효가 있는 것은 팔다리에 심복心腹이 있고 가지와 잎사귀에 뿌리가 있는 것과 같다. 성인은 그것을 알기에 효는 '하늘의 떳떳한 도이고, 땅의 의義이며, 사람이 행하는 길이다'[59]라고 하고, '군자는 근본에 힘쓴다. 근본이 서면 도가 생겨난다. 효제는 인을 실천하는 근본이다'[60]라고 말했다. 그러나 체대體大(본체)를 갖추는 것은 어려우며, 사물의 성은 치우침을 좋아하기 때문에 베푸는 것이 같지 않고, 일은 두 가지를 겸하기가 드물다. 만약 반드시 그 우열을 가린다면, 인은 가지와 잎의 무성함을 대효大孝로 삼고, 심체의 근본을 우선으로 삼아야 다툼이 없을 것이다.[61] 『후한서』

○ 或疑仁孝前後之證, 延篤乃論之曰, 觀夫仁孝之辨, 紛然異端, 互引典文, 代取事據, 可謂篤論矣. 夫人二致同源, 總率百行, 非復銖兩輕重, 必定前後之數也. 而如欲分其大較, 體而名之, 則孝在事親, 仁施品物, 施物則功濟於時, 事親則德歸於己, 於己則事寡, 濟時則功多. 推此以言仁, 則遠矣. 然物有出微而著, 事有由隱而章. 近取諸身, 則耳有聽受之用, 目有察見之明, 足有致遠之勞, 手有飾衛之功. 功雖顯外, 本之

59 하늘의…길이다: 『춘추좌씨전』「소공昭公」 25년.

60 군자는…근본이다: 『논어』「학이」 2장.

61 혹자가…것이다: 범욱范煜 찬撰, 『후한서』 권94, 「오정사노조열전吳延史盧趙列傳」 제54.

者心也. 遠取諸物, 則草木之生, 始於萌芽, 終於彌蔓, 枝葉扶疏, 榮華紛縟, 末雖繁蔚, 致之者根也. 夫仁人之有孝, 猶四體之有心腹, 枝葉之有根本也. 聖人知之, 故曰 '夫孝天之經也, 地之義也, 人之行也.' '君子務本, 本立而道生, 孝弟也者, 其為仁之本歟.' 然體大難備, 物性好偏, 故所施不同, 事少兩兼者也. 如必對其優劣, 則仁以枝葉扶疏為大孝, 以心體本根為先, 可無訟也. 後漢書

# 부모와 자식의 의미
## 父子之義

공자께서 말씀하셨다. "세상에 도달해야 할 도가 다섯 가지인데 이것을 실천하는 방법은 세 가지이다. 군주와 신하, 아버지와 아들, 남편과 아내, 형제, 친구 다섯 가지 관계는 세상에서 도달해야 하는 도이고, 지·인·용 이 세 가지는 세상에서 도달해야 할 덕이며, 이것을 실천하는 것은 하나이다."[1] 『중용』

孔子曰: "天下之達道五, 所以行之者三, 曰君臣也, 父子也, 夫婦也, 昆弟也, 朋友之交也. 五者, 天下之達道也. 智仁勇三者, 天下之達德也, 所以行之者一也." 中庸

주자가 말했다. "도달해야 할 도達道"라는 것은 천하와 고금에 공통으로 행해야할 길이니 『서경』의 '오전五典'이다. 맹자의 '부자유친, 군신유의, 부부유별, 장유유서, 붕우유신'이 바로 이것이다. "지"는 이것을 아는 것이고, "인"은 이것을 체득하는 것이고, "용"은 이것을 힘써 행하는 것이

---

1 세상에…하나이다: 『중용』 20장.

다. 이른바 "도달해야 할 덕達德"이 천하 고금의 사람들이 함께 터득한 이치이기 때문이다. "일一"은 곧 성誠일 뿐이다.

朱子曰: "達道者, 天下古今所共由之路, 卽書所謂五典, 孟子所謂'父子有親, 君臣有義, 夫婦有別, 長幼有序, 朋友有信'是也. 知, 所以知此也. 仁, 所以體此也. 勇, 所以强此也. 謂之達德者, 天下古今所同得之理也. 一則誠而已矣."

○ 『예기』에서 말했다. "부모와 자식 사이의 도와 군신 사이의 의義는 윤리이다."[2] 「예운」

**○ 禮記曰: "父子之道, 君臣之義, 倫也." 禮運**

진호陳澔가 말했다. "아버지와 아들, 군주와 신하 관계는 자연 질서이므로 '윤倫'이라 말한 것이다."[3]

陳氏曰: "父子君臣, 乃自然之序, 故曰'倫'也."

○ 『백호통』에서 말했다. "삼강三綱은 무엇인가? 군신君臣, 부자父子, 부부夫婦를 이른다. 육기六紀는 무엇인가? 아버지 형제諸父, 형제兄弟, 친척族人, 어머니 형제諸舅, 스승과 존장師長, 친구朋友를 일컫는다. 그러므로 임금은 신하의 벼리가 되고 아버지는 아들의 벼리가 되며 남편은 아내의 벼리가 된다. 무엇을 벼리綱紀라 하는가? 강綱은 펼친다張는 것이고, 기紀는 다스린다理는 뜻이다. [그물코에서] 큰 매듭이 강綱이고, 작은 매듭이 기紀이니, 위아래에 펼쳐 다스려 사람의 도리를 가지런히 한다. 사

2 부모와…윤리이다: 『예기』 「예운禮運」.

3 아버지와…것이다: 『예기대전』 권10, 「예기禮器」 제10.

람은 누구나 다섯 가지 떳떳한 성품性을 지니고 있어 친애하는 마음이 있다. 벼리로 교화하는 것은 마치 그물에 큰 매듭과 작은 매듭이 있어서 수많은 그물코들이 펼쳐지는 것과 같다."[4]

○ 白虎通曰: "三綱者, 何謂也. 謂君臣父子夫婦也. 六紀者, 何謂也. 謂諸父兄弟族人, 謂舅師長朋友也. 故君爲臣綱, 父為子綱, 夫為妻綱. 何謂綱紀? 綱者, 張也. 紀者, 理也. 大者為綱, 小者為紀, 所以張理上下, 整齊人道也. 人皆懷五常之性, 有親愛之心. 是以綱紀萬化, 若羅網之有綱紀而萬目張也."

진덕수가 말했다. "'삼강'이란 명칭은 여기에서 보이니, 한나라 유학자의 말이나 고대로부터 내려오는 말이 아니다. 대개 천하에 일은 많고, 성인이 그것을 다스린 방법에는 그 핵심이 있으니, 오직 먼저 그 근본을 바르게 하는 것일 뿐이다. 근본이란 무엇인가? 인륜人倫이다. 그러므로 삼강이 바르면 육기六紀가 바르게 되고, 육기가 바르게 되면 만사가 모두 바르게 된다. 고대로부터 오늘날에 이르기까지 삼강이 위에서 바르고서 천하가 불안한 적은 있지 않았으며, 또한 삼강이 위에서 문란하고서 천하가 위태롭지 않은 적은 없었다. 천하를 잘 도모하는 자는 또한 이것을 살필 따름이다.[5] 『대학연의』

西山眞氏曰: "三綱之名, 始見於此, 非漢儒之言, 古之遺言也. 蓋天下之事衆矣, 聖人所以治之者, 厥有要焉, 惟先正其本而已. 本者, 何? 人倫, 是已. 故三綱正則六紀正, 六紀正則萬事皆正. 繇古洎今, 未有三綱正於上而天下不安者, 亦未有三綱紊於上而天下不危者. 善計天下

4 『백호통白虎通』 권7.

5 '삼강'이란…따름이다: 『문연각 사고전서』 vol.704, 『대학연의大學衍義』 권6, 549쪽.

者, 亦察乎此而已矣." 大學衍義

○ 난공자欒共子가 말했다. "사람은 세 사람(임금과 아버지와 스승)에 의지하여 살기에 섬기기를 한결같이 해야 한다. 아버지는 낳아 주시고 선생은 가르쳐 주시고 임금은 먹여 주시니 아버지가 아니면 태어나지 못하고 먹여 주지 않으면 자라나지 못하고 가르침이 아니면 세상의 어떤 것도 알지 못하니, 이들은 내가 살 수 있게 해준 분들이다生之族. 그러므로 한결같이 섬겨 오직 내가 처한 곳에 따라 목숨까지 바쳐야 한다."[6] 『가어』

**○ 欒共子曰: "民生於三, 事之如一. 父生之, 師敎之, 君食之, 非父不生, 非食不長, 非敎不知, 生之族也. 故一事之, 唯其所在, 則致死焉." 家語**[7]

오눌吳訥[8]이 말했다. "'족族'은 동류라는 뜻이다. 군주와 아버지와 스승 세 사람은 섬기기를 한결같이 해야 한다. 아버지는 나를 낳고, 스승은 나를 가르치고, 임금은 나를 먹여주는 사람이다. 아버지가 아니면 태어날 수 없고, 먹여주지 않으면 자랄 수 없고, 가르치지 않으면 알지 못하니, 이것이 먹여주는 것과 가르치는 것이 낳는 것과 더불어 같은 류가 되는 까닭이다. 하나 같이 섬기니 즉 '섬기기를 한결같이 해야 한다'라고 한 것이다. 처한 상황에 맞게 죽을 힘을 다해 섬기니, 군주와 있을 때는 군주를

---

6 사람은…한다: 『국어國語』 「진어晉語 1」 79조목.

7 『돈효록』에는 『가어』로 되어 있으나, 『국어國語』 「진어晉語」에 나오는 말이다.

8 오눌吳訥, 1372~1457: 오눌은 명나라의 문신이자 학자이다. 강소江蘇 상숙常熟 쌍계雙溪 사람으로 자는 민덕敏德이고, 호는 사암思庵이다. 관직은 감찰어사監察御史, 남경좌부도어사南京左副都御史를 지냈다. 사후에 시호는 문각文恪이다. 저서로는 『소학집해小學集解』, 『문장변체文章辨體』, 『사암집思庵集』 등이 있다.

위하고, 아버지와 있을 때는 아버지를 위하고, 스승과 있을 때에는 스승을 위한다.[9]

○ 진선陳選[10]이 말했다. "임금과 아버지와 스승은 모두 사람이 살게 하는 것이므로 '사람은 세 사람에 의해서 살아간다'라고 말한 것이다."[11]

○ 물었다. "만약 임금 곁에 있으면 임금을 위해 죽고, 아버지 곁에 있으면 아버지를 위해 죽는다"라는 것에 대해 물었다. 주자가 말했다. "또한 이처럼 할 뿐이다. 하지만 만약 임금 곁에 있으면 비록 아버지에게 죄가 있더라도 아버지를 위해 죽을 수가 없다."[12]

吳氏曰: "族, 類也. 言於君父師三者, 事之當如一, 父生我, 師教我, 君食我者也. 非父則不生, 非食則不長, 非教則不知, 此食之·教之所以與生之一類也. 一事之, 卽所謂事之如一也. 所在致死, 謂在君爲君, 在父爲父, 在師爲師也." ○ 陳氏曰: "君父師, 皆人之所由生也. 故曰民生於三." ○ 問"如在君旁, 則爲君死. 在父旁, 則爲父死." 朱子曰: "也是如此. 如在君, 雖父有罪, 不能爲父死."

**○ 경축씨景丑氏가 말하였다. "집안에서는 부자 사이, 밖에서는 군신**

---

9 '족族'은…위한다: 『소학집주』「명륜」 제2.

10 진선陳選, 1429~1486: 진선은 명明 나라 때의 관리이다. 자는 사현士賢으로 임해인臨海人이며, 부친은 진원도陳員韜이다. 천순天順 4년(1460)에 진사進士 출신으로 벼슬은 어사御史, 순안강서巡按江西, 독학남(督學南畿 등을 역임했다. 강직하여 탐관오리와 허물이 있는 대신大臣을 기탄없이 탄핵했다. 사후 광록시경光祿寺卿에 추증되었으며 시호는 공민恭愍이다. 진선이 지은 『소학증주小學增注』라는 이름의 책은 찾을 수 없으며, 『사고전서총목제요四庫全書總目提要』에 주희가 찬撰하고 진선이 주注를 단 『소학집주小學集註』라는 책이 있는데, 이 책으로 보인다.

11 임금과…것이다: 『소학집주』「명륜」 제2.

12 만약…없다: 『주자어류』 권13, 79조목.

사이가 인륜 가운데 가장 큰 것이다. 부자 간에는 은혜가 중심이고 군신 간에는 경敬이 중심이다."[13] 『맹자』

○ 景子曰: "內則父子, 外則君臣, 人之大倫也. 父子主恩, 君臣主敬." 孟子

주자가 말했다. "'경자景子'는 경축景丑을 가리킨다."[14]

朱子曰: "'景子', 景丑也."

○ 정자가 말했다. "부자와 군신 관계는 세상의 정해진 이치로서 천지 사이에 피할 곳이 없다. 하늘의 분수天分를 편히 받아들이고 사심을 갖지 않는다면 (맹자가 말했듯이) '한 가지 불의한 일을 행하고 한 사람의 무고한 이를 죽이는 짓은 천하를 얻는다 해도 하지 않을 것이다.'[15] 분수에 조금이라도 사심이 개입되면 왕의 일이 아니다."[16] 『이정전서』

○ 程子曰: "父子君臣, 天下之定理, 無所逃於天地之間. 安得天分不有私心, 則行一不義, 殺一不辜, 而得天下有所不爲. 有分毫私, 便不是王者事." 二程全書

주자가 말했다. "'천분天分'은 곧 천리天理이다. 어버이는 어버이의 분수를 편안히 지키고, 자식은 자식의 분수를 편안히 지키며, 임금은 임금의 분수를 편안히 지키고, 신하는 신하의 분수를 편안히 지킨다면 어찌

13 집안에서는…중심이다: 『맹자』「공손추 하」 2장.

14 '경자'는…가리킨다: 『맹자집주』「공손추 하」 2장.

15 한 가지…것이다: 『맹자』「공손추 상」 2장.

16 부자와…아니다: 『이정유서二程遺書』 권5, 10조목, 317쪽.

사사로움이 있겠는가? 그러므로 '한 가지 불의를 행하고 하나의 무고한 이를 죽여 천하를 얻게 된다고 하더라도 하지 않는다'라고 한 것이다."[17]

朱子曰: "'天分', 卽天理也. 父安其父之分, 子安其子之分, 君安其君之分, 臣安其臣之分, 則安得私? 故雖'行一不義, 殺一不辜, 而得天下, 有所不爲.'"

○ 주자가 말했다. "군신과 부자의 큰 윤리는 하늘의 질서이고 땅의 의義이니 이른바 사람의 떳떳한 본성民彝이다. 그러므로 신하가 군주에게, 자식이 어버이에게 살아계실 때 공경하고 봉양하며, 돌아가셨을 때는 슬퍼하고 장례를 지낸다. 충효의 정성을 다하는 까닭은 지극함을 다하지 않는 바가 없고, 거짓으로 더하지 않고자 하기 때문이다. 이같이 하지 않으면 내 마음을 다하지 않았다고 말할 뿐이다."[18]

○ 朱子曰: 君臣父子之大倫, 天之經, 地之義, 而所謂民彝也. 故臣之於君, 子之於父, 生則敬養之, 沒則哀送之, 所以致其忠孝之誠者, 無所不用其極, 而非虛加之也. 以爲不如是, 則無以盡吾心云耳.

○ "아버지와 아들은 친하기를 바라고, 군주와 신하는 공경하기를 바란다. 이것은 이처럼 되기를 원해서 된 것이 아니다. 대개 아버지와 아들이 있으면 저절로 친함이 있게 된다. 군주와 신하가 있으면 저절로 공경함이 있게 된다."[19]

○ 又曰: "父子欲其親, 君臣欲其敬. 非是欲其如此. 蓋有父子, 則便

17 '천분天分'은…것이다: 『주자어류』 권95, 134조목.

18 군주와…뿐이다: 『주자대전』 권75, 「무오당의서戊午讜議序」.

19 아버지와…된다: 『주자어류』 권13, 67조목.

自然有親. 有君臣, 則便自然有敬."

○ 미자微子가 말했다. "부자父子는 혈육의 관계이고 군신君臣은 의리의 관계이다. 그러므로 어버이에게 잘못이 있으면 자식이 세 번 간하고 들어주지 않으면 울면서 따른다. 신하는 세 번 간하여 들어주지 않으면 의리상 떠나야 한다.[20] 『사기』「송세가」

○ 微子曰: 父子有骨肉, 而君臣[21]以義屬. 故父有過, 三諫而不聽, 則號泣而隨之. 人臣三諫而不聽, 則其義可以去矣. 宋世家

○ 『예기』에서 말했다. "부자간의 관계는 예가 아니면 안정되지 않는다."[22] 「곡례」

○ 禮記曰: "父子, 非禮不定." 曲禮

여대림呂大臨[23]이 말했다. "부자간의 관계는 인간의 큰 윤리이므로 예

---

20 미자微子가…한다: 『사기史記』 권38, 「송미자세가宋微子世家」.

21 『사기史記』 권38 「송미자세가」에는 '군신君臣'이 '신주臣主'로 되어 있다.

22 부자간의…않는다: 『예기』「곡례 상」.

23 여대림呂大臨, 1040~1092: 여대림은 북송 남전藍田(섬서성) 사람이며, 자는 여숙與叔이다. 여대균呂大鈞의 동생이다. 처음에 장재張載에게 배웠고 나중에는 정이에게 배웠는데, 사좌량謝良佐, 유조游酢, 양시楊時와 함께 '정문사선생程門四先生'으로 일컬어진다. 육경六經에 정통했고, 특히 『예기禮記』에 밝았다. 문음門蔭(높은 벼슬을 한 가문의 자제를 과거에 의하지 않고 관리로 채용)으로 관직에 올라 나중에 진사 시험에 합격했다. 철종哲宗 원우元祐 연간에 태학박사太學博士를 지냈고, 비서성정자秘書省正字로 옮겼다. 범조우范祖禹의 천거로 강관講官이 되었는데, 기용되기도 전에 죽었다. 예학禮學에 밝아 예의를 중시했으며, 정자의 예학을 계승하여 심성지학心性之學에 치중했다. 저서로는 『역장구易章句』와 『대역도상大易圖象』, 『맹자강의孟子講義』, 『대학중용해大學中庸解』, 『노자해老子注』, 『서명집해西銘集解』 등이 있었지만 대부분 없어지고, 지금은 『고고도考古圖』와 『속고고도續考古

로 말미암은 이후에 안정된다."[24]

呂氏曰: "父子人之大倫, 故由禮而後定也."

○ 공자가 말했다. "예가 아니면 남녀 · 부자 · 형제 사이의 친함을 구별할 수 없다." 『예기』「애공문」

○ 孔子曰: "非禮無以別男女父子兄弟之親." 禮記 哀公問.

○ 안자가 말했다. "아버지는 자애롭고 자식은 효도하는 것이 예이다. 아버지가 자애롭되 가르치고, 자식은 효도하되 간언하는 것이 예의 장점이다."[25] 『춘추좌전』

○ 晏子曰: 父慈子孝, 禮也. 父慈而教, 子孝而箴, 禮之善物也. 春秋左傳

진씨가 말했다. "예의 당연함이다." ○ 『소학』「명륜」편의 "아버지는 자애롭지만 가르치고, 자식은 효도하지만 간언한다"에 대해 물었다. 주자가 말했다. "사람은 저절로 이 양능良能 · 양지良知를 갖고 있는데, 성현께서도 이렇게 말씀하셨으니 바로 사람을 친절하게 가르치려는 것이다. '아버지는 자애롭지만 가르치고, 자식은 효도하지만 간언한다'라고 했으니, 나는 이렇게 할 수 있는지 없는지를 살필 뿐이다. 『소학』에서 말한 것은 사람에게 많은 도리를 찾기 위해 앞으로 나아가게 가르치는 것이다. 『대학』

---

圖』, 『석문釋文』이 사고전서四庫全書에 수록되어 있다. 문집에 『옥계집玉溪集』이 있다.

24 부자간의…안정된다: 위식 찬撰, 『예기집설禮記集說』 권2.

25 아버지는…일이다: 『춘추좌전』「소공」 26년.

에서 또한 사람이 이 도리를 절실하게 깨닫도록 가르칠 뿐 어지럽게 이처럼 말하지 않았다."[26]

○ 진덕수가 말했다. "아버지가 자애롭기만 하고 가르치지 않으면 그 자식을 해치게 되고, 자식이 효도만 하고 간언하지 않으면 아버지가 불의에 빠지게 된다. 두 가지 덕이 일에서 서로 잘 실행되면 지극히 좋고, 그렇지 않으면 치우치게 되고, 두 가지 일이 서로 잘 실행되는 아름다움이 없으면 어찌 좋을 수 있겠는가?"[27]

陳氏曰: "禮之當然也." ○ 問小學"父慈而教, 子孝而箴." 朱子曰: "人旣自有這良能·良知了, 聖賢又恁地說, 直要人尋教親切. '父慈而教, 子孝而箴', 看我是能恁地不恁地? 小學所說, 教人逐一去上面尋許多[28]道理. 到著大學, 亦只是這道理. 又教人看得親切實如此, 不是胡亂恁地說去." ○ 西山眞氏曰: 父慈而不能教, 則敗其子, 子孝而不能箴, 則陷父於不義. 以二德相濟於事爲至善, 不然則得其偏, 而無相濟之美, 其得爲善乎.

**○ 백금伯禽이 강숙康叔 봉封과 함께 성왕을 알현하고 주공을 뵈었는데 세 번 뵐 때마다 세 번 매를 맞았다. 상자商子를 만나 말했다. "저희 두 사람은 성왕을 알현하고 주공을 찾아뵈었는데 세 번 뵐 때마다 세 번 매를 맞았습니다. 왜 그런 것인지 설명해 주시겠습니까?" 상자가 말했다. "두 사람은 어찌 함께 남산 남쪽에 가보지 않습니까? 그곳에 나무가 있으니 이름을 교橋라고 합니다. 남산의 북쪽에 나무가 있으니 이름을 재梓라고**

---

26 『소학』「명륜」편의…않았다: 『주자어류』 제105권, 18조목.

27 아버지가…있겠는가: 『문연각 사고전서』 vol.704, 『대학연의大學衍義』 권6, 548쪽.

28 '다多'는 『돈효록』에 없지만, 『주자어류』를 참고하여 추가했다.

말합니다." 두 사람이 가서 보니 교목은 높이 솟아 열매가 달려 위로 향하고 있고, 재목은 무성하여 열매가 달려 아래로 숙이고 있었다. 돌아와서 상자에게 말했다. 상자가 대답해 말했다. "교목은 아버지의 도이다. 재목은 아들의 도이다." 두 사람은 다음 날 주공을 찾아뵈었다. 문으로 들어갈 때 종종걸음을 하고, 당堂에 올라서는 무릎을 꿇었다. 주공이 머리를 쓰다듬고 위로하며 음식을 먹이고 말했다. "어떤 군자君子를 만났느냐?" 두 사람이 대답하였다. "상자를 만났습니다." 주공이 말했다. "군자君子로구나, 상자여!"[29] 『설원』

○ 伯禽與康叔封朝於成王, 見周公, 三見而三笞. 見商子曰, "吾二子者, 朝乎成王, 見周公. 三見而三笞, 其說何也." 商子曰, "二子, 盍往觀乎南山之陽, 有木焉. 名曰, 橋. 南山之陰, 有木焉. 名曰, 梓." 二子往觀橋竦焉, 實而仰, 梓勃焉. 實而俯, 反以告乎商子. 商子曰, "橋者, 父道也. 梓者, 子道也." 二子者, 明日, 見乎周公. 入門而趨, 登堂而跪, 周公拂其首, 勞而食之曰, "安見君子." 二子對曰, "見商子." 周公曰, "君子哉! 商子也."[30] 說苑

○ 『설원』에서 말했다. "공자는 '사람의 행실이 효도孝道보다 위대한 일이 없다'[31]라고 했다. 효의 실천이 집안에서 잘 이루어지면 좋은 명성이 밖으로 전파되니, 이것을 일러 뿌리를 북돋아 세우면 꽃이 저절로 무성해진다 하는 것이다. 아버지는 자식을 근본으로 삼고 자식은 아버지를 근본으

---

29 백금伯禽이…상자여: 『설원說苑』 권3, 「건본建本」.

30 이 부분은 『설원說苑』 「건본建本」편의 원문과는 약간의 출입이 있지만 전체적인 내용은 같다.

31 공자는…없다: 『효경』 「효덕지본孝德之本」.

로 삼아야 하니, 뿌리를 돌보지 않으면 꽃이 말라 시든다."

○ 說苑曰: "'人之行莫大於孝', 孝行成於内, 而嘉號布於外. 是謂建之於本, 而榮華自茂矣. 父以子為本, 子以父為本, 棄其本者, 榮華槁矣."

○『한서』에서 말했다. 조비曹丕[32]가 빈객 수백 사람을 데리고 연회를 열었다. 조비가 그들에게 건의하여 말했다. 군주와 아버지가 중병에 걸렸는데, 하나의 환약으로 한 사람만 구할 수 있다면 마땅히 군주를 구해야 하는가 아버지를 구해야 하는가? 뭇 사람들이 소란스럽게 아버지를 구해야 한다 하고 혹은 군주를 구해야 한다 하는데 당시에 병원邴原[33]은 가만히 앉아 있으면서도 함께 이것을 논하지 않았다. 태자가 병원에게 그것을 묻자, 병원은 발연히 '아버지를 구해야 합니다'라고 대답했다. 태자 또한

---

32 조비曹丕, 187~226: 조비는 삼국 시대 위魏나라의 초대 황제(재위, 220~226)이다. 패국초沛國譙 사람이다. 자는 자환子桓이고, 이름은 조비曹丕며, 묘호는 세조世祖다. 조조曹操의 둘째 아들로, 동생 조식曹植을 추대하는 무리를 물리치고 태자가 되었다. 연강延康 원년(220) 조조가 죽자 조조의 벼슬과 직위를 계승하여 승상과 위왕魏王이 되었다. 진군陳群의 건의에 따라 종래의 향거리선鄕擧里選 대신 구품관인법九品官人法으로 바꾸어 시행하여 인재를 위나라로 흡수하게 했다. 후한의 헌제獻帝에게 양위 받아 황제에 즉위했고, 기주冀州의 업鄴에서 낙양洛陽으로 옮겨가 그곳을 국도國都로 삼았다. 후한의 실패를 거울삼아 제왕諸王인 진창陳彰과 진식陳植 두 동생의 당파를 물리치는 등 종실제왕宗室諸王에게 권리를 주지 않고 유명무실하게 만들었다. 넓게 공부하여 많은 지식을 소유하고 재예를 겸비하여 시부詩賦에 능했다.『전론典論』을 저술했고, 문학의 독자적 가치를 선언했다. 또 제유諸儒들에게 최초의 유서類書『황람皇覽』을 편집하게 했다. 시호는 문제文帝다. 제위 기간은 7년이다.

33 병원邴原: 병원은 중국 삼국시대 위魏 나라의 학자이다. 화흠華歆 · 관녕管寧 등과 절친했다. 조조曹操의 부름에 응하여 오관장장사五官將長史 등을 지냈고, 오吳 나라 정벌에 공을 세웠다.

다시 그것을 어렵게 여기지 않았다. 『계한서』[34]

◯ 漢書曰: 曹丕燕會衆賓百數十人. 丕建議曰: 君父各有篤疾, 有藥一丸, 可救一人, 當救君耶, 父耶? 衆人紛紜, 或父或君, 時邴原在坐, 不與此論. 丕諮之於原, 原勃然, 對曰: 父也. 丕亦不復難之. 季漢書

34 『계한서』: 명나라 때 사폐謝陛가 찬한 책으로 총 56권으로 구성되어 있다. 이 책은 후한의 정통을 유비의 촉한蜀漢이 계승하고 있다고 보고서 촉 · 위 · 오 삼국의 역사를 서술하고 있다. 본기, 내전, 세가, 외전, 재기, 잡전, 문답으로 구성되어 있다.

# 효는 예악의 근본
## 孝爲禮樂之本

『역』「서괘전」에서 말했다. "아버지와 자식의 관계가 있은 뒤에 군주와 신하의 관계가 있고, 군주와 신하의 관계가 있은 뒤에 위와 아래의 관계가 있고, 위와 아래의 관계가 있은 뒤에 예의를 둘 곳이 있게 된다."

易序卦曰: "有父子然後有君臣, 有君臣然後有上下, 有上下, 然後禮義有所錯."

오징吳澄[1]이 말했다. "가정家이 있어 국가國가 있으니, 비록 부자 간의 관계가 아니지만 군주는 존귀하고 신하는 낮다는 분별은 부자 간의 관계와 같다. 국가國가 있어 천하가 있으니, 비록 군신 간의 관계는 아니지만

1 오징吳澄, 1249~1333: 오징은 원元 나라 초기에 활약한 학자이다. 자가 유청幼淸이며, 무주撫州 강서성江西省 숭인현崇仁縣 사람으로 한림학사를 지냈다. 저작으로 『초로집草廬集』이 남아 있다. 정거부程鉅夫가 그의 초당에 초려草廬라고 편액을 붙이면서부터 학자들이 그를 초려 선생이라 부르게 되었다. 그의 이학理學은 주자의 학문을 계승했으면서도 육상산陸象山의 본심론本心論에 기우는 경향을 보였는데, 그가 도문학道問學 대신 존덕성尊德性에 비중을 두는 발언을 하면서부터 육학陸學의 일파로 소속되었다는 비판을 받았다.

위는 귀하고 아래는 천하다는 분별은 군신 간의 관계와 같다. 예의는 존비와 귀천의 등급을 분별하는 방법이다. '조錯'는 놓아둔다는 의미와 같다."[2]

吳氏曰: "由家而國, 雖非父子, 而君尊臣卑之分, 如父子也. 由國而天下, 雖非君臣, 而上貴下賤之分, 如君臣也. 禮義, 所以分別尊卑之等. 錯, 猶置也."

**○『예기』에서 말했다. "남자와 여자의 구별이 있은 후에 부자 간의 친함이 있게 된다. 부자 간에 친함이 있은 후에 의가 생겨난다. 의가 생겨난 후에 예가 진작된다. 예악이 진작된 후에 만물이 편안해진다."[3]「교특생」**

**○ 禮記曰: "男女有別, 然後父子親. 父子親, 然後義生. 義生, 然後禮作. 禮作, 然後萬物安. 郊特牲**

마희맹馬晞孟[4]이 말했다. "부자 간에 서로 친한 은혜가 있으면 반드시 서로 친한 의義가 있게 된다. 그러므로 의가 생겨난다. 이것으로 미루어 가서 군신 · 형제 · 장유 · 붕우의 관계에 이르러 모두 의가 있게 되면 즐거운 마음으로 격식을 갖춰 서로 교류하게 된다. 그러므로 의가 생겨난 후에 예가 일어난다. 예가 일어나면 귀함과 천함의 등급이 있게 되고, 위와 아래의 분별이 있게 된다. 이것이 만물이 편안하게 되는 이유다."

○ 주자가 말했다. "한무제漢武帝는 음악과 여색女色에 빠져 후궁後宮

---

2 가정家이…같다: 정연조程廷祚 찬撰, 『대역택언大易擇言』 권36, 「서괘전」.

3 남자와…편안해진다: 『예기』 「교특생郊特牲」.

4 마희맹馬晞孟: 마희맹의 자는 언순彦醇이다. 송宋 나라 길주吉州 여릉廬陵 사람이다. 신종神宗 희령熙寧 6년(1073)에 진사進士가 되었고, 저서로는 『예기해禮記解』가 있다. 『예기집설禮記集說』에 그의 주가 실려 있다.

에서 노니는 것을 즐기다가 부자 간에 소원하게 되었다. 마침내 여태자戾太子의 변을 빚어냈으니, 그것도 부부 사이에 분별이 없음으로 인해 부자가 친하지 못하게 된 한 사례이다."[5]

馬氏曰: "父子有相親之恩, 則必有相親之義. 故義生焉, 由是推之, 至於君臣兄弟長幼朋友之際, 皆有義, 則粲然有文以相接. 故曰義生而後禮作. 禮作而貴賤有等, 上下有分, 此萬物所以安也." ○ 朱子曰: "漢武帝溺於聲色, 游燕後宮, 父子不親, 遂致戾太子之變. 此亦夫婦無別而父子不親之一證."

**○ 포악한 백성이 나오지 않고, 제후가 복종하여 병기와 갑옷을 쓰지 않고, 오형五刑을 쓰지 않으며, 백성이 근심이 없고, 천자가 노여워하지 않으니, 이와 같이 하면 음악이 통달達한 것이다. 부자父子의 친함에 부합하고 장유長幼의 차례를 밝혀 사해 안의 모든 사람을 공경하니, 이같이 하면 예禮가 행해진다.[6] 『예기』「악기」 아래는 같다.**

**○ 暴民不作, 諸侯賓服, 兵革不試, 五刑不用, 百姓無患, 天子不怒, 如此則樂達矣. 合父子之親, 明長幼之序, 以敬四海之內, 如此, 則禮行矣. 禮記樂記 下同.**

유씨가 말했다. "'달達'은 저것(음악)에 통달한 것이고, '행行'은 이것을 드러내 실천한 것이다. '행'은 통달의 근본이다. '달'은 실천의 효과이다. 천자가 스스로 부자간의 친함에 부합하게 행동하고, 장유의 차례를 밝히면, 집안이 가지런해지고 화목하게 된다. 또 나의 부모를 친히 대하는 것

---

5 한무제漢武帝는…사례이다: 『주자대전』 권64, 「진득효제편시인盡得孝弟便是仁」.

6 포악한…행해진다: 『예기』「악기 하」.

으로 다른 사람의 부모를 친히 대할 수 있음에 미치고, 나의 어른을 어른으로 대하는 것으로 다른 사람의 어른을 어른으로 대하는 것에 미친다. 이것을 일컬어 사해 안의 모든 사람을 존경하면 예의 근본이 세워지고 실행된 것이라 한다. 예의 쓰임이 행해진 이후에 예의 효과를 달성하게 된다. 음악의 통달은 곧 천자가 예를 행한 효과이다."[7]

劉氏曰: "'達'者, 徹於彼之謂, '行'者出於此之謂. '行'者, 達之本. '達'者, 行之效. 天子自能合其父子之親, 明其長幼之序, 則家齊族睦矣. 又能親吾親, 以及人之親, 長吾長, 以及人之長. 是謂以敬四海之內, 則禮之本立而用行矣. 禮之用行, 而後樂之效達. 樂之達, 乃天子行禮之效也."

**○ 성인이 부자와 군신의 예법을 만들어 이것을 기강으로 삼고, 기강이 이미 바르게 되면 천하가 크게 안정된다. 천하가 크게 안정된 뒤에 육률을 바로잡고 오성을 조화롭게 했다.**[8]

**○ 聖人作爲父子君臣, 以爲紀綱, 紀綱旣正, 天下大定. 天下大定, 然後正六律, 和五聲.**

주돈이가 말했다. "고대에 성왕은 예법禮法을 제정하고 교화를 수행하여 삼강三綱이 바르게 되고, 구주九疇가 펴져, 백성이 크게 화목하고, 만물이 편안해졌다. 이에 악樂을 만들어 팔풍八風의 기를 펴고, 천하의 정情을 고르게 했다."[9]

---

7 '달'은…효과이다: 『예기대전』 권18, 「악기樂記」 제19.

8 성인이…했다: 『예기』 「악기」.

9 고대에…했다: 『문연각 사고전서』 vol.1101, 『주원공집周元公集』 권1, 428쪽.

周子曰: "古者, 聖王制禮法修教化, 三綱正九疇叙, 百姓大和, 萬物咸若, 乃作樂以宣八風之氣, 以平天下之情."

이 때문에 음악이 종묘에서 연주되어 군신과 위아래가 함께 들으면 화합하고 공경하지 않은 이가 없고, 족장族長과 향리에서 연주되어 장유長幼가 함께 들으면 화합하고 순하지 않는 이가 없고, 집안에서 연주되어 부자와 형제가 함께 들으면 화합하고 친하지 않은 이가 없다. 그러므로 음악은 부자와 군신을 화합하게 하고 만민을 가까이 따르게 한다. 이는 선왕이 음악을 만든 방법이다.[10]

是故樂在宗廟之中, 君臣上下同聽之, 則莫不和敬. 在族長鄕里之中, 長幼同聽之, 則莫不和順. 在閨門之內, 父子兄弟同聽之, 則莫不和親. 故樂者, 所以合和父子君臣, 附親萬民也. 是先王立樂之方也.

○ 예악은 천지의 정情에 의지하며(의依는 본뜨는 것이다) 신명의 덕을 통달하며 부자와 군신의 절도를 거느리는 것이다.

○ 禮樂偩(依象也)天地之情, 達神明之德, 領父子君臣之節.

진양陳暘[11]이 말했다. "아버지가 아버지답고, 아들이 아들답고, 군주가 군주답고, 신하가 신하다운 것은 인륜의 큰 부분으로 가장 중요한 것이다."[12]

---

10 이 때문에…방법이다: 『예기』「악기」.

11 진양陳暘, 1064~1128: 진양의 자는 진지晉之이고, 송대 성원에 급제하였다. 민청현閩淸縣 사람이다. 저서로는 『악서樂書』 200권이 있다.

12 아버지가…것이다: 진양陳暘, 『악서樂書』 권22, 「예기훈의禮記訓義」.

長樂陳氏曰: 父父子子君君臣臣, 而人倫之大節, 有所領矣.

○ 관례冠禮는 예의 시작이다. 장차 성인成人의 예를 권고 받게 된다. 성인례를 권하는 것은 자식으로서, 아우로서, 신하로서, 젊은이로서 예를 행하기를 권하는 것이다. 장차 이 네 가지를 사람이 실천하도록 권하는 것이 예의 중요하지 않은 부분이라 할 수 있겠는가? 그러므로 효, 제, 충, 순의 행실이 성립된 후에야 사람이 될 수 있는 것이요, 사람이 된 후에야 사람을 다스릴 수 있는 것이다.[13] 『예기』「관의」

○ 冠者禮之始也. 將責成人禮焉也. 責成人禮焉者, 將責為人子為人弟為人臣為人少者之禮行焉, 將責四者之行於人, 其禮可不重歟. 故孝弟忠順之行立, 而後可以為人, 可以為人, 而後可以治人也. 禮記冠義.

○ 주돈이가 말했다. "예는 구별하는 것이고, 악은 조화이다. 음양이 구별된 이후에 조화롭게 된다. 임금이 임금답고 신하가 신하답고, 아버지가 아버지답고 자식이 자식답고, 형이 형답고 동생이 동생답고, 남편이 남편답고 부인이 부인다워 만물이 각기 그 리理를 얻은 후에 조화롭게 된다. 그러므로 예가 먼저이고 음악이 다음이다."[14] 『통서』

○ 周子曰: "禮, 理也. 樂, 和也. 陰陽理而後和. 君君臣臣, 父父子子, 兄兄弟弟, 夫夫婦婦, 萬物各得其理然後和. 故禮先而樂後." 通書

○ 주자가 말했다. "군주가 군주답고 신하가 신하답고, 어버이가 어버이답고 자식이 자식답고, 부부와 친구가 각각 그 자리를 얻으면 자연스럽

13 관례冠禮는…것이다: 『예기』「관의」.
14 예는…다음이다: 『통서通書』「예악禮樂」 제13.

게 조화한다."[15] 『주자어류』 이하는 같다.

○ 朱子曰: "君君臣臣, 父父子子, 兄兄弟弟, 夫婦朋友, 各得其位, 自然和." 朱子語類 下同.

○ 직경이 말했다. "'예의 쓰임은 조화를 귀하게 여긴다'라고 했는데, 자식이 부모를 섬기는 예 또한 엄격합니다. 그러나 기를 가라앉히고 얼굴빛을 좋게 한다면 조화로움을 알 수 있습니다." 주자가 말했다. "이와 같으면 조화와 예는 두 가지가 되어 버린다. 모름지기 예가 곧 조화임을 알아야 한다."[16]

○ 直卿言: "'禮之用, 和為貴' 子事父母之禮亦嚴矣. 然下氣怡色, 則和可知也." 朱子曰: "如此, 則和與禮成二物矣. 須是見得禮便是和, 乃可."

○ 진순陳淳[17]이 말했다. "예는 질서이고, 악樂은 조화이다. 마치 아버지와 자식, 임금과 신하, 부부, 형제가 서로 죽이고 서로 해치고 서로 원망하고 서로 원수가 되어 불화하는 것은 모두 먼저 아버지와 자식, 임금과

---

15 군주가…조화한다: 『주자어류』 제22권, 「논어사論語四」.

16 예의…한다: 『주자어류』 제22권, 「논어사論語四」.

17 진순陳淳, 1159~1223: 진순은 남송 장주漳州 용계龍溪 사람으로 자는 안경安卿이고, 호는 북계北溪며, 시호는 문안文安이다. 젊어서 과거 공부에 매진하다 그만 두었다. 황간黃幹과 함께 주희의 뛰어난 제자로 일컬어진다. 주희는 "남쪽으로 내려온 이래 나의 도는 진순이 얻었다"라고 말했다. 평생 육구연陸九淵의 심학을 배척하고 주자학을 선양하는 데 힘썼으며, 영가학파永嘉學派의 대표 학자인 진량陳亮의 공리학功利學도 배척했다. 저서로는 『북계자의北溪字義』와 『엄릉강의嚴陵講義』, 『이변二辨』, 『논맹학용구의論孟學庸口義』, 『예시여학禮詩女學』, 『북계문집北溪文集』 등이 있다.

신하, 형제, 부부 사이의 예가 없기 때문이며, 친親·의義·서序·별別이 없음이 곧 이와 같기 때문이다."[18] 『성리대전』

○ 北溪陳氏曰: "禮只是箇序, 樂只是箇和. 如父子君臣夫婦兄弟, 所以相戕相賊相怨相仇, 如彼其不和者, 都緣先無箇父子君臣兄弟夫婦之禮, 無親義序別便如此." 性理大全

○ 설선薛瑄[19]이 말했다. "인륜이 밝아지면 예악이 흥한다. 예는 질서요 악은 조화이다. 예를 들어 군신, 부자, 형제, 부부, 붕우 관계에 각각 그 분수에 맞고 서로 침범하지 않는 것이 이른바 질서이다. 질서가 있으면 예가 서게 된다. 군주는 어질고 신하는 존경하고, 아버지는 자애롭고 자식은 효도하고, 형은 우애롭게 하고 동생은 공경하고, 남편은 의롭고 부인은 따르고, 친구 사이에는 믿음이 있는 것이 이른바 조화이다. 조화로우면 악樂이 생겨난다. 이것이 곧 인륜이 예악의 근본이라는 것이니, 인륜이 질서가 없고 조화롭지 않으면 예악이 어찌 저절로 흥하겠는가!"[20] 설문청 『독서록』

○ 薛文清公曰: "人倫明, 則禮樂興. 禮只是序, 樂只是和. 如君臣父子兄弟夫婦朋友, 各得其分, 而不相侵越, 所謂序也. 序, 則禮立矣. 君仁臣敬, 父慈子孝, 兄友弟恭, 夫義婦聽, 朋友有信, 所謂和也. 和, 則樂生焉. 是則人倫禮樂之本, 人倫不序不和, 則禮樂何自而興哉." 薛文清讀書錄

---

18 예는… 때문이다: 『성리대전서性理大全書』 권66, 「치도일治道一」.

19 설선薛瑄, 1389~1464: 설선은 명明의 학자로 자는 덕온德溫이고, 호는 경헌敬軒이며, 시호는 문청文淸이다. 저서로 『독서록讀書錄』, 『설문청집薛文淸集』 등이 있다.

20 인륜이…흥하겠는가: 『문연각 사고전서』 vol.711, 『독서록讀書錄』 권2, 562쪽.

# 효는 수신, 제가, 치국, 평천하의 근본
## 孝爲修齊治平之本

[ (여기에서는 군주가) 백성을 효제로 인도하여 부모를 친애하고 어른을 받들고 적을 제압하여 승리하는 근본으로 삼아야 함을 덧붙였다.]

[附導孝弟而爲親戴制勝之本]

공자께서 말씀하셨다. "군자는 몸을 닦지 않을 수 없으니, 몸 닦는 것을 생각한다면 부모를 섬기지 않을 수 없다."[1] 『중용』

**孔子曰: "君子不可以不修身, 思修身, 不可以不事親." 中庸**

주자가 말했다. "몸을 닦는 것은 도로 하고, 도를 닦는 것은 인으로 한다. 그러므로 몸 닦는 것을 생각한다면 부모님을 섬기지 않을 수 없다."[2]

朱子曰: "修身以道, 修道以仁. 故思修身, 不可以不事親也."

○ 진공석陳孔碩[3]이 말했다. "몸을 닦는 것이 부모님을 섬기는 것에 근

---

1 군자는…없다: 『중용』 20장.

2 몸을…없다: 『중용장구』 20장.

3 진공석陳孔碩: 진공석은 송대의 학자로 자는 부중膚仲이며, 호는 북산北山이고, 복건성 후관侯官 사람이다. 장식張栻(1133~1180)과 여조겸呂祖謙(1137~1181)에게 배우다가 형 진공숙陳孔夙과 함께 주자의 문하에 나아가 배웠다. 저서로는 『대학중용해大學中庸解』와 『북산집北山集』이 있다.

본하지 않으면 베풀어도 질서가 없게 되어 인을 실천하는 근본을 잃어버린다."

○ 三山陳氏曰: "修身不本於事親, 則施之無序, 失爲仁之本矣."

**○ 또 말했다. "행실에 근본이 있어야 한다. 근본이 세워진 후에 군자가 된다. 몸을 세우는 데는 의義가 있어야 하는데 효가 그 근본이다."[4] 『가어』**

**○ 又曰: "行己有本焉. 本立, 然後爲君子也. 立身有義矣, 而孝爲本."[5] 家語**

왕씨가 말했다. "『논어』에서 '군자는 근본에 힘쓰니, 근본이 서면 도가 생겨난다'[6]라고 했고, 『역』에서 '그 근본이 바르게 되면 만사가 잘 다스려진다'[7]라고 했다.

王氏曰: "論語'君子務本, 本立而道生', 易'正其本, 萬事理.'"

**○ 주자가 말했다. "'몸을 돌이켜보아 성誠하다'에서 맹자의 뜻은 '성誠'을 위주로 하니, 자신의 몸을 돌아보니 실제로 이러한 이치가 있다. 아버지가 되어서는 실제로 자애로움이 있고, 자식이 되어서는 실제로 효가 있**

---

4 행실에…근본이다: 『공자가어孔子家語』「육본六本」.

5 『공자가어孔子家語』「육본六本」편에는 "孔子曰: 行己有六本焉, 然後為君子也."으로 되어 있다.

6 군자는…생겨난다: 『논어』「학이」.

7 그 근본이…다스려진다: 『역』의 말로 여러 곳에 인용되어 전해오는 구절인데, 현재 『주역』에는 실려 있지 않다.

으니, 어찌 기쁘지 않겠는가?"[8] 『주자어류』

○ 朱子曰: "'反身而誠', 孟子之意主於'誠'字, 言反身而實有此理也. 為父而實有慈, 為子而實有孝, 豈不快活." 朱子語類

○ 장재가 말했다. "하늘의 오랫동안 그치지 않는 도는 성誠이다. 인한 사람과 군자가 하늘을 섬기고 몸을 성誠하게 하는 방법은 인과 효를 그만두지 않는 것이다. 그러므로 군자는 성誠을 귀하게 여긴다."[9] 『정몽』

○ 張子曰: "天所以長久不已之道, 乃所謂誠. 仁人君子所以事天誠身, 不過不已於仁孝而已. 故君子誠之為貴." 正蒙

○ 정자가 말했다. "지극한 성誠으로 부모를 섬기면 자식다운 자식이 되고, 지극한 성誠으로 임금을 섬기면 신하다운 신하가 된다. 성誠하지 않을 수 없기에 '성誠은 스스로 완성하는 것이다'라고 말했다."[10] 『이정수언』

○ 程子曰: "至誠事親則成人子, 至誠事君則成人臣, 無不誠者, 故曰'誠者, 自成也'." 二程粹言

○ 주자가 강덕공에게 답하였다. "마음을 많이 써야 할 것은 부자와 형제 등 골육骨肉 간의 은혜로서 이치의 당연한 것이자 사람의 마음에 그만둘 수 없는 것을 말합니다. 이제 이것을 외면하면서 자신만을 신경쓴다면, 이는 곧 불교가 천리를 멸하고 인륜을 버리고 그 자신만을 사사로이 하는 뜻입니다. 반드시 이렇게 해야만 자신이 수양 된다면, 비록 여섯 가

---

8 몸을…않겠는가: 『주자어류』 권60, 70조목.

9 하늘의…여긴다: 『정몽正蒙』「성명誠名」.

10 지극한…말했다: 『문연각 사고전서』 vol.698, 『이정수언二程粹言』 권상, 360쪽.

지 법도와 만 가지 행실이 원만히 갖추어지는데 이를지라도 역시 효도하지 않고 공경하지 않는 잘못을 속죄할 수 없습니다."[11] 『주자대전』

○ 朱子答江德功曰: "所厚者謂父子兄弟骨肉之恩, 理之所當然而人心之不能已者. 今必外此而厚其身, 此卽釋氏滅天理·去人倫以私其身之意也. 必若是而身修, 則雖至於六度萬行具足圓滿, 亦無以贖其不孝不弟之刑矣." 朱子大全

이상은 효가 수신의 근본임을 말한 것이다.

右言孝爲修身之本

○『역』 가인괘 「단전」에서 말했다. "집안사람들에게 엄한 군주가 있다는 것은 부모를 일컫는다. 아버지가 아버지답고, 자식이 자식답고, 형이 형답고, 동생이 동생답고, 남편이 남편답고, 부인이 부인다우면 집안의 도가 바르게 되고, 집안이 바르게 되면 천하가 안정된다."

○ 易家人彖辭曰: "家人有嚴君焉, 父母之謂也. 父父, 子子, 兄兄, 弟弟, 夫夫, 婦婦, 而家道正, 正家而天下定矣."

정이천이 말했다. "가인괘의 도에 존엄하고 군장君長이 있다는 것은 부모를 말한다. 비록 한 집안이 작더라도 존엄이 없으면 효와 공경이 쇠퇴하게 되고, 군장이 없으면 법도가 폐지된다. 엄한 임금이 있은 후에 집안의 도가 바르게 된다. '가家'는 국가의 원칙이다. 부자, 형제, 부부가 각각 그 도를 얻게 되면 집안의 도가 바르게 된다. 한 집안의 도를 미루어 가면

11 마음을…없습니다: 『주자대전』 권44, 「답강덕공答江德功」.

천하에 미칠 수 있다. 그러므로 집안이 바르게 되면 천하가 안정된다.[12] ○ 진덕수가 말했다. "부모는 한 집안의 임금이니, 엄하면 집안의 정사가 거행되고, 엄하지 않으면 집안의 정사가 붕괴된다. 그러나 이른바 엄하다는 것은 억세고 사나운 것을 말하지 않는다. 아버지가 아버지의 도를 다하고, 자식이 자식의 도를 다하여, 형제와 부부 사이의 관계에 미루어 가면 도를 다하지 않음이 없게 되고 위와 아래로 숙연하게 조금의 어지러움도 없게 된다. 이같이 하면 집안의 도가 바르게 되고, 군주의 집안이 바르게 되는 것을 천하에 미루어 가면 바르지 않는 것이 없게 되므로 하나의 집안을 바르게 하면 천하가 안정된다고 말한 것이다."[13]

程子曰: "家人之道, 必有所尊嚴而君長者, 謂父母也. 雖一家之小, 無尊嚴則孝敬衰, 無君長則法度廢. 有嚴君而後家道正. 家者, 國之則也. 父子兄弟夫婦, 各得其道則家道正矣. 一家之道, 可以及天下. 故家正則天下定矣." ○ 西山眞氏曰: "父母者, 一家之君, 嚴則家政擧, 不嚴則家政壞. 然所謂嚴者, 非猛暴之謂也. 父盡父之道, 子盡子之道, 推之兄弟夫婦, 莫不盡道, 上下肅然, 無或少紊. 如此則家道正, 人君之家正, 推之於天下, 無不正者, 故曰, 正家而天下定矣."

**어떤 사람이 공자孔子에게 말하였다. "선생님께서는 어찌 정치를 하지 않으십니까?" 공자께서 말씀하셨다. "『서』에 '효성스럽고도 효성스러우며, 형제간에 우애하여, (이를 미루어) 정치에 시행한다'라고 했다. 이 또한 정치를 하는 것이니, 어찌 벼슬을 해야만 정치를 하는 것이겠는가."[14] 『논어』**

12 가인괘의…안정된다: 『주역전의周易傳義』 가인괘 「단전彖傳」.

13 부모는…것이다: 『문연각 사고전서』 vol.704, 『대학연의大學衍義』 권1, 503~504쪽.

14 『서』에…것이겠는가: 『논어』 「위정」 21장.

○ 或謂孔子曰: "子奚不爲政?" 子曰: "書云'孝乎惟孝, 友于兄弟, 施於有政', 是亦爲政, 奚其爲爲政." 論語

주자가 말했다. "정공 즉위 초년에 공자는 벼슬을 하지 않았다. 그러므로 어떤 사람이 정치를 하지 않느냐고 의문을 가졌다. '서書'는 「주서 · 군진」편이다. '서운효호書云孝乎'는 『서경』에 효도를 말한 것이 이와 같다는 것이다. 형제 간에 잘하는 것을 우애라고 말한다. (『서경』은) '군진君陳[15]이 어버이에게 효하고 형제 간에 우애 있게 지내며, 또 그 마음을 미루어 넓혀 한 집안의 정사를 했다'라고 말하고 있다. 공자가 이것을 인용하여 이같이 하면 이 또한 정치를 하는 것이니 어찌 반드시 벼슬자리에 있어야 정치를 하는 것이겠는가를 말한 것이다."

朱子曰: "定公初年, 孔子不仕. 故或人疑其不爲政也. '書', 周書君陳篇. '書云孝乎'者, 言書之言孝如此也. 善兄弟曰友. 言君陳能孝於親, 友於兄弟, 又能推廣此心, 以爲一家之政, 孔子引之, 言如此, 則是亦爲政矣, 何必居位, 乃爲爲政乎."

○ 『예기』에서 말했다. "부자 간에 돈독한 것은 집안이 충실한 것이다." 「예운」

○ 禮記曰: "父子篤, 家之肥也." 禮運

15 서주西周 때 사람으로 주공단周公旦의 아들이다. 성왕成王 때 대부大夫를 지냈다. 주공이 죽자 그에게 주공의 뜻을 계속 잇도록 했다. 충신으로 성왕이 그의 효우孝友를 칭찬했다고 한다.

진호陳澔가 말했다. "'비肥'는 가득 차서 부족함이 없다는 뜻이다."[16] ○ 유씨가 말했다. "사람 몸의 풍만함을 비유하여 말했다."

陳氏曰: "肥者, 充盛而無不足之意." ○ 劉氏曰: "以人身之肥設譬而言."

**○ 『전국책』에서 말했다. "아버지는 자애롭고, 자식은 효도하는 것이 집안의 복이다."[17]**

**○ 戰國策曰: "父慈子孝, 家之福也."**

이상은 효가 집안을 다스리는 근본임을 말한 것이다.

右言孝爲齊家之本

**○ 『서경』「군진」편에서 말했다. "군진아, 너의 훌륭한 덕은 효와 공손함이다. 효도하고 형제에게 우애 있게 하여 정사를 잘 시행했다."[18] 「주서」**

**○ 書君陳曰: "君陳! 惟爾令德孝恭. 惟孝友于兄弟, 克施有政." 周書**

채침蔡沈[19]이 말했다. "군진이 좋은 덕이 있어 부모를 모실 때 효도하고, 윗사람을 모실 때 공경했다. 오직 그 집에서 효도하고 우애롭게 했기에 나라에서 정사를 잘 할 수 있었다."[20]

---

16 '비는…뜻이다: 『예기대전』 권9, 「예운禮運」.

17 아버지는…복이다: 요굉속姚宏續 주注, 『전국책戰國策』 권5, 「진삼秦三」.

18 군진아…시행했다: 『서경』 「주서 · 군진」.

19 채침蔡沈, 1167~1230: 채침은 남송南宋의 유학자로, 자는 중묵仲默이고 구봉선생九峰先生으로 불렸다. 주희에게 사사師事하였는데, 주희의 만년에 명을 받아 『서경』에 주를 달기 시작하여 10년 만에 『서경집전書經集傳』을 완성하였다. 이 책은 제설을 아우르고 주석이 분명하여 원대元代 이후 과거 준비의 필독서가 되었다.

20 군진이…있었다: 채침 찬, 『서경집전』 권6, 「주서周書 · 군진君陳」.

蔡氏曰: "言君陳有令德, 事親孝, 事上恭. 惟其孝友於家, 是以能施政於邦."

내가 생각해보건대, 「군진」편의 '정政'자는 나라의 정사로 말한 것이다. 『논어』에서 인용한 것은 집안의 정사로 말한 것이다. 그러므로 각각 가리키는 것을 따라 하나는 '제가齊家'의 조목에 들어가고, 다른 하나는 '치국治國'의 조목에 들어간다.

按君陳篇, 一政字, 以邦政言. 論語引之, 則以家政言. 故各隨所指, 而一入於齊家條, 一入於治國條.

**○ 『대학』에서 말했다. "나라를 다스림이 반드시 그 집안을 가지런히 함에 있다는 것은 그 집안을 가르치지 못하고서 남을 가르칠 수 있는 자가 없기 때문이다. 그러므로 군자는 집 밖을 나가지 않고도 나라를 가르칠 수 있다. 효孝는 군주를 섬기는 것이며, 제弟는 어른을 섬기는 것이고, 자慈는 뭇 백성을 부리는 것이다."[21]**

**○ 大學曰: "所謂治國必先齊其家者, 其家不可教而能教人者, 無之. 故君子不出家而成教於國: 孝者, 所以事君也. 弟者, 所以事長也. 慈者, 所以使衆也."**

주자가 말했다. "몸을 닦으면 집안을 가르칠 수 있다. 효 · 제 · 자는 몸을 닦아 집안을 가르치는 것이다. 그러나 나라의 군주를 섬기고 어른을 섬기고 백성을 부리는 도가 여기에서 벗어나지 않으니, 이것은 집안의 위

21 나라를…것이다: 『대학장구』 9장.

가 가지런하면 가르침이 아래에서 이루어지는 것이다."[22]

○ 또 말했다. "효는 군주를 섬기는 것이고, 제는 어른을 모시는 것이고, 자는 백성을 부리는 것이다." 이러한 도리는 모두 나의 집안 안에서 이루어지는 것으로, 천하 사람이 (나의 집안을) 보고서 스스로 이처럼 되는 것이지 내가 그것을 나라에 미루어 가는 것은 아니다.[23]

○ 또 말했다. "효孝로 부모를 섬기면 한집안의 사람들이 모두 효도하게 할 수 있다. 제弟로써 어른을 섬기면 한집안의 사람들이 모두 우애 있게 할 수 있다. 자慈로 뭇 사람을 부리면 한집안 사람들이 모두 자애롭게 할 수 있으니, 이것이 바로 국가에서 가르침을 완성하는 것이다."[24]

朱子曰: "身脩, 則家可教矣. 孝 · 弟 · 慈, 所以脩身而教於家者也. 然而國之所以事君事長使衆之道不外乎此. 此所以家齊於上, 而教成於下也." ○ 又曰: "孝者所以事君, 弟者所以事長, 慈者所以使衆." 此道理皆是我家裏做成了, 天下人看着自能如此, 不是我推之於國. ○ 又曰: "孝以事親, 而使一家之人皆孝. 弟以事長, 而使一家之人皆弟. 慈以使衆, 而使一家之人皆慈, 乃是成教於國者."

**○ 윗사람이 노인을 노인으로 대우함에 백성이 효도하기 시작하고, 윗사람이 어른을 어른으로 대함에 백성이 공손해지기 시작하고, 윗사람이 고아를 구휼함에 백성이 저버리지 않는다. 그러므로 군자는 자기의 상황을 미루어 남을 헤아리는 도가 있다. 『대학』**

**○ 上老老而民興孝, 上長長而民興弟, 上恤孤而民不倍, 是以君子有**

---

22 몸을…것이다: 『주자어류』 권16, 195조목.

23 효는…아니다: 『주자어류』 권16, 195조목.

24 효孝로…것이다: 『주자어류』 권16, 193조목.

絜矩之道也. 大學

주자가 말했다. "'노노老老'는 (『맹자』의) '내 노인을 노인으로 모신다'라는 것이다. '흥興'은 감촉되어 일어나 흥기하는 것이다. '혈絜'은 헤아림이다. '구矩'는 네모진 것을 만드는 기구이다. 이 세 가지는 윗사람이 행하면 아랫사람이 본받는 것이 그림자와 메아리보다 빠르니, 집안이 가지런해짐에 나라가 다스려진다는 것이다. 또한 사람 마음이 똑같아 한 사람이라도 살 곳을 얻지 못함이 있어서는 안 됨을 볼 수 있다. 이 때문에 군자가 반드시 그 같은 것을 미루어 남을 헤아려 남과 나 사이에 각자의 분수와 소원을 얻게 하면 상하와 사방이 모두 고르고 방정하게 되어 천하가 평화로워질 것이다."

○ 또 말했다. "윗사람이 행하면 아랫사람이 본받는다는 것을 먼저 말하고, 법도를 헤아리는 것에 이르러서는 정사政事에 나아가 말한 것이다. 만약 다만 그 선한 마음만을 일으키고 그들로 하여금 그 마음을 이루게 하지 않는다면 비록 흥기됨이 있더라도 또한 한갓 헛된 것일 뿐이다. 만약 정사가 번잡하고 세금이 무거우면 그 부모를 봉양하지 못하고 그 처자식을 돌볼 수 없게 된다. 그런데 어찌 그 선한 마음을 이루겠는가! 모름지기 나의 마음을 미루어 다른 사람에게 이르게 하여 '위로는 부모를 섬기고 아래로는 처자식을 기를 수 있어야' 바야흐로 가능하게 된다."[25,26]

○ 구준丘濬이 말했다. "내 마음이 원하는 것이 곧 다른 사람의 마음이

25 '노노老老'는…된다: 『주자어류』 권16, 218조목.

26 『주자어류』 권16 218조목을 인용한 것이지만 문장에 약간 생략되고 추가된 곳이 있다. 이 부분은 아마 명말청초의 학자인 호위(胡渭, 1633~1714)의 『대학익진大學翼真』권7에 발췌된 『주자어류』 원문을 참조한 것 같다.

원하는 것이다. 내가 내 노인을 노인으로 대하고 나의 어른을 어른으로 대한다면 다른 사람 또한 그의 노인을 노인으로 대하고 그의 어른을 어른으로 대한다. 나는 곧 나의 노인을 노인으로 대하고 어른을 어른으로 대하는 마음을 미루어 천하의 다른 사람의 마음을 헤아리면 그들의 마음이 자신의 노인을 노인으로 대하고 어른을 어른으로 대하고자 함이 나와 다르지 않음을 알게 된다. 나의 마음으로 저 사람의 마음을 헤아리니, 내가 노인으로 대우한다는 것은 나의 노인이 그 노인 됨을 편안하게 여기게 하는 것이며, 내가 어른으로 대하는 것은 나의 어른이 그 어른 됨을 이루게 하는 것이다. 내가 이미 나의 노인을 노인으로 대하고 어른을 어른으로 대하는 마음을 이루면 저 사람의 노인과 어른도 또한 노인으로 대하고 어른으로 대하는 마음을 이루게 한다. 그 노인과 어른을 위하려는 자는 또한 모두 그 노인 됨을 편안하게 여기고 그 어른 됨을 이루게 하여 한 사람이라도 그 살 곳을 얻지 못한 자가 없게 되고, 한 집안이라도 그 뜻과 같이 되지 못함이 없게 된다. 폐지되어 시행되지 않는 곳이 있지 않게 되고, 치우쳐서 균등하지 않게 되는 우환이 없게 되어 사람마다 모두 그렇게 되고, 집집마다 모두 그렇게 되어 나라에 미루어 가면 나라 또한 그렇게 되고, 천하에 미루어 가면 천하 또한 그러하지 않음이 없게 된다. 고대의 천하에 밝은 덕을 밝히고자 하는 것은 그 단서가 실제로 여기에 있다. 대개 덕은 사람이 하늘로부터 얻은 것으로 허령불매하여 모든 이치를 갖추고 만사에 응하는 것이다. 온전한 마음의 덕은 인에 있고, 인을 행하는 근본은 효제보다 앞서고, 친한 사람을 친하게 대하고 백성을 인하게 대하고, 백성을 인하게 대하고서 만물을 사랑한다. 그러니 인을 행하는 단서는 여기에서 열리고, 인에 처하는 법칙은 여기에서 온전해지니, 치국평천하의 핵심이 되는 도인데 누가 여기에 더할 수 있겠는가!"[27]

朱子曰: "老老, 所謂老吾老也. 興, 謂有所感發而興起也. 絜, 度也. 矩, 所以爲方也. 言此三者, 上行下效, 捷於影響, 所謂家齊而國治也. 亦可以見人心之所同, 而不可使有一夫之不獲矣. 是以君子必當因其所同, 推以度物, 使彼我之間各得分願, 則上下四方均齊方正, 而天下平矣." ○ 又曰: "先說上行下效. 到絜矩處, 是就政事上說.[28] 若但興起其善心, 而不使得遂其心, 雖能興起, 亦徒然耳. 如政煩賦重, 不得養其父母, 畜其妻子. 又安得遂其善心! 須是推己之心以及於彼, 使彼'仰足以事, 俯足以育', 方得." ○ 瓊山丘氏曰: "我心所欲, 卽人心所欲. 我欲老吾老長吾長, 而人亦欲老其老, 長其長. 吾卽推吾之所以欲老老長長之心而度天下之人心, 知其心所欲老老長長, 而無異於我也. 以我之心度彼之心, 吾之老者, 吾老之使之得以安其老, 吾之長者, 吾長之使之得以遂其長. 吾旣得以遂吾老之長之之心, 而彼之有老有長者, 亦得以遂其老之長之之願. 而為其老者長者, 又皆安其老遂其長, 無一人之不得其所, 無一家之不如其意. 無有廢而不擧之處, 無有偏而不均之患, 人人皆然, 家家皆然, 推之於國而國亦然, 推之於天下而天下亦莫不然, 古之所謂明明德於天下者, 其端實在于此. 蓋德者, 人之所得乎天而虛靈不昧, 以具衆理而應萬事者也. 心德之全在於仁, 而行仁之本先乎孝弟, 親親而仁民, 仁民而愛物, 行之之端於是乎啟, 處之之則於是乎周, 治國平天下之要道, 孰有加於此哉."

---

27 내 마음이…있겠는가: 『문연각 사고전서』 vol.712, 『대학연의보大學衍義補』 권79, 896~897쪽.

28 『주자어류』에는 '설說'이 '언言'으로 되어 있다.

○ 공자가 말했다. "정치는 인재人才에 달려 있으니, 인재를 얻는 것은 자신이 해야 하고, 자신을 닦는 것은 도道로 해야 하고, 도道를 닦는 것은 인仁으로 해야 한다. 인仁이란 사람다움이니 어버이를 친애함이 중요하다."[29] 『중용』 이하는 같다.

○ 孔子曰: "爲政在人, 取人以身, 修身以道, 修道以仁. 仁者, 人也, 親親爲大." 中庸 下同.

○ 또 말했다. "아랫자리에 있으면서 윗사람에게 신임을 얻지 못하면 백성을 다스리지 못한다. 윗사람에게 신임을 얻는 데는 방법이 있고, 친구에게 신임을 얻지 못하면 윗사람에게 신임을 얻지 못한다. 친구에게 신임을 얻는 데는 방법이 있는데, 어버이의 마음에 들지 못하면 친구에게 신임을 얻지 못한다."[30]

○ 又曰: 在下位, 不獲乎上, 民不可得而治矣. 獲乎上有道, 不信乎朋友, 不獲乎上矣. 信乎朋友有道, 不順乎親, 不信乎朋友矣.

○ 맹자께서 말씀하셨다. "아랫자리에 있으면서 윗사람에게 신임을 얻지 못하면 백성을 다스리지 못한다. 윗사람에게 신임을 얻는 데는 방법이 있고, 벗에게 신임을 얻지 못하면 윗사람의 신임을 얻지 못한다. 벗에게 신임을 얻는 데는 방법이 있는데, 어버이를 섬겨 기쁘게 하지 못하면 벗에게 신임을 얻지 못한다."[31] 『맹자』

○ 孟子曰: "居下位而不獲於上, 民不可得而治也. 獲於上有道, 弗信

29 정치는…중요하다: 『중용』 20장.

30 아랫자리에…못한다: 『중용』 20장.

31 아랫자리에…못한다: 『맹자』 「이루 상」 12장.

於友, 弗獲於上矣. 信於友有道, 事親弗悅, 弗信於友矣." 孟子

내가 살펴보건대, 이것은 앞 단락과 의미가 같아 함께 갖추었으니, 이것은 성인의 교훈으로 한 가지라도 빠뜨릴 수 없어 함께 실어 놓은 것이다. 뒤에도 혹 이와 유사한 것이 있다.

按此與上段義同而俱, 是聖人之訓, 不敢闕一, 而並載焉. 後或有倣此.

○ 제齊나라 경공景公이 공자에게 정치에 대하여 묻자, 공자께서 대답하셨다. "임금은 임금답고 신하는 신하다우며 아버지는 아버지답고 자식은 자식답게 되는 것입니다." 경공이 말하였다. "좋은 말씀입니다. 진실로 임금이 임금답지 못하고 신하가 신하답지 못하며, 아버지가 아버지답지 못하고 자식이 자식답지 못한다면, 비록 곡식이 있어도 내가 그것을 먹을 수 있겠습니까?"[32] 『논어』

○ 齊景公問政於孔子. 孔子對曰, "君君臣臣父父子子." 公曰, "善哉. 信如君不君, 臣不臣, 父不父, 子不子, 雖有粟, 吾得而食諸." 論語.

주자가 말했다. "이것은 인도의 큰 법도이고, 정사政事의 근본이다."[33]

朱子曰: "此人道之大經, 政事之根本也."

○ 맹자가 말했다. "사람은 도가 가까운 곳에 있는데도 먼 곳에서 구하며, 일이 쉬운 곳에 있는데도 어려운 곳에서 찾는다. 사람마다 각기 자기

---

32 임금은…있겠습니까: 『논어』 「안연」 11장.

33 이것은…근본이다: 『논어집주』 「안연」 11장.

어버이를 친애하고, 자기 어른을 어른으로 섬기면 천하가 평화롭게 될 것이다."[34] 『맹자』

○ 孟子曰: "道在爾而求諸遠, 事在易而求諸難, 人人親其親, 長其長, 而天下平." 孟子

주자가 말했다. "어버이와 어른은 사람에게 있어서 매우 가깝고, 친애하고 어른으로 대하는 것은 사람에게 매우 쉬운 것이지만, 도는 애당초 여기에서 벗어나지 않는다. 이것을 버리고 다른 데서 구하면 멀고 또 어려워 도리어 잃어버리게 된다. 단지 사람마다 각기 그 어버이를 친히 대하고, 그 어른을 어른으로 대하면 천하가 저절로 평화로워질 것이다."[35]

○ 장남헌이 말했다. "사람들이 각각 그 어버이를 친애하고, 각각 그 어른을 어른으로 섬기게 하는 것은, 그 근본이 군주에게 달려있으니 그 어버이를 친애하고 그 어른을 어른으로 대하기를 주창하여 인도할 뿐이다. 이 몇 마디 말을 음미하면, 요 · 순 · 삼왕의 다스림을 추론해 볼 수 있다."[36]

○ 진덕수가 말했다. "전국 시대에 도를 배우는 자들은 가까운 데서 구하지 않고 먼 데서 구했다. 그래서 요 · 순의 도가 천천히 어른을 뒤따르는 것에서 벗어나지 않고 인의仁義의 실제가 다만 어버이를 존경하고 어른을 공경하는 것 사이에 있음을 알지 못했다. 일을 도모하는 사람이 쉬운 데서 구하지 않고 어려운 데서 구했다. 그래서 토지를 개척하고 진秦나라와 초楚나라에게 조회를 받고자 하는 것은 나무에 올라 물고기를 구

34 사람은…것이다: 『맹자』「이루 상」 11장.
35 어버이와…것이다: 『맹자집주』「이루 상」 11장.
36 사람들이…있다: 『문연각 사고전서』 vol.712, 『대학연의보大學衍義補』 권79, 897쪽.

하는 것보다 (실현하기) 힘든 일이고, 나의 노인을 노인으로 대하고 나의 어린아이를 어린이로 대하면 천하는 손바닥 위에서 움직이는 것과 같이 쉬운 것임을 알지 못했다. 그러므로 맹자는 구구절절 당시의 군주에게 말하여 자신의 몸에서 돌이켜 구하고 천하에서 본받는 것을 책망하지 않게 하고자 하였다. 대개 군주가 그 부모를 친애하면 사람들 또한 그 부모를 친애하지 않음이 없게 된다. 군주가 그 어른을 어른으로 대하면 사람들 또한 그 어른을 어른으로 대하지 않음이 없게 된다. 모든 천하의 사람이 각각 그 부모를 친애하고 각각 그 어른을 어른으로 대하면 화순하고 화목한 풍속이 행해지며 어긋나고 다투고 능멸하고 범하는 풍속이 사라지게 되니, 천하에 평화롭지 못한 것이 있겠는가!"[37]

○ 구준이 말했다. "선유先儒들이 인의는 사람 마음의 공통된 것에 근본하며, 그것을 실천하는 것은 매우 비근하고 쉬우며 그 핵심은 부모를 친애하고 어른을 어른으로 대하는 것에 있다고 말했다. 다만 사람이 각기 스스로 부모를 친애하고 어른을 어른으로 대하면, 인의가 천하에 유행하게 되니 어찌 평화롭지 않은 자가 있겠는가! 요 · 순과 삼대의 다스림이 후대에 미치지 못한 것은 사람마다 사군자의 행동을 하는 것이다. 사람마다 군자의 행동을 한다면 넓은 하늘 아래에 한 사람이라도 불효하고 우애롭지 못한 자가 없을 것이다. 효제는 인의를 행하는 근본이니, 인의가 천하에 가득 차면 어찌 나라가 평화로운 세상 아니겠는가?"[38]

○ 또 말했다. "천하는 나라들이 모여서 된 것이다. 일국一國은 집안들

---

37 전국 시대에…있겠는가: 진덕수, 『대학연의大學衍義』 권1, 「제왕위치지서帝王為治之序」.

38 선유先儒들이…아니겠는가: 『문연각 사고전서』 vol.712, 『대학연의보大學衍義補』 권79, 896-897쪽.

이 모여서 된 것이다. 일가一家는 사람들이 모여서 된 것이다. 사람마다 부모가 있고 어른이 있으니, 한 사람은 한 사람의 친애와 어른으로 대함이 있다. 모든 사람은 자신의 부모와 어른이 있으니, 모든 사람이 자신의 부모를 친애하고 자신의 어른을 어른으로 대하면, 한 집안 안에 그 부모를 친애하지 않고 그 어른을 어른으로 대하지 않는 자가 없게 된다. 각 집안의 부모와 어른이 모두 친애하고 어른으로 대함이 있게 한 후에 나라 안의 부모는 친애함이 있게 되고, 어른은 모두 어른으로 대함이 있게 된다. 천하에 이것을 미루어 가면 천하는 나라를 통솔하고, 나라는 집안을 통솔하고, 집안은 사람을 통솔하니, 사람마다 모두 그 부모를 친애하고 그 어른을 어른으로 대하면 천하 사람이 나라에서 다르지 않게 하고, 나라 사람이 집안에서 다르지 않게 하고, 천하에 한 사람도 그렇지 않음이 없고, 한 집안에서도 그렇지 않음이 없게 되면 천하에 어찌 평안하지 않은 것이 있겠는가!"[39]

朱子曰: "親長在人, 爲甚邇, 親之長之在人, 爲甚易, 而道初不外是也. 舍此而他求, 則遠且難而反失之, 但人人各親其親, 各長其長, 則天下自平矣." ○ 南軒張氏曰: "使人各親其親, 各長其長, 其本在人君, 親其親, 長其長, 以倡率之而已. 味此數語, 堯舜三王之治, 可得而推矣." ○ 西山眞氏曰: "戰國之時, 學道者, 不求之近而求之遠, 不知堯舜之道不離於徐行後長之道, 而仁義之實止在乎尊親敬長之間. 圖事者, 不求之易而求之難, 不知闢土地朝秦楚有甚於緣木求魚, 而老吾老, 幼吾幼, 則天下可運之掌. 故孟子切切以告時君, 欲其反求之吾身, 而不責效於天下. 蓋人君能親其親, 則人亦莫不親其親. 能長其長, 則

39 천하는…있겠는가: 『문언각 사고전서』 vol.712, 『대학연의보大學衍義補』 권160, 896-897쪽.

人亦莫不長其長. 舉天下之人, 而各親親, 各長長, 則和順輯睦之風行, 而乖爭陵犯之俗息, 天下其有不平者乎." ○ 瓊山丘氏曰: "先儒有言仁義根於人心所同, 有行之, 則甚近而易, 其要在乎親親長長. 但人各自親親長長, 則仁義流行天下, 豈有不平者乎. 唐虞三代之治, 所以後世不及者, 以人人有士君子之行也. 人人有士君子之行, 則溥天之下無一人而不孝不弟焉. 孝弟者, 行仁義之本, 仁義充塞於天下, 豈非雍熙泰和之世乎." ○ 又曰: "天下者, 一國之積也. 一國者, 一家之積也. 一家者, 一人之積也. 人人有親有長, 一人有一人之親長. 各人有各人之親長, 各人親各人之親, 長各人之長, 則一家之中, 無有不親其親, 不長其長者矣. 各家之親之長, 皆有以親之長之, 則一國之中, 為人親者, 皆有以親之, 為人長者, 皆有以長之者矣. 推之天下, 天下統乎國, 國統乎家, 家統乎人, 人人皆親其親長其長, 天下之人不異乎國, 國之人不異乎家, 天下無一人不然, 無一家不然, 則天下豈有不平者哉."

○ 증자가 말했다. "친척이 기뻐하지 않으면 감히 밖에서 사귀지 않는다. 가까운 사람과 친해지지 않으면 감히 먼 곳에서 친해지기를 구하지 않는다. 작은 것에서 찾지 못하면 감히 큰 것을 말하지 않는다."[40] 『대대례』

**○ 曾子曰: "親戚不悅, 不敢外交. 近者不親, 不敢求遠. 小者不審, 不敢言大." 大戴禮**

오눌吳訥[41]이 말했다. "'친척親戚'은 아버지와 형을 말하고, '외外'는 외

40 친척이…않는다: 대덕戴德 찬撰, 『대대례기大戴禮記』 권5.

41 오눌吳訥, 1372~1457: 오눌은 강소江蘇 상숙常熟 쌍계雙溪 사람으로 자는 민덕敏

부인을 말한다. 친척을 받들어 기뻐하게 하지 못했다면 어찌 감히 외부인과 사귈 수 있겠는가. '근近'은 친척親戚이요, '원遠'은 외부인이다. 가까운 친척이 서로 친하게 지내지 못한다면 또 어찌 감히 멀리 있는 외부인에게 친해지기를 구하겠는가를 말한 것이다. '소小'는 효제孝弟의 도이니 집안의 일로 말한 것이다. '대大'는 다스리고 평화롭게 하는 도이며, 나라와 천하의 일로 말한 것이다. 작은 일을 잘 살피지 못하고, 또 어찌 감히 그 큰 것을 말하겠는가를 의미한 것이다."[42]

吳氏曰: "'親戚'謂父兄, '外', 謂外人. 言不能奉親戚使之懽悅, 則豈敢交之於外乎. '近', 卽親戚, '遠', 卽外人. 言近者不能相親, 又豈敢求之於遠者乎. '小', 謂孝弟之道, 以家而言也. '大', 謂治平之道, 以國與天下而言也. 言小者, 不能審察, 又豈敢言其大者乎.

**○ 『예기』에서 말했다. "사람의 도는 부모를 친애하는 것이니 부모를 친애하기에 할아버지를 높인다. 할아버지를 높이기에 종통宗統을 공경하고, 종통을 공경하기에 친족이 모인다. 친족이 모이면 종묘宗廟의 제례가 엄숙하고, 종묘의 제례가 엄숙하기에 사직社稷을 중하게 여긴다. 사직을 중하게 여기기에 백성을 사랑하고, 백성을 사랑하기에 형벌이 절도에 맞다. 형벌이 절도에 맞아 서민이 편안하고, 서민이 편안하기에 쓸 수 있는 재물이 풍족하다. 쓸 수 있는 재물이 풍족하기에 온갖 뜻이 성취되고, 온갖 뜻이 성취되니 예禮의 풍속이 이루어진다. 예의 풍속이 이루어진 뒤**

---

德이고, 호는 사암思庵이다. 명明나라 때 관리로 벼슬은 감찰어사監察御史, 남경좌부도어사南京左副都御史를 지냈다. 사후에 시호는 문각文恪이다. 저서로 『소학집해小學集解』, 『문장변체文章辨體』, 『사암집思庵集』 등이다.

42 '친척親戚'은…것이다: 『소학집주』 「명륜明倫」 105조목.

에야 즐겁다. 『시경』에 이르기를 '밝게 드러나지 않을까? 남의 존경을 받지 않을까? 사람에게 미움받음이 없다'[43]라고 하였으니, 이것을 이른 것이다."[44] 『예기대전』

○ 禮記曰: "人道親親也, 親親故尊祖, 尊祖故敬宗, 敬宗故收族, 收族故宗廟嚴, 宗廟嚴故重社稷, 重社稷故愛百姓, 愛百姓故刑罰中, 刑罰中故庶民安, 庶民安故財用足, 財用足故百志成, 百志成故禮俗刑, 禮俗刑然後樂洛, 詩云'不顯不承? 無斁於人斯', 此之謂也." 大傳

진호가 말했다. "『시』「주송 · 청묘」편은 이것을 인용하여 군주가 스스로 부모를 친애하는 도를 미루어 집안, 국가, 천하에 예의 풍속이 크게 이루어지면 즐거워할 만한 것이며 또한 싫어할 것이 있지 않다는 것을 깨우쳐 주었다."[45]

陳氏曰: "詩周頌淸廟之篇, 引此以喩人君自親親之道推之, 而家而國而天下至於禮俗大成, 其可樂者, 亦無有厭斁也."

○ 지극한 효가 왕도에 가깝다는 것은 비록 천자라 할지라도 반드시 아버지가 있기 때문이다. 지극한 우애가 패도에 가깝다는 것은 비록 제후라 할지라도 반드시 형제가 있기 때문이다. 선왕의 가르침은 이것으로 인해서 고치지 않았다. 이것은 천하 국가를 거느리기 때문이다.[46] 『예기』「제의」

○ 至孝, 近乎王, 雖天子必有父. 至弟, 近乎霸, 雖諸侯必有兄. 先王

43 밝게…없다: 『시경』「주송 · 청묘」.

44 사람의 도는…것이다: 『예기』「예운」.

45 『시』「주송 · 청묘」편은…않다: 『예기대전』 권16, 「대전大傳」 제16.

46 지극한… 때문이다: 『예기』「제의」.

**之敎, 因而弗改, 所以領天下國家也. 禮記祭義**

응씨가 말했다. "인仁으로 부모님을 섬기고 그 사랑을 넓혀 지극한 데까지 다다르는 것은 왕도를 실천하는 자가 덕으로 인을 행하는 마음이다. 의로 형을 따르고 그 순서를 순순히 따르고 그 미침을 지극히 하면 패도를 실천하는 자가 예로 의를 밝히는 일이다. 효제의 근본은 한 집안에서 세워지고 왕자와 패자의 공업은 천하에 두루 하니, 비록 왕자와 패자가 할 일을 다하지는 못하더라도 또한 가깝게 된다.[47]

○ 석량 왕비王批[48]가 말했다. "왕도는 효에 해당하고 패도는 제에 해당한다는 것은 공자의 말이 아니다."[49]

應氏曰: "仁以事親, 而廣其愛, 極其至, 則王者以德行仁之心也. 義以從兄, 而順其序, 極其至, 則霸者以禮明義之舉也. 孝弟之根本, 立乎一家, 王霸之功業, 周乎天下, 雖未能盡王霸之能事, 而亦近之矣." ○ 石梁王氏曰: "王孝霸弟, 此非孔子之言."

**○ 『여씨춘추』에서 말했다. "무릇 국가를 다스리는 것은 반드시 먼저 근본에 힘써야 함을 알아야 하니, 근본에 힘쓰는 것은 효보다 더한 것이 없다. 무릇 효는 삼황 · 오제의 근본이고 모든 일의 벼리이다. (효도) 한 가지를 실천하여 백가지 선이 세워진다."[50]**

**○ 呂氏春秋曰: "凡理國家者, 必知務本, 務本莫過於孝. 夫孝, 三皇**

---

47 인仁으로…된다: 『예기대전』 권22, 「제법祭法」.

48 이름만 알려져 있을 뿐 자세히 어느 시대 누구인지는 알려져 있지 않다.

49 왕도는…아니다: 『예기대전』 권22, 「제법祭法」.

50 무릇…세워진다: 고유高誘 주注, 『여씨춘추呂氏春秋』 권14, 「효행람孝行覽」 제2.

五帝之本務, 而萬事之綱紀也. 執一術而百善立."[51]

○ 주자가 말했다. "친애해야 할 사람을 친애하고, 어른으로 대해야 할 사람을 어른으로 대하여도 천하에까지 미루어가지 못하면 이는 밖에서 다하지 못한 것이다. 친애해야 할 사람을 친애하고 어른으로 대해야 할 사람을 어른으로 대하여도 자신의 내면에 이르지 못한 것이 있으면 이것은 안에서 다하지 못한 것이다. 모름지기 밖으로 두루 하지 않음이 없고, 안으로 갖추지 않음이 없어야 '지극한 것을 알게 된다.'"[52] 『주자어류』

○ 朱子曰: 親其所親, 長其所長, 而不能推之天下, 則是不能盡之於外. 欲親其所親, 欲長其所長, 而自家裏面有所不到, 則是不能盡之於內. 須是其外無不周, 內無不具, 方是知至. 朱子語類

○ 나종언羅從彦[53]의 『예장문집』 「춘추지귀서」에서 말했다. "'성인은 천하를 하나의 집안으로 만들고 중국을 한 사람처럼 만든다'[54]라는 것은 그 뜻이 매우 높아 행하기 어려운 행동이거나 아주 기이한 방법이 아니다. 군주가 군주답고, 신하가 신하답고, 아버지가 아버지답고, 자식이 자식다우면 천하가 다스려진다. 『서』에서 말하기를 '하늘이 차례로 펴서 법을 두

---

51 『여씨춘추呂氏春秋』 「효행람孝行覽」편의 내용을 축약한 것으로 원문이 일치하지는 않는다.

52 친애해야…된다: 『주자어류』 권15, 69조목.

53 나종언羅從彦, 1072~1135: 나종언은 중국 북송北宋 말기 남송 초기의 유학자이다. 남검南劍 출생으로 동향의 선배 양시楊時의 가르침을 받았다. 정명도와 정이천 형제의 학문을 동향 후배 이연평李延平에게 전하여 주자에 이르렀으므로, 남검의 3선생이라 불렸다. 문집에는 『예장문집豫章文集』(16권), 저서로는 『준요록遵堯錄』 등이 있다.

54 성인은…만든다: 『예기』 「예운」.

니 우리 오전五典을 바로잡아 다섯 가지를 후하게 하고, 하늘이 차례를 만들어 예를 두니 우리 오례五禮로부터 하여 다섯 가지를 떳떳하게 하십시오'[55]라고 했다. 대개 '전典'과 '예禮'는 모두 하늘의 질서이다. 요 · 순의 천하를 다스림은 군신 · 부자 사이를 벗어나지 않으니, 예로써 꾸미는 것이다."[56] 『나예장집』

○ 羅豫章春秋指歸序曰: "聖人能以天下為一家. 中國為一人者, 非有甚高難行之行, 卓異之術也. 君君 · 臣臣 · 父父 · 子子, 而天下治矣. 書曰, '天叙有典, 勑我五典五惇哉. 天叙有禮, 自我五禮有庸哉.' 盖典也, 禮也, 皆天也. 堯舜之治天下, 不越乎君臣父子之間, 而禮以文之者也." 羅豫章集

○ 모곤茅坤[57]이 말했다. "옛날에 주나라 성왕이 백관을 선발하여 동도東都에 나아가 진압하고서 말했다. '군진은 효도하고 형제에게 우애하여 능히 정사에 시행하네.'[58] 윤길보가 북쪽으로 험윤을 정벌하고 돌아오니 천자가 연회를 베풀었다. 시인이 노래하여 말했다. '장중張仲은 효성스럽고 우애 있구나.'[59] 무릇 고대의 대신大臣을 찬미하는 노래는 그 재주에 근본하지 않고 그 공훈에서 그치니, 유독 집안의 부자와 형제 사이에서 부지런히 한 것을 주제로 삼은 것은 어째서인가? 대개 효와 우애는 군자가

---

55 하늘이…하십시오: 『서경』「고요모」.

56 성인은…것이다: 『문연각 사고전서』 vol.1135, 『예장문집豫章文集』 권12, 750쪽.

57 모곤茅坤, 1512-1601: 모곤은 명나라 세종世宗 때의 학자로서 호가 녹문이며, 자는 순보順甫이다. 특히 고문古文에 뛰어났으며, 저서로는 『당송팔대가문초唐宋八大家文鈔』 등이 있다.

58 군진은…시행하네: 『서경』「군진」.

59 장중張仲…있구나: 『시경』「소아 · 육월」.

말하는 신명의 덕이니, 이것으로 집안에서 그 도를 닦으면 화목하고 복이 있게 되고, 이것으로 조정에서 명성이 퍼지면 드러나서 화합하게 된다. 삼대三代 이상에서는 대신을 천하 국가에 두어서 천자를 보필하게 하는데, 대개 이것(효우)으로 말미암는다." 『모녹문집』

○ 茅鹿門曰: "昔周成王推擇百官, 臨鎭東都曰, '君陳惟孝, 友于兄弟, 克施有政.' 尹吉甫北伐玁狁來歸, 天子賜之燕喜, 而詩人乃歌之曰, '張仲孝友'. 夫以古者, 頌美大臣, 不本其才, 晝勳望, 而獨孳孳其室家父子兄弟之際者, 何哉. 蓋孝友者, 君子所稱, 神明之德, 以之修其道於家, 則和而祥, 以之聲施於朝, 則顯而洽. 三代而上, 大臣所以措諸天下國家, 以戴翊天子, 蓋由是也. 茅鹿門集"

○ 양웅이 말했다. "효는 어버이를 편안하게 하는 것보다 더 큰 것이 없고, 어버이를 편안하게 하는 것은 선조의 혼을 편안하게 하는 것보다 더 큰 것이 없으며, 선조의 혼을 편안하게 하는 것은 천하 사람들의 기뻐하는 마음을 얻는 것보다 더 큰 것이 없다. 그러므로 「효지孝至」를 지었다."[60] 『양자법언』

○ 揚雄曰: "孝莫大於寧親, 寧親莫大於寧神, 寧神莫大於四表之驩心. 故課孝至." 揚子法言

이상은 효가 치국평천하의 근본임을 말한 것이다.

右言孝爲治國平天下之本

60 효는…지었다: 『문연각 사고전서』 vol.696, 『양자법언揚子法言』 권10, 347쪽.

**○ 노나라의 대부 계강자季康子가 물었다. "백성에게 윗사람을 공경恭敬하고 충성忠誠하게 권장하려면 어떻게 해야 합니까?" 공자가 말했다. "백성을 대하기를 장엄莊嚴하게 하면 백성이 공경하고, 효도와 사랑을 베풀면 백성이 충성하고, 잘하는 사람을 등용하여 잘못하는 사람을 가르치면 권면될 것입니다." 『논어』**

**○ 季康子問: "使民敬忠以勸, 如之何?" 子曰: "臨之以莊則敬, 孝慈則忠, 擧善而教不能則勸." 論語**

주자가 말했다. "부모에게 효하고, 뭇 사람에게 자애로우면 백성이 자기에게 충실해진다."

○ 또 말했다. "효와 자慈는 두 가지 일이니, 효는 몸으로 솔선수범하는 것이고 자慈는 은혜로 맺는 것이다. 효는 행하는 것이고, 자慈는 미루어서 다른 사람에게 이르는 것이다. 두 가지는 모름지기 하나로 가지런히 하여 백성이 자기에게 충직해야 한다. 만약 효만 하고 자애롭지 않거나, 혹은 백성에게 자애롭기만 하고 부모에게 효도하지 않는 것 또한 좋지 않다."[61]

○ 장경부가 말했다. "이것은 모두 내가 마땅히 해야 할 것이며, 백성에게 공경과 충성을 권장하기 위한 것은 아니다. 그러나 이같이 하면 감응이 그렇게 되기를 기약하지 않아도 그렇게 된다."[62]

朱子曰: "孝於親, 慈於衆, 則民忠於己." ○ 又曰: "孝慈是兩件事, 孝是以躬率之, 慈是以恩結之. 孝是做箇樣子, 慈則推以及人. 二者須一齊, 有民方忠於己. 若只孝而不慈, 或徒慈於衆而無孝於親樣子, 亦

61 부모에게…않다: 『주자어류』 권24, 115~117조목.
62 이것은…된다: 『논어집주』 「위정」20.

不得."[63] ○ 張敬夫曰: "此皆在我所當爲, 非爲欲使民敬忠以勸而爲之也. 然能如是, 則其應, 自有不期然而然者矣."

이하는 (군주가) 백성을 효제로 인도하여 부모를 친해하고 어른을 받들고 적을 제압하여 승리하는 근본으로 삼음을 덧붙였다.

以下附導孝弟而爲親戴制勝之本

**○ 맹자가 양혜왕에게 대답하여 말했다. "인仁하면서 그 부모를 버리는 자가 있지 않으며, 의義로우며 그 군주를 뒤로 하는 자는 있지 않다. 왕께서는 또한 인의를 말할 따름이지 어찌 하필 이익을 말하십니까?"[64] 『맹자』 이하는 같다.**

**○ 孟子對梁惠王曰: "未有仁而遺其親者也, 未有義而後其君者也. 王亦曰仁義而已矣, 何必曰利?" 孟子 下同**

주자가 말했다. "'유遺'는 버린다는 뜻이다. '후後'는 급하게 여기지 않음을 의미한다. 인한 자는 반드시 그 부모를 사랑하고, 의로운 자는 반드시 그 군주를 우선으로 하므로 군주는 몸소 인의를 실천하고 이익을 구하는 마음이 없으면, 그 아랫사람이 교화되어 스스로 군주를 친애하고 떠받듦을 말한 것이다."[65]

朱子曰: "遺, 猶棄也. 後, 不急也. 言仁者必愛其親, 義者必急其君. 故人君躬行仁義而無求利之心, 則其下化之, 自然親戴於己也."

---

63 『주자어류』 권24 115~117조목에 있는 원들을 조합한 글이다.

64 인仁하면서…말하십니까: 『맹자』「양혜왕 상」 1장.

65 '유遺'는…것이다: 『맹자집주』「양혜왕 상」 1장.

○ 또 말했다. "만약 왕께서 백성에게 인정仁政을 베풀어, 형벌을 감면하고, 부세를 경감하고, 백성으로 하여금 땅을 깊게 갈고 제때에 잡초를 제거하며, 또한 장성한 청년이 여가가 생기면 효孝, 제弟, 충忠, 신信의 덕을 닦아 집에 들어가서는 부모와 형제를 잘 섬기고 나와서는 웃어른을 잘 섬기게 하면, 전쟁이 나더라도 백성이 몽둥이로 진나라와 초나라 병사의 견고한 갑옷이나 예리한 무기를 제압할 수 있을 것입니다."[66]

○ 又曰: "王如施仁政於民, 省刑罰, 薄稅斂, 深耕易耨. 壯者以其暇日修其孝弟忠信, 入以事其父兄, 出以事其長上, 可使制梃以撻秦楚之堅甲利兵矣."

주자가 말했다. "군주가 인정仁政을 행하면 백성이 농사일에 힘을 다할 수 있고, 또 한가한 날 예의禮義를 닦을 수 있게 된다. 이 때문에 군주를 높이고 윗사람을 친애하여 목숨을 바치기를 즐거워한다."[67]

朱子曰: 君行仁政, 則民得盡力於農畝, 而又有暇日以修禮義, 是以尊君親上而樂於效死也.

○ 맹자가 송경에게 말했다. "선생께서 인의로 진왕과 초왕을 설득하시게 되면, 진왕과 초왕은 인의에 대해 기뻐하게 되어 삼군의 군대를 일으키는 것을 중단할 것입니다. 이렇게 되면 삼군의 병사들도 즐거워하며 인의를 좋아하게 될 것입니다. 신하된 자로서 인의를 가슴에 품고 임금을 섬기며, 자식된 자로서 인의를 가슴에 품고 아버지를 섬기며, 동생된 자로서 인의를 가슴에 품고 친형님을 섬기는데, 이것은 군신, 부자, 형제가

---

66 만약…것입니다: 『맹자』 「양혜왕 상」 5장.
67 군주가…즐거워한다: 『맹자집주』 「양혜왕 상」 5장.

모두 이익을 탐하는 마음을 버리고 오직 인의를 가슴에 품고 서로를 아끼게 될 것이니, 이렇게 되고서도 천하에 왕 노릇 못하는 자는 있어 본 적이 없습니다. 어찌하여 하필 이익을 말하십니까?"[68]

○ 孟子謂宋牼曰: "先生以仁義說秦楚之王, 秦楚之王悅於仁義, 而罷三軍之士, 是三軍之士樂罷而悅於仁義也. 爲人臣者懷仁義以事其君, 爲人子者懷仁義以事其父, 爲人弟者懷仁義以事其兄, 是君臣. 父子、兄弟去利, 懷仁義以相接也. 然而不王者, 未之有也. 何必曰利?"

진력陳櫟[69]이 말했다. "인의仁義로 두 왕에게 말하여 군대를 일으키는 것을 그만두게 하고 상하가 모두 인의를 품고서 서로 만나게 되면 인仁으로 반드시 부모를 사랑하게 하고, 의義로 반드시 군주를 중요하게 생각하여, 비록 이로움을 말하지 않더라도 인의의 이로움이 저절로 그 가운데 있게 된다."[70]

新安陳氏曰: "以仁義說二王而罷兵, 上下皆懷仁義以相接, 則仁必愛親, 義必急君, 雖不言利, 而仁義之利, 自在其中矣."

---

68 선생께서…말하십니까: 『맹자』 「고자 하」 4장.

69 진력陳櫟, 1252~1334: 진력은 송말원초 때 휘주徽州 휴녕休寧 사람이다. 자는 수옹壽翁이고, 호는 정우定宇 또는 동부노인東阜老人이다. 송나라가 망하자 은거하여 학문과 제자 양성에 힘썼다. 학문 성향은 주희朱熹의 학문을 위주로 하면서 육구연陸九淵의 심학心學을 아울러 취하려 했다. 인종仁宗 연우延祐 초에 향시鄕試에 급제했지만 예부시禮部試에 나가지 않고 집에서 학생을 가르쳤다. 효성과 우애가 지극했고, 세력이나 이익에 휩쓸리지 않았다. 주희 및 제가의 설을 채집하고 자신의 견해를 덧붙여 『상서집전찬소尙書集傳纂疏』를 저술했다. 그 밖의 저서로는 『사서발명四書發明』과 『예기집의禮記集義』, 『역조통략歷朝通略』, 『근유당수록勤有堂隨錄』, 『정우집定宇集』 등이 있다.

70 인의仁義로…된다: 『맹자집주대전孟子集註大全』 권12, 「고자장구하告子章句 下」.

# 효의 지극한 공
## 孝之極功

이천 선생이 말했다. "성性을 다하여 천명에 이르는 것은 반드시 효제를 그 근본으로 한다."[1] 『이정전서』 아래는 같다.

伊川先生曰: "盡性至命, 必本於孝弟." 二程全書 下同

○ 물었다. "(명도의) 「행장」에서 '본성을 다하여 천명에 이르는 것은 반드시 효제에서 근본한다'라고 했습니다. 효제로 어떻게 해야 성을 다하여 천명에 이르게 되는지 모르겠습니다." 이천선생이 대답하여 말했다. "후세 사람은 성명性命을 다른 일로 말하지만, 성명과 효제는 같은 계통의 일이다. 효제 가운데 성을 다 발휘하여 천명에 이르게 된다. 물을 뿌리고 청소하고 응대하여 인사하는 등의 일과 성性을 다하여 천명에 이르는 것은 같은 계통의 일이다. 본말의 구별도 없고, 정밀함과 거침의 구별도 없다. 그런데 후세의 성명을 말하는 자들이 별도의 높은 경지로 설명했다. 효제를 거론한 것은 사람에게 더욱 절실하고 가까이 있는 것으로 말

1 성性을…한다: 『이정수언二程粹言』 권하卷下, 「천지天地」.

한 것이다. 그러나 오늘날 효제 하는 사람이 없진 않지만 성을 다 발휘하여 천명에 이르지 못하는 것은 '그것을 따르면서도 알지 못하는 것'이다."

○ 門: "明道先生行狀云, '盡性至命, 必本於孝弟.' 不識孝弟何以能盡性至命也?" 伊川先生曰: "後人便將性命別作一般說了. 性命孝弟只是一統底事, 就孝弟中便可盡性至命, 如灑掃應對與盡性至命, 亦是一統底事, 無有本末, 無有精粗, 却被後來人言性命者別作一般高遠說. 故舉孝弟, 是於人切近者言之. 然今時非無孝弟之人, 而不能盡性至命者, 由之而不知也."

물었다. "'성性을 다하고 천명에 이르는 것은 반드시 효제에 근본한다'라고 했는데, 성을 다하여 천명에 이르는 것은 성인의 일인데, 반드시 효제를 따라서 시작해야 합니까?" 주희가 말했다. "진실로 옳다." 또 물었다. "이천은 '효제 가운데 나아가 성을 다하여 천명에 이르게 된다. 오늘날 효제 하는 이가 없는 것은 아니지만, 성을 다 발휘하여 천명에 이르는 이가 없는데, 이것은 효제를 말미암으면서도 알지 못하기 때문이다'라고 했습니다. 이것은 효제로 곧 천명에 이른다는 말입니다. 효제의 측면에서 살피면 아주 많은 일이 있는데 어떻게 효제 하는 것만으로 천명에 이를 수 있습니까?" 주희가 대답했다. "효제의 이치가 곧 성을 다하여 천명에 이르는 것임을 아는 것도 단지 이와 같다. 만일 실천하는 때라면 반드시 효제에서 미루어 나아가야만 비로소 성과 천명을 알게 된다. 예를 들어 '효제는 인을 하는 근본이다'라고 하니, 효제가 이루어지지 않으면 곧 인이라 할 수 있겠는가? 다만 인을 하는 것은 효제에서 시작할 뿐이다. 만일 성인의 경우, 예를 들어 순임금의 효나 왕계王季의 우애라면 바로 성을 다하여 천명에 이른 것이다." 또 물었다. "정자는 궁리窮理 · 진성盡性 ·

지명至命을 하나의 일로 보았으나, 장재는 그렇지 않다고 생각했습니다." 주희가 대답했다. "만일 배우는 사람이라면 반드시 하나하나 해 나가야 한다. 그러나 성인이라면 다만 한 가지 일일 뿐이다. 두 선생의 말은 반드시 각각을 따라 살펴보아야 한다."[2] 『주자어류』

問: "'盡性至命, 必本於孝弟.' 盡性至命是聖人事, 然必從孝弟做起否?" 朱子曰: "固是." 又問: "伊川說'就孝弟中, 便可盡性至命. 今時非無孝弟人, 而不能盡性至命者, 由之而不知也.' 謂卽孝弟便可至命, 看來孝弟上面更有幾多事, 如何只是孝弟便至命?" 曰: "知得這孝弟之理, 便是盡性至命也只如此. 若是做時, 須是從孝弟上推將去, 方始知得性命. 如'孝弟爲仁之本', 不成孝弟便是仁了? 但是爲仁自孝弟始. 若是聖人, 如舜之孝, 王季之友, 便是盡性至命事." 又問: "程子以窮理·盡性·至命爲一事, 橫渠以爲不然." 曰: "若是學者, 便須節節做去. 若是聖人, 便只是一事. 二先生說, 須逐箇看." 朱子語類

○ 진덕수가 말했다. "도덕道德·성명性命이라는 것은 리理의 정미함이다. 부모를 모시고 어른을 섬기는 것과 물을 뿌리고 응대하여 인사하는 것과 같은 것은 거친 종류의 일이다. 그러나 도덕·성명은 다만 부모를 모시고 어른을 섬기는 가운데 있다. 만약 부모를 모시고 어른을 모시는 도를 다할 수 있다면 도덕·성명은 이것을 벗어나지 않는다. 다만 보통 이하의 자질을 가진 사람에게 만약 갑자기 도덕·성명을 말하면 저들은 장차 어디를 따라 들어가겠는가? 분명하고 쉽게 알 수 있는 곳을 따라 말해 주는 것만 같지 못하다. 예를 들어 부모를 모시고 어른을 섬기며 물을

2 성性을…한다: 『주자어류』 제96권, 「정자지서이程子之書二」.

뿌리고 청소하고 응대하여 인사하는 것과 같은 것은 모두 사람이 쉽게 알 수 있다. 이와 같이 하면 순서를 따라 힘을 써 기약하지 않아도 높은 경지에 이르게 되니 이것이 성인이 사람을 가르치는 중요한 방법이다."[3] 『진서산집』

○ 西山眞氏曰: "道德性命者, 理之精也. 事親事長, 灑掃應對之屬, 事之粗也. 然道德性命, 只在事親事長之中. 苟能盡其事親事長之道, 則道德性命不外乎此矣. 但中人以下之資質, 若驟然告之以道德性命, 彼將何所從入. 不若且從分明易知處告之. 如事親事長灑掃應對之屬, 皆人所易知也. 如此, 則可以循序而用力, 不期而至於高遠之地, 此聖門教人之要法也." 眞西山集.

○ 육구연이 말했다. "아버지를 효로 섬기기에 하늘을 섬기는 것에 밝고, 어머니를 효로 섬기기에 땅을 섬기는 것에 자세하다. 배움이 이러한 경지에 이르면 자연스럽게 이와 같아지는 것이지, 이것을 밝히고 자세히 하고자 해서 된 것이 아니다. 뭇 사물에 밝고, 인륜에 밝은 것 또한 그러하다."[4]

○ 陸子靜曰: "事父孝, 故事天明, 事母孝, 故事地察. 是學已到田地自然如此, 非是欲去明此而察此也. 明於庶物, 察於人倫亦然."

○ 주자가 말했다. "'요 · 순의 도는 효제일 뿐이다'라고 하니 오늘날 사람들은 효제를 가지고 살핀다. '효제의 지극함은 신명함에 통하고 사해에

---

3 도덕道德 · 성명性命이라는…방법이다: 『문연각 사고전서』 vol.1174, 『서산문집西山文集』 권31, 488쪽.

4 아버지를…그러하다: 『문연각 사고전서』 vol.1156, 『상산어록象山語錄』 권4, 601쪽.

빛난다'[5]라는 것이 바로 이와 같은 것이다."[6] 『주자어류』

○ 朱子曰: '堯舜之道, 孝弟而已' 今人將孝弟低看了. '孝弟之至, 通于神明, 光于四海', 直是如此." 朱子語類

○ 『주자대전』 「황극변」에서 말했다. "효를 말하면 천하의 효를 지극히 하여 온 세상의 효를 실천하는 자들이 가장 높다. 이것이 '황극'이란 것이다."[7] 『주자대전』

○ 皇極辨曰: "語其孝, 則極天下之孝, 而天下之爲孝者, 莫能尚也. 是則所謂皇極也." 朱子大全.

---

5 요·순의…빛난다: 『고문효경古文孝經』 제17권, 「응감應感」.

6 요·순의…것이다: 『주자어류』 제56권, 「맹자육孟子六」.

7 효를…것이다: 『주자대전』 권72, 「황극변皇極辨」.

전남대학교 인문학연구원
HK+가족커뮤니티사업단 번역총서 02

# 돈효록 _ 敦孝錄

1판 1쇄 발행 2019년 5월 31일

지 은 이 | 朴聖源
옮 긴 이 | 양순자·조우진·정영수
펴 낸 이 | 김진수
펴 낸 곳 | 한국문화사
등 록 | 제1994-9호
주 소 | 서울특별시 성동구 광나루로 130 서울숲 IT캐슬 1310호
전 화 | 02-464-7708
팩 스 | 02-499-0846
이 메 일 | hkm7708@hanmail.net
웹사이트 | hph.co.kr

ISBN 978-89-6817-835-1 93190



· 본 저서는 2018년 대한민국 교육부와 한국연구재단의 지원을 받아 수행된 연구임 (NRF-2018S1A6A3A04042721).